법화삼부경

제2부 묘법연화경 3권

법화삼부경

제2부 묘법연화경 3권

구선 강설

연화

차 례

들어가면서 ·· 6

묘법연화경 오백제자수기품 ················· 14

묘법연화경 수학무학인기품 ················· 86

묘법연화경 법사품 ······························ 108

묘법연화경 견보탑품 ·························· 153

묘법연화경 제바달다품 ······················· 207

묘법연화경 권지품 ······························ 364

들어가면서

부처님께서는 묘법연화경을 통해 두 가지 무량의를 말씀하신다.
첫 번째 무량의는 본제의 이치이다.
두 번째 무량의는 천지만물의 일이다.
본제의 이치를 앎으로써 여래장연기의 원인과 과정을 알게 된다.
천지만물의 일을 앎으로써 생멸연기와 진여연기의 원인과 과정을 알게 된다.

본제란 본성을 이루고 있는 세 가지 요소 간의 관계를 말한다. 무념·무심·간극이 본성을 이루는 세 가지 요소이다.
무념과 무심을 상대적(相代的) 공(空)이라 하고 간극을 절대적(絶代的) 공(空)이라 한다.
상대적 공은 적정상(寂靜相)을 갖고 있다.
절대적 공은 적멸상(寂滅相)을 갖고 있다.
본성은 능성(能性)을 갖고 있다.
본성의 능성이 적상(寂相)과 정상(靜相), 적멸상(寂滅相)의 서로 다른 형질을 지각하면서 각성(覺性)이 출현한다.
적상(寂相)과 정상(靜相)의 서로 다른 형질로 인해 밝은성품이 생성된다.
이것을 본제의 이치라 한다.

첫 번째 무량의이다.

천지만물의 일이란 천지만물이 생겨난 원인을 알고 서로 다른 근기를 갖게 된 이유를 아는 것이다.
밝은성품으로 이루어진 여래장 공간에 본성과 각성의 정보가 내재되면서 본연(本然)이 시작된다.
본연이란 본성 정보와 각성, 밝은성품 간의 관계를 말한다. 본연으로 인해 자연(自然)과 인연(因緣)이 생겨났다. 본연 공간 안에서 일어난 밝은성품의 부딪침으로 인해 자연이 생겨난다. 자연으로 인해 미는 힘과 당기는 힘이 생겨나고 생멸 정보가 생겨나게 되었다.
자연은 각성의 무명적 습성으로 인해 생겨났다.
각성이 본성 정보를 주시하지 못하고 밝은성품을 주시하면서 밝은성품 간에 부딪침이 일어나게 되었다.
인연은 근본 정보와 생멸 정보, 각성 정보가 서로 교류하는 것이다. 인연으로 인해 새로운 생멸 정보가 생겨나고 그로 인해 본연 공간의 고유진동수가 점점 더 높아지게 되었다.
자연으로 생겨난 미는 힘과 당기는 힘, 인연으로 높아진 고유진동수로 인해서 본연 공간이 여래장 공간에서 분리되었다. 이로 인해 여래장연기가 시작되었다.
분리된 본연 공간 안에서 자연과 인연이 반복되면서 생멸 공간이 생겨나게 되었다. 생멸 공간이 미는 힘으로 채워지면서 본연 공간에서 분리되었다. 이로 인해 생멸문이 출현하게 되었다.
본연 공간에서 분리된 생멸 공간은 12연기를 거치면서 천지만물로 분열되었다.
생멸문이 분리된 본연 공간은 진여문으로 변화된다.
이런 과정을 통해 생겨난 진여문은 생멸문을 껴안고 있게 된다. 마치 어머니가 아기를 껴안고 있는 것처럼 생멸문을 껴안고서 일법계를 이룬다.

천지만물이 서로 다른 개체성을 유지하고 서로 다른 근기를 갖고 있는 것은 본연과 자연과 인연으로 인해서이다.
이것이 두 번째 무량의이다.

부처님께서 두 가지 무량의를 말씀하시는 것은 향하문(向下門)이 생겨난 원인을 제도하고 향상문(向上門)으로 가는 방법을 제시해 주기 위해서이다.
본원본제에서 본연이 분리되고, 본연이 생멸문과 진여문으로 나누어지고, 생멸문에서 천지만물이 생겨나는 것이 향하문(向下門)이다.
그렇게 생겨난 천지만물이 각성을 증장시키고, 본성을 인식해서 의식·감정·의지를 분리시키고, 생멸문을 벗어나서 진여문으로 들어가고, 생멸문과 진여문을 제도해서 불이문을 이루고, 본원본제로 돌아가는 것이 향상문(向上門)이다.

향하문이 시작된 원인은 각성의 무명적 습성과 자연, 그리고 인연 때문이다.
그 세 가지 원인으로 여래장연기와 생멸연기, 진여연기가 시작되었다. 그 세 가지 원인들을 제도해야 향하문이 생겨나지 않는다.
천지만물이 향상문으로 가기 위해서는 그 세 가지 원인을 제도해야 한다.
그 세 가지 원인을 제도하기 위해서 견성오도와 해탈도, 보살도와 등각도, 묘각도가 쓰인다.

본성은 모든 생명이 공통적으로 갖고 있는 근본 요소이다. 때문에 첫 번째 무량의는 중생도 갖고 있고 부처도 갖고 있다. 본성을 놓고서는 중생과 부처가 평등하다. 다만 부처는 본제를 性과 相으로 삼은 존재이고, 중생은 본제를 망각한 존재이다.

본제를 이루는 세 가지 요소 중 무념과 무심을 상대적 공이라 하고 간극을 절대적 공이라 한다.
수행을 통해서 무념과 무심을 인식하고 상대적 공을 체득하는 과정이 견성오도이다.
간극을 인식해서 절대적 공을 체득해 가는 과정이 해탈도이다.
상대적 공과 절대적 공을 체득한 다음에 생멸심을 분리시키고 열반에 들어가는 것이 멸진정이다.
멸진정을 체득한 존재가 생멸문을 벗어나서 진여문에 들어가는 것이 진여출가이다. 진여출가를 통해 보살도가 행해진다. 해탈도를 통해서는 생멸문을 벗어나고 보살도를 통해서는 진여문을 벗어난다.
12연기의 이치를 앎으로써 해탈도를 성취하고 진여연기의 이치를 앎으로써 보살도를 성취한다.
진여심을 제도해서 공여래장으로 삼고 생멸심을 제도해서 불공여래장으로 삼는다.
공여래장과 불공여래장을 하나로 합쳐서 불이문을 이룬다. 이것이 등각도의 과정이다.
등각을 이루면 각성의 무명적 습성이 제도되고 밝은성품의 자연적 성향이 제도된다. 그러면서 일체의 생멸심도 함께 제도된다.
각성의 무명적 습성과 생멸심은 대적정과 대자비로 제도된다. 그 결과로 나타나는 것이 불이문이다.
밝은성품의 자연적 성향은 수능엄삼매를 통해 제도된다. 그 결과로 나타나는 것이 천백억화신이다.
등각도의 성취는 대적정문과 대자비문, 수능엄삼매로 이루어진다.
등각을 이루게 되면 생멸연기와 진여연기에서 벗어난다. 하지만 여래장연기에서는 벗어난 것이 아니다.
여래장연기에서 벗어나려면 묘각도를 성취해야 한다.

묘각도가 성취되면 향상문이 완성된 것이다.
향상문이 완성되면 본원본제가 갖고 있는 향하문적 습성을 제도해야 한다. 그것을 정토불사라 한다.

묘법연화경의 전체 내용 중 서품, 방편품, 비유품, 신해품, 약초유품은 묘법연화경 1권을 통해 강설하였고 수기품과 화성유품은 2권을 통해 강설하였다.
3권에서는 오백제자수기품, 수학무학인기품, 법사품, 견보탑품, 제바달다품, 권지품이 다루어진다.

2권 수기품과 화성유품에서는 묘각을 이루는 방법과 절차에 대해 상세하게 다루었다.
3권 오백제자수기품, 수학무학인기품, 법사품, 견보탑품, 제바달다품, 권지품에서는 묘각도 이후에 이루어지는 정토불사의 결과에 대해 다루어진다.

"오백제자수기품"에서는 부루나 존자와 부처님 간에 이루어졌던 문답에 대해 다루었다.
그리고 견성오도에서부터 묘각도까지 열일곱 단계의 아뇩다라삼먁삼보리에 대해 다루었다.
"수하무학인기품"에서는 아난 존자와 라훌라 존자에 대해 다루었다.
"법사품"에서는 여래장연기의 과정에 대해 다루었다.

그러면서 여래의 방에 들어가고 여래의 옷을 입고 여래의 자리에 앉는 방법에 대해 다루었다.
여래는 대적정으로써 자리를 삼고 착한 마음과 인욕심으로 옷을 삼고 대자비로써 방을 삼는다.

견보탑품에서는 법화경의 세계관과 다보여래와 연관된 네 가지 관점에 대해 다루었다.
다보여래와 연관된 네 가지 관점은 몸에 대한 관점과 서원에 관한 관점, 불(佛)과 불(佛) 간에 이루어지는 소통에 대한 관점, 공간에 대한 관점이다.
네 가지 질문을 통해 네 가지 관점에 대해 들여다보았다.
몸의 제도를 어떻게 해야 열반 후에도 그 몸을 유지할 수 있는 즉신성불(卽身成佛)을 이룰 수 있을까?
부처의 존재 목적은 정토불사에 있는데 다보여래는 몸의 제도를 통해 어떤 불사를 행하셨을까?
어떤 깨달음과 어떤 공덕을 지어야 모든 부처님의 음성을 들을 수 있을까?
여래장계를 벗어날 수 있는 독립된 공간은 어떻게 해서 만들어질까?

제바달다품에서는 세 가지 관점에 대해 중점적으로 다루었다.
첫 번째 관점은 생멸 수행에서 이루어지는 6바라밀과 진여 수행에서 이루어지는 6바라밀에 대한 것이다.

생멸 수행에서는 견성오도 이전의 6바라밀과 견성오도 이후에 행해지는 6바라밀에 대해 다루었고 진여 수행에서는 초지에서 6지까지의 6바라밀과 7지, 8지의 6바라밀, 9지, 10지의 6바라밀을 별도로 다루었다.
두 번째 관점은 32진로 수행법에 대한 것이다.
수능엄삼매를 이루기 위한 구체적인 과정이 상세하게 설명되어 있다.
세 번째 관점은 용녀의 즉신성불에 관한 것이다.
본원본제와 일심법계가 동법계를 이룬 상태에서 출현하게 된 등각 화신불이 용녀이다. 용녀는 여래장연기와 생멸연기를 거치지 않고 출현한 출세간의 생명이다.
석가모니 부처님께서는 연기를 거치지 않고 출현한 생명이 어떤 위신력을 갖고 있는지 용녀를 통해 그 사례를 보여 주셨다.

권지품에서는 비구니의 성불에 대해 다루었다.
마하파제 비구니와 야수다라 비구니의 성불수기에 대해 다루어진다.

《묘법연화경 오백제자수기품 五百弟子授記品 第八》

본문

爾時富樓那彌多羅尼子。從佛聞是智慧方便隨宜說法。
이시부루나미다라니자. 종불문시지혜방편수의설법.
又聞授諸大弟子阿耨多羅三藐三菩提記。復聞宿世因緣之
우문수제대제자아뇩다라삼먁삼보리기. 부문숙세인연지
事。復聞諸佛有大自在神通之力。得未曾有心淨踊躍。
사. 부문제불유대자재신통지력. 득미증유심정용약.
即從座起到於佛前。頭面禮足却住一面。瞻仰尊顏目不暫
즉종좌기도어불전. 두면예족각주일면. 첨앙존안목부잠
捨。而作是念。世尊甚奇特。所為希有。隨順世間若干種
사. 이작시념. 세존심기특. 소위희유. 수순세간약간종
性。以方便知見而為說法。拔出眾生處處貪著。我等於佛
성. 이방편지견이위설법. 발출중생처처탐착. 아등어불
功德言不能宣。唯佛世尊。能知我等深心本願。
공덕언불능선. 유불세존. 능지아등심심본원.

이때 부루나미다라니자는 부처님에게서 지혜 방편으로 마땅하게 법을 설하심을 듣고 또 여러 큰 제자들에게 아뇩다라삼먁삼보리를 얻으리라는 수기 주심을 듣고, 또 지난 세상의 인연을 설하심을 듣고, 또 부처님들이 크게 자재하신 신통의 힘을 가지셨음을 듣고는 미증유함을 얻고 마음이 깨끗해져 뛰놀면서 자리에서 일어나, 부처님 앞에 나아가 머리를 조아려 발에 예배하고 물러가 한쪽에 앉아서 존안을 우러러보고 한 눈 팔지 아니하면서 이렇게 생각하였다.
'세존은 매우 기특하시고, 하시는 일이 희유하며, 세간의 여러 가지 성품을 따라 방편 지견으로써 법을 설하시어 중생들을 여러 가지 탐착에서 빼내어 주시었다. 우리는 부처님의 공덕을 이루 다 말할 수 없지만, 오직 부처님 세존께서는 우리의 깊은 마음의 소원을 아시노라.'

강설

"부루나 존자"
부루나 존자에 대해 아함경에 나오는 말씀이 있다.
"부루나경"이라고 하는데 먼저 그 전문을 살펴보자.

[이와 같이 나는 들었다.
어느 때 부처님께서 사밧티성 제타숲 아나타핀디카 동산에 계셨다. 그때 푼나(부루나) 존자는 부처님 계신 곳으로 가서 머리 숙여 부처님 발에 예배하고 물러나 한쪽에 앉아 말씀드렸다.
"훌륭하십니다. 세존이시여, 저를 위하여 설법하여 주십시오. 저는 혼자 고요한 곳에 앉아 골똘히 생각하면서 방일하지 않고 머물러 마침내 다음 생을 받지 않을 줄을 스스로 알았습니다."
부처님께서 푼나에게 말씀하셨다.
"참으로 훌륭하구나. 푼나여, 능히 여래에게 그와 같은 이치를 묻는구나. 자세히 듣고 잘 생각하여라.
그대를 위하여 설명하겠다. 만일 어떤 비구가 눈으로 사랑하고 즐길만하고 생각하고 뜻할만하여 욕심을 자라게 하는 색을 보면, 그것을 보고는 기뻐하고 찬탄하고 집착하게 된다. 기뻐하고 찬탄하고 집착한 뒤에는 환희하고, 환희한 뒤에는 즐기고 집착하며, 즐기고 집착한 뒤에는 탐하여 기뻐하고 찬탄하고 집착하게 된다. 기뻐하고 찬탄하고 집착한 뒤에는 환희하고, 환희한 뒤에는 즐기고 집착하며, 즐기고 집착한 뒤에는 탐하여 애착하고, 탐하여 애착한 뒤에는 막히고 걸린다. 환희하고 즐기고 집착하며 탐하여 애착한 뒤에는 막히고 걸리기 때문에, 그는 열반에서 멀어진다. 귀·코·혀·몸·의지에 대해서도 그와 같이 말한다. 푼나여, 어떤 비구는 눈으로 사랑하고 즐길만하고 생각하고 뜻할만하여 욕심을 자라게 하는 색을 보아도, 그것을 보고는 기뻐하거나 찬탄하거나 집착하지 않는다. 기뻐하거나 찬탄하거나 집착하지 않기 때문에 환희하지 않는다. 환희하지 않기 때문에 깊이 즐기지 않으며, 깊이 즐기지 않기 때문에 탐하여 애착하지 않고, 탐하여 애착하지 않기 때문에 막히거나 걸리지 않는다.

환희하지 않고 깊이 즐기지 않으며 탐하여 애착하지 않고 막히거나 걸리지 않기 때문에 점점 열반에 가까워진다. 귀·코·혀·몸·의지에 대해서도 그와 같이 말한다."
부처님께서 말씀하셨다.
"나는 이미 법의 가르침을 간략히 말하였다. 그대는 어디 가서 머무르고자 하는가?"
푼나는 부처님께 말씀드렸다.
"세존이시여, 저는 세존에게서 간략히 말씀하신 가르침을 받았습니다. 저는 서방 수나파란타카로 가서 사람들 사이에서 유행하고자 합니다."
부처님께서 말씀하셨다.
"서방의 수나파란타카 사람들은 흉악하고 가볍고 성급하며 사나워 꾸짖기를 좋아한다. 푼나여, 그대가 만일 그들이 흉악하고 가볍고 성급하며 사나워 꾸짖기를 좋아하여 헐뜯고 욕하는 그들의 말을 듣게 된다면, 어떻게 하겠는가?"
푼나는 부처님께 말씀드렸다.
"세존이시여, 만일 서방의 수나파란타카 사람들이 흉악하여 제 앞에서 꾸짖으며 헐뜯고 욕하면 저는, '이 서방의 수나파란타카 사람들은 어질고 착하며 지혜가 있다. 비록 내 앞에서는 흉악하고 사나워서 헐뜯고 욕하지만, 아직 그들은 손이나 돌로 나를 치지는 않는구나'라고 생각하겠습니다."
부처님께서 말씀하셨다.

"저 서방의 수나파란타카 사람들이 다만 흉악하고 가볍고 성급하고 사나워서 꾸짖거나 욕만 한다면 그대는 즉시 벗어날 수 있겠지만, 다시 손이나 돌로 친다면 어찌하겠느냐?"
푼나는 부처님께 말씀드렸다.
"세존이시여, 저 서방의 수나파란타카 사람들이 만일 손이나 돌로 저를 친다면, 저는, '수나파란타카 사람들은 어질고 착하며 지혜가 있다. 비록 손이나 돌로 나를 치지만 칼이나 몽둥이를 쓰지는 않는구나'라고 생각하겠습니다."
"만일 그 사람들이 칼이나 몽둥이로 그대에게 해를 가한다면, 그대는 어떻게 하겠느냐?"
"세존이시여, 만일 그 사람들이 칼이나 몽둥이로 저를 친다면, 저는, '이 수나파란타카 사람들은 어질고 착하며 지혜가 있다. 비록 칼이나 몽둥이로 나를 치지만 죽이지는 않는구나'라고 생각하겠습니다."
부처님께서 말씀하셨다.
"만약 그 사람들이 그대를 죽인다면 어떻게 하겠느냐?"
푼나는 부처님께 말씀드렸다.
"세존이시여, 만일 서방의 수나파란타카 사람들이 저를 죽인다면, 저는, '세존의 제자들 가운데는 몸을 싫어하고 근심거리로 여겨, 칼로 자살하거나 독약을 먹거나 노끈으로 스스로 목을 매거나 깊은 구덩이에 몸을 내던져 죽으려 하기도 하는데, 저 서방 수나파란타카 사람들은 어질고 착하며 지혜로워서 나의 썩어 무너질 몸을 조그마한 방편으로 해탈하게 해주는구나'라고 생각하겠습니다."
"착하다. 푼나여, 그대는 인욕을 잘 배웠구나. 그대는 이제 수나파란타카 사람들 속에 가서 살 수 있을 것이다. 그대는 이제 가서 아직 제도하지 못한 사람은 제도하고, 편안하지 못한 사람은 편안하게 하며, 열반을 얻지 못한 사람은 열반을 얻게 하라."
그때 푼나는 부처님 말씀을 듣고 기뻐하며 예배하고 떠나갔다.
푼나 존자는 밤이 지나고 이른 아침이 되자, 가사를 입고 발우를 가지고 사밧티국으로 들어가 걸식하였다. 공양을 마치고는 침구를 맡겨놓은 뒤에 가사와 발우를 가지고 서방 수나파란타카에 이르러 사람들 사이에서 유행하였다.
그곳에서 여름 안거를 지내며, 오백 명의 청신사를 위하여 설법하고 오백 개의 승가람을 세우니, 노끈 평상과 침구, 공양하는 모든 도구가 다 갖추어졌다. 삼 개월이 지난 뒤에는 삼명을 두루 갖추고 그곳에서 무여열반에 들었다.]
[고익진님 번역 아함경 참조]

"설법 제일 부루나 존자"
참으로 감동스러운 말씀이다.
부처님의 10대 제자 중의 한 분이시다.
부루나 존자는 그림도 잘 그렸다.
당시 부처님의 모습을 그림으로 남겨놓았는데 지금은 대영

박물관에 걸려 있다고 한다.
부루나 존자가 그린 석가모니 초상을 사진으로 본 적이 있다. 처음 출가했을 때 은사 스님 방에 그 사진이 걸려 있었다.
새카만 머리카락, 꼬불꼬불한 곱슬머리, 눈매는 날카롭고, 얼굴 생김새는 그대로 우리나라 사람이었다.
그 사진을 보고 은사 스님께 여쭈었다.
"저 얼굴이 부처님의 본래 모습입니까?"
"그렇다."
"저 모습은 인도 사람이 아니고 우리나라 사람 얼굴인데 정말 그렇습니까?"
"그렇다."
"그러면 석가족이 우리 민족입니까?"
"그러니라."

그 뒤로 10년이 지났다.
1994년 무렵 본생경을 보면서 부처님의 전생 이야기를 접하게 되었다.
그 경전에는 부처님이 네 형들과 함께 카빌라국을 세우게 된 내력이 나온다.
그 내용을 보면서 석가족이 우리 민족에서 분리되어 나간 이유를 알게 되었다.
부루나 존자는 똑똑하고 현명하고 바른 사람이었다.

그러면서도 자기가 보고 느낀 것들을 그림으로 표현했다.
설법을 할 때도 그림을 그리면서 해주었다.
사람들이 그걸 재미있어하고 쉽게 알아들었다.

"부처님께서 지혜 방편으로 마땅하게 법을 설하심을 듣고."

이 '지혜 방편'이라는 말속에는 많은 의미가 함축되어 있다.
묘법연화의 모든 일을 아신다.
또 12연기를 아시고 사성제의 법을 아신다.
그 12연기를 거슬러올라가서 역무무명진하는 도리를 아신다.
이것을 지혜 방편이라는 한마디로 표현하신 것이다.
묘법연화의 이치란 여래장연기의 이치이다.
여래장연기가 시작된 원인과 과정과 결과를 아는 것이 묘법연화의 이치를 아는 것이다.

사성제에 입각해서 견성오도의 방법을 체득하고 인지법행의 전체적인 방향을 이해한다.
그런 다음 본성을 주체로 해서 의식·감정·의지를 제도한다.
본성과 각성, 밝은성품으로 이루어진 진여심을 체득하고 진여심과 의식·감정·의지를 서로 분리시킨다.
이것이 해탈도의 과정이다.
진여심에 입각해서 분리시켜놓은 생멸심을 제도한다.
이것이 보살도 수행이며 역무무명진(亦無無明盡)의 수행이다. 보살도 수행을 통해 12연기를 거슬러올라가고 진여연기를 벗어난다.
본연(本然)으로 생겨난 각성의 무명적 습성을 제도하고 생멸심으로 생겨난 인연과보(因緣果報)와 밝은성품이 만들어내는 자연적 성향을 제도한다.
등각도로 불이문(不二門)을 이루고 묘각도로 불세계로 들어가서 여래장연기의 원인을 제도한다.
여래장연기의 원인이 본원본제의 향하문(向下門)적 성향이다.

이와 같은 이치를 알려주기 위해서 법화경을 설하셨다. 그 구체적인 심지법을 비유와 사례를 통해서 말씀하신 것이 법화경의 전체 내용이다.

그 이치를 아는 사람은 언젠가는 부처가 된다.
지금 시대에는 그러한 법들이 끊어졌다.
때문에 중생들이 그 법을 모른다.
법화경이 남아있지만 그 말씀 속에서 지혜방편을 얻지 못한다.

사성제법과 십이연기법, 진여연기법과 여래장연기법을 만난다는 것은 대단히 어려운 일이다.
이 법을 들을 수 있고 또 이 법에 의해 체계적인 수행을 할 수 있는 방법을 만났는데도 게으름과 나태함으로 흘려

보낸다면, 이것은 스스로에게 가장 큰 죄를 짓는 것이다.

올 명절에는 부처님께 이런 기도를 올렸다.
'부처님이 제자를 거두시고 제자를 가르치시는 목적이 결국에는 시방 법계 어둠을 씻어내기 위한 것임을 알았습니다. 저 또한 부처님이 하시는 그 일에 제 남은 생명의 힘을 다 바치겠습니다. 부처님이 하셨던 것처럼 저도 좀 더 많은 사람들에게 이 법을 전하기 위해 최선의 노력을 다 하겠습니다.'

'또 여러 큰 제자들에게 아뇩다라삼먁삼보리를 얻으리라는 수기 주심을 듣고'

여기서 아뇩다라삼먁삼보리심은 묘각도이다.
생멸 수행을 통해 성취되는 아뇩다라삼먁삼보리는 다섯 종류가 있고 진여 수행에서 성취되는 아뇩다라삼먁삼보리는 열두 종류가 있다.
첫 번째 아뇩다라삼먁삼보리는 견성오도 단계에서의 아뇩다라삼먁삼보리다.
금강경에 보면 선남자 선여인이 득아뇩다라삼먁삼보리했을 때 어떻게 그 마음을 조복받고 어떻게 그 마음을 머물게 하느냐는 대목이 나온다. 그 대목에서의 아뇩다라삼먁삼보리는 견성오도의 아뇩다라삼먁삼보리이다.

경전에서 제시되는 아뇩다라삼먁삼보리를 그냥 뭉뚱그려서 최상 최고의 깨달음이라고만 해석하면 안 된다.
수행의 단계마다 그 단계에서의 아뇩다라삼먁삼보리가 있다. 견성오도의 아뇩다라삼먁삼보리와 묘각의 아뇩다라삼먁삼보리 사이에는 해탈도의 아뇩다라삼먁삼보리, 보살도의 아뇩다라삼먁삼보리, 등각도의 아뇩다라삼먁삼보리가 있다.
금강경의 내용에도 첫 머리에 아뇩다라삼먁삼보리를 얻고 나서 응무소주이생기심으로 항복기심하라 하는데 뒤에 가서도 득아뇩다라삼먁삼보리가 다시 나온다.
앞의 아뇩다라삼먁삼보리와 뒤의 아뇩다라삼먁삼보리는 서로 다른 아뇩다라삼먁삼보리이다.
앞의 아뇩다라삼먁삼보리는 견성오도의 아뇩다라삼먁삼보리이고 뒤의 아뇩다라삼먁삼보리는 금강해탈이 성취된 아뇩다라삼먁삼보리이다.

반야경의 득아뇩다라삼먁삼보리는 반야해탈도의 경지에서 성취하는 아뇩다라삼먁삼보리를 말하는 것이다.
보살도 체계에서도 아뇩다라삼먁삼보리가 나오고 등각도 체계에 가서도 득아뇩다라삼먁삼보리가 나온다.

경전을 보면서 해석의 오류를 범하지 않으려면 각각의 단계에 있어서 아뇩다라삼먁삼보리가 어떤 경지를 말하는 것인지 그 의미를 명확하게 알아야 한다.

견성오도의 단계에서 아뇩다라삼먁삼보리는 본성을 인식하는 것이다.
각성은 일시적 무위각이다.
본성은 인식했지만 언제든지 의식·감정·의지의 습성에 빠질 수 있는 상태이다. 이런 한계를 극복하기 위해서 필요한 것이 해탈도수행이다.
해탈도는 금강해탈도, 허공해탈도, 반야해탈도로 나눠진다. 그중 반야해탈도는 초입반야, 중간반야, 종반야로 이루어져 있다.
금강해탈도와 허공해탈도에서 성취되는 아뇩다라삼먁삼보리는 같은 아뇩다라삼먁삼보리이다.
하지만 반야해탈도에서 성취되는 아뇩다라삼먁삼보리는 다른 아뇩다라삼먁삼보리이다. 반야해탈도의 세 단계마다 서로 다른 아뇩다라삼먁삼보리가 성취된다.
허공해탈도는 본성에 입각해서 밖으로부터 접해지는 경계를 제도하는 수행이다. 각성은 시각이 쓰인다.
금강해탈도는 본성에 머물러서 의식·감정·의지에 응하지 않는 것이다. 시각이 쓰인다.
반야해탈도는 본성이 주체가 되어서 의식·감정·의지를 제도하는 것이다. 여기서부터는 본각이 쓰인다.
본성의 간극에 미물러서 각성과 본성이 합일을 이루면 본각이 증득된 것이다.
본성이 주체가 되어서 의식·감정·의지를 바라보는 상태를 초입반야라 한다.
초입반야에서 아뇩다라삼먁삼보리는 본성이 주체가 되어서 의식·감정·의지를 지켜보는 것이다.
반면에 금강해탈에 있어서 아뇩다라삼먁삼보리는 본성에 머물러서 의식·감정·의지에 불응(不應)하는 것이다.
이것을 응무소주이생기심(應無所住而生起心)이라 한다.

허공해탈은 접해지는 경계를 본성에 입각해서 제도하는 것이다. 두 가지 관점의 허공해탈이 있다.
하나는 경계에 머물지 않고 본성으로 돌아가는 것이다. 금강해탈과 같은 방법이다.
무소구행(無所求行)이 활용된다.
또 하나는 경계와의 관계를 조화적으로 이끌어가는 것이다. 칭법행(稱法行)이 쓰인다.

반야해탈도의 두 번째 단계는 본성과 의식·감정·의지를 분리시키는 것이다. 이것을 중간반야해탈이라 한다.
본성의 간극에 머물러서 밝은성품을 인식하면 본성과 밝은성품을 오고 가면서 의식·감정·의지를 인식의 대상으로 삼지 않는다. 그러다 보면 의식·감정·의지가 분리돼서 진여심과 공존하게 된다.
이 상태에서는 본성·각성·밝은성품으로 이루어진 진여심이 아뇩다라삼먁삼보리가 된다.

본성을 이루고 있는 무념·무심·간극과 밝은성품 사이를 각성이 오고 가면서 아란나행을 즐긴다. 그러면서 일왕래(一往來)하고 수시왕래(隨時往來)한다.
그러다 보면 생멸심이 완전하게 분리되고 멸진정에 들어간다. 이 상태를 종반야해탈이라 한다.
종반야에서는 본성의 간극에 머물러서 무념·무심을 껴안고 있게 된다. 이것이 반야해탈도의 최종적인 아뇩다라삼먁삼보리이다. 아라한이 갖추고 있는 아뇩다라삼먁삼보리이다.

보살도에서 성취되는 아뇩다라삼먁삼보리는 10지의 단계마다 서로 달라진다.
보살도 초지 환희지에서는 본각을 구경각으로 전환시키고 본성·각성·밝은성품에 머물러 있는 것이 아뇩다라삼먁삼보리를 성취한 것이다.
본각을 구경각으로 전환시키려면 본성과 각성을 다시 분리시켜야 한다. 본성의 간극에 머물러 있던 각성을 무념·무심으로 전이시키고 서로를 비춰보게 하면 본성과 각성이 서로 분리된다. 각성이 분리되면 각성으로 무념·무심·간극, 밝은성품을 함께 비춰본다. 이 상태를 유지하는 것이 구경각이다.
구경각을 갖추게 되면 밝은성품이 갖고 있는 기쁨에 몰입한다. 그러면서 상락아정(常樂我淨)에 들어간다. 이것이 보살도 초지이다. 부처님께서는 이 상태를 중간열반이라 하셨다.

보살도 2지 이구지에서는 분리시켰던 생멸심을 제도의 대상으로 삼는다. 구경각을 통해서 진여심과 생멸심을 평등하게 바라보는 것이 이때의 아뇩다라삼먁삼보리이다.

보살도 3지 발광지에서는 진여심의 밝은성품으로 분리시켰던 생멸심을 전체적으로 감싸 안는다.
그 상태에 머물러서 생멸심으로부터 일치되는 경계들을 본성으로 비춰주는 것이 이때의 아뇩다라삼먁삼보리이다.

4지 염혜지에서는 본성의 무념처와 생멸심의 식업을 일치시킨다. 그 상태에 머물러서 생멸심의 식업을 제도한다.
생멸심의 식업을 제도하면서 청정법신과 원만보신을 함께 성취한다.
본성의 간극으로 생멸심의 식업을 비춰주면서 청정법신을 성취한다. 본성의 무념으로 생멸심의 식업을 비춰주면서 원만보신을 성취한다.
청정법신과 원만보신을 성취하는 것이 이때의 아뇩다라삼먁삼보리이다.

5지 난승지에서는 무념처로 생멸심의 식업을 일치시키고 무심처로 생멸심의 심업을 일치시킨다.

그런 다음에 원만보신과 청정법신 천백억화신을 함께 성취한다. 무심처를 활용해서 생멸심의 심업을 제도하면 천백억화신을 성취했다고 말한다. 이때의 아뇩다라삼먁삼보리는 삼신(三身)을 구족한 것이다.

6지 현전지에서는 진여심으로 생멸심의 심·식·의가 제도되어서 생멸심이 중간반야에 들어간다.
생멸심은 생멸심대로 해탈을 이루고, 진여심은 생멸심을 제도하면서 대자비문을 성취한 것이 이때의 아뇩다라삼먁삼보리이다.

7지 원행지에서는 생멸문의 다른 중생들을 제도의 대상으로 삼는다. 자기 생멸심을 제도하듯이 밝은성품과 본성을 이루고 있는 세 가지 요소를 활용해서 다른 중생들을 제도한다. 한 중생을 제도할 때마다 성취되는 불공여래장이 이때의 아뇩다라삼먁삼보리이다.

8지 부동지에서는 물들지 않고 물러섬이 없는 불퇴전(不退轉)을 체득한다. 때문에 본성의 일에도 걸림이 없고 밝은 성품의 일에도 걸림이 없다.
이것을 일러서 이무애(理無碍), 사무애(事無碍)라 한다.
부동심을 바탕으로 해서 갖추어진 이무애심과 사무애심이 이때의 아뇩다라삼먁삼보리이다.

9지 선혜지에서는 보현보살의 가르침을 통해 육근원통을 체득한다. 안근원통, 이근원통, 비근원통, 설근원통, 신근원통, 의근원통을 성취한 것이 이때의 아뇩다라삼먁삼보리이다.

10지 법운지에서는 자기 밝은성품을 펼쳐서 생멸문 전체를 감싸 안는다. 그런 다음에 생멸문 전체를 대상으로 6바라밀을 행한다. 생멸문을 제도하면서 원만보신, 청정법신, 천백억화신을 성취하면 아뇩다라삼먁삼보리를 이룬 것이다.
등각도에서는 제도된 생멸문을 불공여래장으로 삼고 제도된 진여문을 공여래장으로 삼는다.
공여래장과 불공여래장이 불이문이 되도록 하고 일체종지를 성취하는 것이 이때의 아뇩다라삼먁삼보리이다.

묘각도의 아뇩다라삼먁삼보리는 묘각 5지를 성취하는 것이다. 일체종지, 자연지, 무사지, 불지, 여래지가 묘각 5지이다.

이런 과정으로 견성오도에서부터 등각도까지 열여섯 단계의 아뇩다라삼먁삼보리가 있다.
묘각의 아뇩다라삼먁삼보리까지 포함하면 열일곱 단계의 아뇩다라삼먁삼보리가 있다.

"미증유함을 얻고 마음이 깨끗해져 뛰놀면서 자리에서 일어나"

'미증유함'이란 경험해 보지 못했던 것을 말한다.
부루나 존자가 아라한으로서도 경험해 보지 못했던 깨달음을 맛본 것이다.
'마음이 깨끗해졌다'라는 말은 아라한의 열반에 머물러있던 마음이 진여열반으로 나아갔다는 말이다.
'뛰놀면서'란 기쁨이 벅차올랐다는 말이다.

'세간의 여러 가지 성품'이란 의식·감정·의지로 쌓아진 서로 다른 업장을 말한다. 그 업장에 따라 서른여덟 종류의 중생이 생겨난다.
'방편 지견으로써 법을 설하시어'란 다섯 단계의 깨달음을 증득하는 방법과 열 여섯 단계의 아뇩다라삼먁삼보리를 성취하는 방법을 말한다.

본문

爾時佛告諸比丘。汝等見是富樓那彌多羅尼子不。我常稱
이시불고제비구. 여등견시부루나미다라니자부. 아상칭
其於說法人中最爲第一。亦常歎其種種功德。精勤護持助
기어설법인중최위제일. 역상탄기종종공덕. 정근호지조

宣我法。能於四眾示教利喜。具足解釋佛之正法。
선아법. 능어사중시교리희. 구족해석불지정법.
而大饒益同梵行者。自捨如來無能盡其言論之辯。
이대요익동범행자. 자사여래무능진기언론지변.

이때, 부처님이 여러 비구에게 말씀하셨다.
"너희들은 이 부루나미다라니자를 보느냐. 법을 설하는 사람 중 그를 나는 항상 설법 제일이라고 칭하였으며, 또 그의 여러 가지 공덕을 찬탄하느니라.
정진하여 나의 법을 지키고 나의 법을 도와 선전하며, 4부 대중에게 보여주고 가르쳐 이롭고 기쁘게 하며, 부처님의 바른 법을 구족하게 해석하여 함께 범행을 닦는 이들을 크게 이롭게 하였노라. 여래를 제외하고는 그의 언론하는 변재를 따를 이가 없으리라.

강설

'4부 대중에게 보여주고 가르쳐'

부루나 존자가 설법 제일이 될 수 있었던 것도 그림을 그리는 능력 때문이다.
부루나 존자는 부처님의 가르침을 그림으로 표현했다.
때문에 한번 들은 것은 잃어버리지 않았고 다른 사람들에게도 쉽게 이해시킬 수 있었다.
'부처님의 법을 구족하고 바르게 해석한다'라는 것은 대단히 어려운 일이다.
중생이 가늠할 수 없는 광대무변한 이치가 있어서 그것을 이해하고 해석하는 것이 대단히 어렵다.
'생명은 어떻게 해서 생겨났는가?'
'이 우주는 어떤 과정을 통해 생겨났는가?'
'부처와 중생은 왜 생겨났는가?'
'불세계라는 것은 어떤 것이고 중생세계라는 것은 어떤 것인가? 또 보살세계라는 것은 어떤 것인가?'
이와 같이 세계에 대한 이해, 존재에 대한 이해, 현상의 나타남에 대한 이해가 갖추어져 있어야 부처님의 가르침을 해석할 수 있다.
여래장연기와 생멸연기의 이치를 알고 있어야 부처님의 가르침을 이해할 수 있게 된다.
당시의 부루나 존자도 그런 사람이었다.
스스로 안에서 일어나는 의문이 모두 다 해소될 만큼 생각하고 체계화된 논리를 통해 부처님의 가르침을 전했기 때문에 설법 제일이 될 수 있었다.
부처님께 물어보면 막힘없이 대답해 주시듯이 부루나 존자에게 물어봐도 막힘없는 대답을 들을 수 있었다.

본문

汝等勿謂富樓那但能護持助宣我法。亦於過去九十億諸佛
여등물위부루나단능호지조선아법. 역어과거구십억제불
所。護持助宣佛之正法。於彼說法人中亦最第一。又於諸
소. 호지조선불지정법. 어피설법인중역최제일. 우어제
佛所說空法。明了通達。得四無礙智。常能審諦淸淨說法。
불소설공법. 명료통달. 득사무애지. 상능심제청정설법.
無有疑惑。具足菩薩神通之力。隨其壽命常修梵行。彼佛
무유의혹. 구족보살신통지력. 수기수명상수범행. 피불
世人。咸皆謂之實是聲聞。
세인. 함개위지실시성문.

너희는 부루나가 나의 법만을 수호하고 도와 선전한다고 생각지 말아라. 지난 세상에 9십억 부처님 처소에서도 그 부처님들의 바른 법을 수호하고 도와 선전하였으며, 그 부처님의 설하신 공의 법을 분명히 통달하여 네 가지 걸림 없는 지혜를 얻어, 항상 자세하고 청정하게 법을 설하여 의혹이 없으며, 보살의 신통한 힘을 갖추어 그의 목숨이 다하도록 항상 범행을 닦았으므로, 구 부처님 당시의 사람들이 모두 생각하기를 참다운 성문이라고 하였느니라.

강설

'부처님이 설하신 공(空)의 법을 분명히 통달하여'

두 가지 공(空) 있다.
첫째는 인식적 공이다.
둘째는 상태적 공이다.
인식적 공은 각성으로 성취한다.
각성이 무위각으로 전환되면 인식적 공을 성취했다고 말한다.

상태적 공은 본성으로 체득한다.
상대적 공과 절대적 공이 있다.
본성을 이루는 세 가지 요소 중 무념과 무심을 상대적 공이라 하고 간극을 절대적 공이라 한다.

'네 가지 걸림 없는 지혜를 얻어'

네 가지 걸림 없는 지혜란 사무애지(四無碍智)를 말한다.
법무애(法無碍), 의무애(義無碍), 사무애(辭無碍), 요설무애(樂說無碍)가 그것이다.
법무애란 법을 놓고서 걸림이 없다는 말이다.
어떤 법이든지 그 이치를 알기 때문에 법을 펼치는 데 있어서 막힘이 없고 걸림이 없다는 뜻이다.
의무애란 온갖 법의 비밀스러운 묘의를 아는 것이다.
법을 놓고서는 비밀스러운 묘의가 있다.
반개법이나 염화미소법 같은 단순한 동작에도 내밀한 의미가 내포되어 있고 발성법이나 인법에도 표현되지 못한 묘의가 있다.
반개법은 시각 경로를 통해 본성으로 들어가는 안근원통법이다.
삼차신경 안분지, 시각신경, 동안신경, 외전신경, 도르래신경이 전체적으로 쓰이는 수행이고 그 신경들을 제도하면서 본성으로 들어가는 수행이다.
그 신경들을 바로잡았을 때 적핵과 피질, 좌뇌와 우뇌가 어떻게 균형을 잡고 간과 비장이 어떻게 협업을 이루는지 이런 이치를 아는 것이 반개법을 놓고 의무애하는 것이다.

염화미소법도 안면신경과 3차신경 기능을 활용한 수행법이다. 안면신경과 삼차신경을 활용해서 꼬리뼈 쪽의 자율신경과 머리 쪽의 자율신경, 흉부의 자율신경 균형을 바로잡아서 무념·무심과 밝은성품에 대한 인식을 공고히 하는 것이 염화미소 수행의 목적이다.
이런 이치를 아는 것이 염화미소법에 대해 의무애하는 것이다.

부처님 당시에는 대부분의 의무애법이 전승되었다.
하지만 경전에는 기록하지 않았다.
인성이 다듬어지지 않은 사람이 능력만 갖추게 되면 그로써 생길 수 있는 폐단이 있기 때문에 그것을 경계한 것이다. 인간의 능력을 향상시키는 방법에 대해서는 별도의 경로를 통해 따로 전했다.
사무애(辭無碍)는 모든 이치나 원리, 그 뜻을 말하는 것에 있어서 걸림이 없다는 말이다.
여래장연기나 생멸연기의 이치를 말하는 것에도 걸림이 없고 모든 세간의 이치를 말하는 것에도 막힘이 없는 것이 사무애이다.

요설무애(樂說無碍)란 법(法)의 원리와 의(義)의 요지와 사(辭)의 이치를 설명하는데 걸림이 없어서 모든 중생들과 즐겁게 소통할 수 있다는 말이다.

법무애하기 어렵고 의무애하기 어렵다.
법무애, 의무애 하면서 모든 이치나 원리를 알기가 어렵고 그런 깨달음을 말로써 표현해서 서로 소통하기가 어렵다. 그것을 다 넘어선 존재가 사무애지(四無碍智)를 갖춘 것이다. 그런 사람에게는 어떤 것을 물어도 다 대답해 준다.

근기에 따라 법을 설할 수 있어야 요설무애를 성취한 것이다.
법무애, 의무애, 사무애가 되었어도 요설무애가 되기까지는 또 다른 역량을 필요로 한다.
예를 들어 어린 아이가 "하늘은 왜 파랄까요?"라고 질문하면 그 아이가 알아들을 수 있도록 그 이치를 설명해 줄 수 있어야 한다. 그것이 요설무애의 경지이다.

'**항상 자세하고 청정하게 법을 설하여 의혹이 없으며**'

요설무애를 말씀하신 것이다.

본문

而富樓那以斯方便。饒益無量百千眾生。又化無量阿僧祇
이부루나이사방편. 요익무량백천중생. 우화무량아승지
人。令立阿耨多羅三藐三菩提。為淨佛土故。常作佛事教
인. 영립아뇩다라삼먁삼보리. 위정불토고. 상작불사교
化眾生。諸比丘。富樓那亦於七佛說法人中而得第一。
화중생. 제비고. 부루나역어칠불설법인중이득제일.
今於我所說法人中亦為第一。於賢劫中當來諸佛說法人中
금어아소설법인중역위제일. 어현겁중당래제불설법인중
亦復第一。而皆護持助宣佛法。
역부제일. 이개호지조선불법.

그리고 부루나는 이런 방편으로 한량없는 백천 중생을 이익되게 하였고, 또 한량없는 아승지 사람들을 교화하여 아뇩다라삼먁삼보리에 이르게 하였느니라.
부처님의 국토를 청정하게 하기 위하여 항상 불사를 지어 중생을 교화하였느니라.
여러 비구들이여, 부루나는 과거의 7불 때에도 법을 설하는 사람들 중에 제일이 되었고, 지금 나에게도 법을 설하는 사람들 중에 제일이 되었으며, 이 현겁(賢劫) 중에서 미래의 여러 부처님의 법을 설하는 사람들 중에서도 또한 제일이 될 것이니, 그때마다 부처님의 법을 수호하고 도와 선전하리라.

강설

'또 한량없는 아승지 사람들을 교화하여 아뇩다라삼먁삼보리에 이르게 하였느니라'

견성오도와 해탈도의 아뇩다라삼먁삼보리를 얻도록 해주었다는 말씀이시다.

'**부처님의 국토를 청정하게 한다**'라는 것은 여래장 불국토를 청정하게 한다는 말이다.
중생들로 하여금 부처가 되겠다는 목표를 세울 수 있도록 해주고 부처가 될 수 있는 방법을 가르쳐 주는 것이 부처님 국토를 청정하게 하는 가장 큰 불사이다.
그것이 교화를 하는 목적이다.

금강경에 보면 "보살이 모든 중생을 다 제도하겠다고 서원을 세우지만 실로 한 중생도 제도된 바가 없느니라" 하는 말씀이 있다.
'실로 한 중생도 제도된 바가 없다'는 것은 두 가지 의미가 있다.
하나는 '이 생멸문의 중생은 그만큼 제도했어도 저 여래장계 수많은 생멸문의 중생들은 아직 제도되지 않았다'라는 의미가 있다.
또 하나는 '본래 본성 자리에서는 제도할 중생이 없다'라는 의미가 있다.
자기 생멸심과 자기가 속한 생멸문의 중생들을 제도하는 보살도에 만족하지 말고 여래장계 전체의 중생을 제도하겠다는 서원을 세워서 반드시 묘각 부처를 이루도록 하라는 의미가 이 말씀 속에 내포되어 있다.
이것이 바로 모든 선지식이 불사를 하는 이유이다.

'과거칠불'
석가모니 부처님이 태어나기 이전에 지난 세상에서 출현했던 여섯 부처님과 석가모니불을 포함해서 일곱 부처님을 말한다.
비바시불, 시기불, 비사부불, 구류손불, 구니함모니불, 가섭불, 석가모니불이 과거칠불이다.

비바시불은 과거 장엄겁에 출현한 부처님이다.

파탈리나무 아래에서 도를 이루었다.
첫 번째 설법에서 16만 8천 명을 제도하고 두 번째 설법에서 10만 명, 세 번째 설법에서 8만 명을 제도했다.
이 당시 사람들의 수명은 8만 4천 세 였다.

身從無相中受生. (신종무상중수생)
형상 없는 가운데에서 몸이 쫓아 일어나니 생을 받음이로다.
猶如幻出諸形像. (유여환출제형상)
천지만물은 환에서 출현했나니 일체의 형상도 그와 같도다.
幻人心識本來無. (환인심식본래무)
사람의 마음과 의식 또한 그와 같으니 본래 없던 것이로다.
罪福皆空無所住. (죄복개공무소주)
죄와 복도 모두 공하니 머물지 않노매라.

비바시불의 게송이다.
수명이 8만 4천세 일때는 태생이 아니고 유생(有生)이 이루어졌다. 유생(有生)이란 혼의 몸이 변화되어서 육체가 된 것을 말한다.
12연기의 관점으로 보면 有와 生 사이의 시기라고 할 수 있다. 이 시기에는 有의 몸을 갖고 있는 사람들과 生의 몸을 갖고 있는 사람들이 함께 살고 있었다.
게송의 첫 단락에서 표현된 수생(受生)은 혼의 몸이 육체로 변화되었다는 의미이다.

본연(本然)도 실상이 아니다.
밝은성품 안에 기록된 근본 정보 간의 관계로 인해 만들어지는 환상(幻像)일 뿐이다.
인연(因緣)도 실상이 아니다.
생멸 정보 간에 교류로 만들어지는 환상일 뿐이다.
자연(自然)도 실상이 아니다.
밝은성품의 부딪침으로 일어나는 변화일 뿐이다.

본연과 인연과 자연의 작용으로 나타나는 생멸문과 진여문, 천지만물의 형상들은 실상이 아니다. 사람의 마음과 의식 또한 마찬가지이다. 허상에서 생겨난 것이니 그 또한 幻이다.
마음과 의식이 모두 환이니 그로 인해 생겨나는 죄와 복도 머물지 않는다.

비바시불의 게송은 많은 생각을 하게 한다.
'수명이 8만 4천 세 일 때에도 부처님이 출현하시는구나' 하는 생각도 나고 그 시대 사람들의 생활상도 떠올려 보게 된다.
그 시대 사람들은 거인들이었다.
특히 유생(有生)을 했던 사람들은 키가 100m가 넘었고 태생을 했던 사람들은 30m가 넘었다.
그런 사람들이 살아가던 시대였다.

시기불은 과거 칠불의 두 번째 부처님이다.
과거 31겁 전에 출현하셨고 당시 인간 수명은 7만 세 였다. 성씨는 콘단나이고 아버지는 아루나이고 어머니는 파투하바티이다. 깨달음의 나무는 푼다리카이다.
첫 회 설법에서 비구 10만 명을 제도하고 3회 설법에서는 7만 명을 제도했다.
출가 전에 아들을 두었는데 "무량"이라 했다.

起諸善法本是幻. (기제선법본시환)
착한 법을 짓는 것 본래가 허깨비요.
造諸惡業亦是幻. (조제악업역시환)
악한 법을 짓는 것도 모두가 허깨비라.
身如聚沫心如風. (신여취말심여풍)
이 몸은 물거품이요 마음은 바람인데
幻出無根無實性. (환출무근무실성)
허깨비가 내는 것 근본도 없고 진실도 없다.

시기불의 게송이다.
시기불은 태생을 통해 태어났다.
그래서 부모도 있고 자식도 있다.
태생이 이루어지면서 수명이 7만 세로 줄어들었다.

선업을 쌓는 것도 幻에다가 또다른 幻을 쌓는 것이고 악업을 쌓는 것도 마찬가지라는 말씀이시다.
몸도 생멸의 물거품에서 비롯된 것이고 마음 또한 정보일 뿐이니 그것에는 근본도 없고 실성도 없다는 말씀이시다.
중생의 본성은 밝은성품 안에 기록된 근본 정보이다.
때문에 그 또한 허상이다.
무위각을 얻어서 본성 정보를 인식의 대상으로 삼고 본성의 간극에 머물 수 있어야 비로서 실성을 체득한 것이다.
초입반야에 들어가야 허상에서 벗어나 실성으로 들어간다.

비사부불은 과거 칠불 중 세 번째 부처님이다.
장엄겁 천불 가운데 마지막 부처님이다.
성씨는 콘단나이다.
아버지 이름은 "수파티타"이고 어머니는 "야써바티"이다.
당시 인간 수명은 6만 세 였다.
깨달음의 나무는 사라수이다.
첫 번째 설법에서 7만 명을 제도하고 두 번째 설법에서 6만 명을 제도하였다.

假借四大以爲身. (가차사대이위신)
사대를 빌려서 몸이라 하나 이는 거짓이로다.
心本無生因境有. (심본무생인경유)
없음을 근본으로 있음이 생겨나니 그것을 마음이라 한다.
前境若無心亦無. (전경약무심역무)

만약 경계를 앞에 두지 않으면 마음 또한 일어나지 않는구나.
罪福如幻起亦滅. (죄복여환기역멸)
죄와 복도 환과 같으니 일어났다가 소멸될 뿐이로다.

비사부불의 게송이다.

사대로 이루어진 몸은 가짜 몸이고
마음은 無를 근본으로 해서 생겨난 有이다.
경계를 앞에 두지 않으면 마음 또한 일어나지 않으니
죄와 복도 그저 일어났다 스러지는 환영일 뿐이다.

비바시불, 시기불, 비사부불은 장엄겁 때의 부처님들이다. 장엄겁 때에 천 분의 부처님이 계셨는데 그 중 세 분이시다. 비바시불이 장엄겁 최초의 부처님이다.

구루손불은 과거 칠불의 네 번째 부처님이다.
현겁의 첫 번째 부처님이다.
사람들의 수명이 4만 세 일 때에 출현하셨다.

見身無實是佛身. (견신무실시불신)
몸이 실다운 것이 아님을 보면 그것이 부처의 몸이요.
了心如幻是佛幻. (료심여환시불환)

마음이 환과 같음을 요달하면 그것이 곧 부처의 그림자다.
了得身心本性空. (료득신심본성공)
몸과 마음을 얻어서 요달하고 본성의 공함에 들어가면
斯人與佛何殊別. (사인여불하수별)
이 사람은 부처님과 같으니 어찌 차별됨이 있으리오.

구루손불의 게송이다.

몸이 참다운 것이 아닌 것을 보는 것이 몸으로써 부처를 보는 것이다.
마음이 환의 나툼인 줄을 알면 비로소 부처의 그림자를 본 것이다.
몸과 마음의 이치를 얻어 그것을 요달하고 본성의 공함에 머무를 줄 알면 그 사람은 부처님과 같은 사람이다.

구나함모니불은 과거 칠불 중 다섯 번째 부처님이다.
현겁 천불 중 제2불이다.
사람의 수명이 3만 세 일 때 출현하신 부처님이다.
아버지 이름은 대덕이며 바라문 출신이다.
어머니 이름은 선승이다.
출가 전에 아들을 두었는데 이름이 사였다.
깨달음의 나무는 오잠바라나무이다.
한번 설법에 3만 명을 제도했다.

佛不見身知是佛. (불불견신지시불)
몸으로써 보는 것은 부처가 아니니 이것을 아는 것이 바로 부처이다.
若實有知別無佛. (약실유지별무불)
진실로 이 도리를 안다면 부처와 차별이 없으리라.
智者能知罪性空. (지자능지죄성공)
지혜로운 사람은 능히 아나니 죄의 성품은 공하도다.
坦緣不怖於生死. (탄연불포어생사)
담담하게 생사의 두려움에서 벗어나노라.

구나함모니불의 게송이다.

몸의 형상으로 부처를 보지 않으면 그것이 부처를 바르게 보는 것이다.
이 도리를 진실로 안다면 부처와 차별이 없으리라.
생멸심을 벗어난 사람은 죄의 성품 또한 공한 줄 아나니
나고 죽음의 굴레에서도 초연하게 벗어나노라.

가섭불은 과거칠불 중 여섯 번째 부처님이다.
현겁 인간수명이 2만 세 일 때 출현하셨다.
지금으로 부터 약 200만년 전에 출현하셨다.
바라문 종족으로 아버지 이름은 브라흐마닷타이다.
어머니 이름은 다나바티이다.

출가 전에 아들을 두었는데 이름이 집군이다.
깨달음의 나무는 니구루다수이다.
2만 명의 제자를 두었다.

一切衆生性淸淨. (일체중생성청정)
일체중생의 성품은 청정해서
從本無生無可滅. (종본무생무가멸)
본래부터 나거나 멸함이 없다.
卽此身心是幻生. (즉차신심시환생)
이 몸과 마음 환으로부터 생겨났으니
幻生之中無罪福. (환생지중무죄)
그런 환생 속에는 죄와 복이 없노매라.

가섭불의 게송이다.

중생의 본성과 심식의 바탕은 본래 청정하다.
때문에 나거나 멸함에 매이지 않는다.
몸과 마음이 환으로부터 생겨났으니
그 환심 속에는 죄도 없고 복도 없다.

석가모니불은 과거 칠불의 일곱 번 째 부처님이다.
아버지는 정반왕이고 어머니는 마야부인이다.
깨달음의 나무는 보리수이다.

19세에 결혼하여 아들 라훌라를 낳았다.
29세에 출가하여 35세에 정각을 이루었다.
1250명의 상수 제자를 두었다.
세수 80세에 사라쌍수 아래에서 열반에 들었다.

法本法無法. (법본법무법)
본래의 법은 없음의 법이 법이요.
無法法亦法. (무법법역법)
법이 없음 또한 법의 법이로다.
今付無法時. (금부무법시)
지금 그 없음의 법을 부촉하노니
法法何曾法. (법법하증법)
법이라 하는 그 법이 어떠한 법이런가.

석가모니불의 게송이다.

법의 근본은 없음이다.
법이 없는 것도 그 또한 법이다.
그 없음의 법을 부촉하느니
그 법은 어떠한 법인가.

본문

亦於未來護持助宣無量無邊諸佛之法。教化饒益無量眾生。
역어미래호지조선무량무변제불지법. 교화요익무량중생.
令立阿耨多羅三藐三菩提。
영립아뇩다라삼먁삼보리.

또, 오는 세상에도 한량없고 그지없는 부처님의 법을 수호하고 도와 선전하며 한량없는 중생을 교화하고 이익되게 하여 아뇩다라삼먁삼보리에 이르게 하리라.

강설

여기서의 아뇩다라삼먁삼보리는 해탈도나 견성오도의 아뇩다라삼먁삼보리이다.

본문

為淨佛土故。常勤精進教化眾生。漸漸具足菩薩之道。
위정불토고. 상근정진교화중생. 점점구족보살지도.
過無量阿僧祇劫。當於此土得阿耨多羅三藐三菩提。
과무량아승지겁. 당어차토득아뇩다라삼먁삼보리.

부처님의 국토를 청정하게 하기 위하여 항상 부지런히 정진하고 중생을 교화하리라.

차차 보살의 도를 구족하여 한량없는 아승지겁을 지나 이 세계에서 아뇩다라삼먁삼보리를 얻으리니,

강설

여기서 아뇩다라삼먁삼보리는 묘각도를 말한다.

본문

號曰法明如來應供正遍知明行足善逝世間解無上士調御丈
호왈법명여래응공정변지명행족선서세간해무상사조어장
夫天人師佛世尊。 其佛以恒河沙等三千大千世界為一佛
부천인사불세존. 기불이항하사등삼천대천세계위일불
土。七寶為地。地平如掌。無有山陵谿澗溝壑。 七寶臺
토. 칠보위지. 지평여장. 무유산릉계간구학. 칠보대
觀充滿其中。諸天宮殿近處虛空。人天交接兩得相見。
관충만기중. 제천궁전근처허공. 인천교접양득상견.

이름이 법명 여래, 응공, 정변지, 명행족, 선서, 세간해, 무상사, 조어장부, 천인사, 불세존이라 하리라.
그 부처님은 항하의 모래같이 많은 삼천대천세계로써 한 국토로 하고, 땅은 7보로 되고 평평하기 손바닥 같아, 산과 등성이와 골짜기와 시내와 구렁이 없으리라.

7보로 만든 대와 누각이 그 안에 가득하고, 하늘의 궁전들이 가까운 허공에 있어서 인간 사람과 하늘 사람이 서로 볼 수 있으리라.

강설

'그 부처님은 항하의 모래같이 많은 삼천대천세계로써 한 국토로 하고'

수많은 생멸문을 제도해서 정토불사를 하신다는 말씀이시다.

'하늘의 궁전들이 가까운 허공에 있어서 인간 사람과 하늘 사람이 서로 볼 수 있으리라.'

하늘의 궁전들이 허공에 지어있어서 땅에 사는 사람들이 하늘의 풍경들을 볼 수 있으니까 천인들과 인간들이 서로 대화하고 교류할 수 있다는 말씀이다.
부처님께서는 부처님이 속한 공간을 분리시켜서 바깥 공간과 시간대가 다르게 흘러가게 할 수 있다.
그 공간 안에서는 찰나가 억겁이 되고 억겁이 찰나가 될 수도 있다.
평범한 사고방식을 갖고서는 부처님의 정신세계나 시공에 대한 이해를 따라갈 수가 없다.

평범한 사고로 경전을 해석하면 절대로 안 된다.
상상할 수 있는 모든 영역을 다 동원해도 법화경에서 제시하는 세계관이나 존재관을 따라갈 수 없다. 그만큼 방대한 지식체계를 필요로 한다.

본문

無諸惡道亦無女人。一切衆生皆以化生。無有婬欲得大神
무제악도역무여인. 일체중생개이화생. 무유음욕득대신
通。身出光明飛行自在。志念堅固精進智慧。普皆金色三
통. 신출광명비행자재. 지념견고정진지혜. 보개금색삼
十二相。而自莊嚴。其國衆生常以二食。一者法喜食。
십이상. 이자장엄. 기국중생상이이식. 일자법희식.
二者禪悅食。有無量阿僧祇千萬億那由他諸菩薩衆。得大
이자선열식. 유무량아승지천만억나유타제보살중. 득대
神通四無礙智。善能敎化衆生之類。其聲聞衆。算數校計
신통사무애지. 선능교화중생지류. 기성문중. 산수교계
所不能知。皆得具足六通三明及八解脫。
소불능지. 개득구족육통삼명급팔해탈.

여러 가지 나쁜 갈래도 없고, 여인도 없으며, 모든 중생들은 모두 화생하여 음욕이 없으리라. 큰 신통을 얻어 몸에서 광명이 나고, 자유 자재하게 날아다니며, 생각이 견고하여 정진하며 지혜가 있고, 몸은 모두 금빛이고 32가지 몸매로 장엄하리라. 그 나라 중생들은 항상 두 가지 음식을 먹나니, 하나는 법을 즐겨 하는 음식이요, 둘은 선정을 즐겨 하는 음식이니라. 한량없는 아승지 천만억 나유타 보살들이 있어, 큰 신통과 네 가지 걸림 없는 지혜를 얻어 중생들을 잘 교화하리라.
성문 대중은 산수로 계산하여도 알 수 없는데, 모두 여섯 가지 신통과 세 가지 밝음과 여덟 가지 해탈을 구족하리라.

강설

'그 세계의 생멸문은 나쁜 갈래가 없다. 여인도 없으며 모든 중생이 다 화생을 해서 음욕이 없다.'

이 세계는 태생이 없고 화생만 있다.
영혼이 변화해서 태어나는 생이 화생이다.
때문에 육체에 대한 집착이 없고 음욕도 없다.

'큰 신통을 얻어 몸에서 광명이 나고, 자유 자재하게 날아다니며, 생각이 견고하여 정진하며 지혜가 있고, 몸은 모두 금빛이고 32가지 몸매로 장엄하리라.'

몸에서 광명이 나는 것은 세포의 몸을 제도했기 때문이다.
32가지 몸매로 장엄했다는 말은 32상을 갖추었다는 말이다.
32상을 갖추기 위한 수행을 32진로 수행이라 한다.
문자관을 통해 32진로 수행을 성취한다.
32진로 수행은 보살도 과정에서 이루어지는 수행이다.
부처가 되기 위한 마지막 몸을 성취하는 수행이다.
32진로 수행을 하기 위해서는 몸에 12개의 기점을 세워줘야 한다.
앞면에 세 개의 기점, 뒷면에 세 개의 기점, 중간 라인에 여섯 개의 기점을 세워주고 그 12개의 기점을 삼각형으로 연결해서 32개의 삼각형을 만드는 것이 32진로 수행이다. 각각의 삼각형을 운용할 때마다 성취되는 공능이 있다. 그러면서 32상 중에 한 가지 상이 갖추어진다.
기점을 세울 때는 자음 발성법과 호흡법을 활용한다.
기점을 연결해서 운용할 때는 모음 발성법과 호흡법을 활용한다.

하단전, 명문, 황정, 회음, 중심, 중극, 황중, 영대, 미심, 중황, 옥침, 백회가 열두 개의 기점이다.
명문과 황정과 하단전을 연결하면 하나의 삼각형이 생긴다. 하단전과 명문과 회음을 연결해도 하나의 삼각형이 생긴다. 이런 방법으로 중심과 황정과 하단전을 연결하고 중심과 명문과 하단전을 연결한다.
이런 방법으로 기점과 기점을 연결해서 서른두 개의 삼각형을 만드는 것이 32진로 수행이다.

중황에서 무념을 세우고 중심에서 무심을 세운다.
중극에서 밝은성품을 인식한다. 세 기점을 연결해서 진여심을 이루고 있는 세 가지 요소를 인식한다.
그렇게 하면 이 영역에 해당하는 32상 중에서 한 가지 상이 갖추어진다.
이런 방법으로 몸의 32상을 갖추는 것이 32진로 수행이다.
부루나 존자가 부처님으로 태어나는 그 세계의 중생들은 모두 32진로 수행을 통해 32상을 갖추었다는 말씀이시다.

'그 나라 중생들은 항상 두 가지 음식을 먹나니, 하나는 법을 즐겨 하는 음식이요, 둘은 선정을 즐겨 하는 음식이니라.'

법을 즐겨 하는 음식. 선정을 즐겨 하는 음식.
물질을 음식으로 섭취하지 않는다는 말씀이시다.

'한량없는 아승지 천만억 나유타 보살들이 있어, 큰 신통과 네 가지 걸림 없는 지혜를 얻어 중생들을 잘 교화하리라.'

보살들이 얻는 사무애(四無碍)는 해탈도의 사무애지(四無碍智)와 서로 다른 점이 있다.

부루나가 아라한으로 얻었던 사무애지는 법무애, 의무애, 사무애, 요설무애지만 이 부처님 세계의 보살들이 얻는 사무애는 이무애(理無碍), 사무애(事無碍), 이사무애(理事無碍), 사사무애(事事無碍)이다.

보살도 과정에서 이무애(理無碍)는 열반상을 갖지 않는 것이다. 본성에 머물러 있는 것을 고집하지 않고 생멸심을 제도의 대상으로 삼는 것이 이무애이다.

보살도의 과정에서 사무애(事無碍)는 생멸심에 걸림이 없는 것이다. 삼신구족행(三身具足行)으로 사무애를 성취한다. 보살도의 과정에서 삼신구족행이 이루어지려면 본성을 무념·무심·간극으로 나누어서 인식할 수 있어야 한다.

대적정이 공고하게 갖추어져야 삼신구족행이 원만하게 이루어진다.

이사무애(理事無碍)와 사사무애(事事無碍)는 등각도의 과정까지 연계되는 수행이다.

이사무애는 이무애와 사무애가 병행되는 것이다.

본성에도 걸림이 없고 생멸심에도 걸림이 없는 것이 이사무애이다.

본성에도 걸림이 없다는 말은 대적정만을 고집하지 않고 대자비를 함께 실천해 간다는 것이다.

생멸심에도 걸림이 없다는 말은 항상 대적정을 바탕으로 대자비를 실천해간다는 것이다.

사사무애는 생멸문을 제도하면서도 각각의 개체생명들이 갖고 있는 고유한 성향을 훼손하지 않는다는 말이다.
세간의 존재들은 각각의 역할과 존재목적이 있다.
때문에 제도행을 하더라도 그 질서를 흐트러트리지 않아야 한다.

'성문 대중은 산수로 계산하여도 알 수 없는데, 모두 여섯 가지 신통과 세 가지 밝음과 여덟 가지 해탈을 구족하리라.'

삼명, 육통, 팔해탈에 대해서는 수기품에서 상세하게 해석해 놓았다.

본문

其佛國土。有如是等無量功德莊嚴成就。劫名寶明。國名
기불국토. 유여시등무량공덕장엄성취. 겁명보명. 국명
善淨。其佛壽命。無量阿僧祇劫。法住甚久。佛滅度後。
선정. 기불수명. 무량아승지겁. 법주심구. 불멸도후.
起七寶塔遍滿其國。爾時世尊欲重宣此義。而說偈言。
기칠보탑변만기국. 이시세존욕중선차의. 이설게언.

그 부처님의 국토는 이와 같은 한량없는 공덕이 있어 장엄을 성취하느니라.

겁의 이름은 보명이요, 나라 이름은 선정이며, 부처님의 수명은 한량없는 아승지겁으로, 법이 오래오래 머무를 것이며 부처님이 열반하신 후에는 7보로 탑을 만들어 나라 안에 가득하리라.

이때, 세존께서는 이 뜻을 거듭 펴시려고 게송을 말씀하셨다.

강설

겁의 이름이 '보명'이면 부루나 존자는 현겁에서 부처가 되는 것이 아니다.

본문

諸比丘諦聽	佛子所行道	善學方便故	不可得思議
제비구제청	**불자소행도**	**선학방편고**	**불가득사의**
知衆樂小法	而畏於大智	是故諸菩薩	作聲聞緣覺
지중락소법	**이외어대지**	**시고제보살**	**작성문연각**
以無數方便	化諸衆生類	自說是聲聞	去佛道甚遠
이무수방편	**화제중생류**	**자설시성문**	**거불도심원**
度脫無量衆	皆悉得成就	雖小欲懈怠	漸當令作佛
도탈무량중	**개실득성취**	**수소욕해태**	**점당령작불**
內秘菩薩行	外現是聲聞	少欲厭生死	實自淨佛土
내비보살행	**외현시성문**	**소욕염생사**	**실자정불토**

示衆有三毒	又現邪見相	我第子如是	方便度衆生
시중유삼독	우현사견상	아제자여시	방편도중생
若我具足說	種種現化事	衆生聞是者	心則懷疑惑
약아구족설	종종현화사	중생문시자	심즉회의혹
今此富樓那	於昔千億佛	勤修所行道	宣護諸佛法
금차부루나	어석천억불	근수소행도	선호제불법
爲求無上慧	而於諸佛所	現居弟子上	多問有智慧
위구무상혜	이어제불소	현거제자상	다문유지혜
所說無所畏	能令衆歡喜	未曾有疲倦	而以助佛事
소설무소외	능령중환희	미증유피권	이이조불사
已度大神通	具四無礙智	知諸根利鈍	常說淸淨法
이도대신통	구사무애지	지제근리둔	상설청정법
演暢如是義	敎諸千億衆	令住大乘法	而自淨佛土
연창여시의	교제천억중	영주대승법	이자정불토
未來亦供養	無量無數佛	護助宣正法	亦自淨佛土
미래역공양	무량무수불	호조선정법	역자정불토
常以諸方便	說法無所畏	度不可計衆	成就一切智
상이제방편	설법무소외	도불가계중	성취일체지
供養諸如來	護持法寶藏	其後得成佛	號名曰法明
공양제여래	호지법보장	기후득성불	호명왈법명
其國名禪定	七寶所合成	劫名爲寶明	菩薩衆甚多
기국명선정	칠보소합성	겁명위보명	보살중심다
其數無量億	皆度大神通	威德力具足	充滿其國土

기수무량억	**개도대신통**	**위덕력구족**	**충만기국토**
聲聞亦無數	三明八解脫	得四無礙智	以是等爲僧
성문역무수	**삼명팔해탈**	**득사무애지**	**이시등위승**
其國諸衆生	淫欲皆已斷	純一變化生	具相莊嚴身
기국제중생	**음욕개이단**	**순일변화생**	**구상장엄신**
法喜禪悅食	更無餘食想	無有諸女人	亦無諸惡道
법희선열식	**갱무여식상**	**무유제여인**	**역무제악도**
富樓那比丘	功德悉成滿	當得斯淨土	賢聖衆甚多
부루나비구	**공덕실성만**	**당득사정토**	**현성중심다**
如是無量事	我今但略說		
여시무량사	**아금단략설**		

여러모든	비구들아	불자들이	행하는도
방편법을	배웠기에	불가사의	하느니라
어리석은	중생들은	소승법을	좋아하고
큰지혜가	두려울새	이런줄을	미리아는
여러모든	보살들은	성문이나	연각되어
무수하온	방편으로	중생들을	교화하매
제스스로	진실하온	성문이라	말을하고
부처님의	크신도는	매우깊고	멀다하며
무량중생	제도하고	모두다를	성취시켜
욕망적고	게을러도	미래부처	만드시네
안으로는	보살행을	감춰두고	있으면서
겉으로는	성문이라	나타내어	행세함은

작은것을	희망하고	나고죽음	얽혔어도
실제로는	불국토를	깨끗하게	하려는뜻
중생에게	삼독의	무서움을	보여주고
삿된소견	모양들을	드러내어	나타냄은
제자들을	방편으로	제도하기	위함이라
만일이말	하게되면	중생들은	그말듣고
마음마다	의혹품어	믿을이가	있을손가
여기있는	부루나는	옛날천억	부처섬겨
부지런히	도를닦아	부처님법	잘지키고
받들어서	널리펴며	높은지혜	구하려고
여러부처	계신데서	상수제자	되었으며
많이듣고	지혜로워	설법함에	두렴없어
중생들은	설법듣고	듣는대로	기뻐하며
피곤함도	모르면서	부처님일	잘도우니
이미크신	신통얻고	사무애지	갖추어서
여러중생	근기알아	청정한법	설하였네
이와같이	깊은뜻을	막힘없이	설하여서
천억중생	가르쳐서	대승법에	머물게하니
부처님의	모든국토	저절로	깨끗해지네
항상모든	방편으로	설법함에	두렴없고
많은중생	제도하며	모든지혜	성취시켜
다가오는	세상에도	많은부처	공양하고
바른법을	수호하여	부처세계	청정하리

여러가지 　방편으로 　두렴없이 　설법하여
한량없는 　중생건져 　일체지를 　성취시켜
모든여래 　공양하고 　법보의광 　수호하여
나중부처 　이룰지니 　그이름이 　법명이라
나라이름 　선정이니 　칠보로써 　장엄되고
겁의이름 　보명이며 　보살대중 　많고많아
한량없는 　무량보살 　모두다들 　신통얻고
위덕의힘 　구족한이 　나라안에 　가득하며
삼명과 　　팔해탈과 　사무애지 　얻어가진
성문들도 　많고많아 　이들모두 　스님되리
그세계의 　여러중생 　음욕이미 　끊어지고
변화하여 　태어나니 　장엄한상 　다갖추고
법회선열 　음식삼고 　잡된생각 　다시없어
여인마저 　없으리니 　악한길이 　있을손가
지금여기 　부루나는 　공덕원만 　이루어서
이런정토 　얻고서는 　성인대중 　많으리니
한량없는 　이런일을 　간략하게 　설했노라

강설

'어리석은 중생들은 소승법을 좋아하고 큰 지혜가 두려울새'

소승법에서는 아라한도를 이루는 것을 목표로 삼는다.
중생이 소승법을 좋아하는 것은 자기 개체식에 집착하기 때문이다.
생멸심이 없어지면 내가 없어진다는 두려움 때문에 소승법을 좋아하고 대승법을 꺼려 한다.
보살도에 들어간다고 해서 개체식의 체성이 없어지는 것이 아니다.
오히려 자기 주체성이 공고해진다.
진여식의 체계에도 자아에 대한 인식이 있다.
생멸심은 의식·감정·의지를 통해 자아를 인식하지만 진여식은 본성·각성·밝은성품으로 자아를 이룬다.
자아에 대한 주체의식은 식(識)의 능성(能性)에서 생겨난다. 의식·감정·의지가 능동적으로 쓰일때 '내가 있다'라고 생각한다. 생멸심에서 식의 능성을 일으키는 것은 의지의 기능이다. 의지가 갖고 있는 지각, 분별, 의도가 식의 능성으로 나타난다.

진여식에서도 식의 능성이 있다.
진여식에서는 구경각이 식의 능성을 일으킨다.
때문에 진여식에서도 자아에 대한 주체의식이 있다.
진여식은 해탈지견과 암마라식, 원통식으로 이루어져 있다. 식의 바탕이 원통식을 이루면 6신통을 갖추게 된다.
능히 생멸문의 소리를 다 들을 수 있는 귀와 중생들의 모습을 볼 수 있는 눈을 갖추게 된다.
또 각성이 있어서 의지를 대체하고 밝은성품이 있어서 항상 기쁨이 넘쳐난다.
진여식이라 할지라도 지각, 분별, 의도가 없는 것이 아니다. 진여식의 의식은 육근원통으로 전환이 되어 있고 감정은 대자비심으로 제도되어 있고 의지는 구경각으로 전환되어 있다.
개체적 틀을 갖고 있기 때문에 관세음보살은 관세음보살이고 문수보살은 문수보살이다. 보현보살은 보현보살인 것이다.
혹자는 보살이 되면 내가 다 없어져서 그 상태에서는 자아를 상실한다고 생각한다.
그것은 잘못된 생각이다.
9식의 체계를 알면 그와 같은 오류에 빠지지 않는다.

9식의 구조와 8식의 구조를 비교해 보자.
8식은 의식·감정·의지와 본성·각성으로 이루어져 있다.
8식의 의식은 영의식이다.
이것은 안근, 이근, 비근, 설근, 신근, 의근으로 이루어져 있다.
영의식은 영의 몸 인에 내재된 생멸정보로 이루어져 있다.
안근, 이근, 비근, 신근, 의근은 주체의식과 객체의식으로 이루어진 복잡계를 형성하고 있다.

8식은 그 안에 7식과 6식을 내재하고 있다.
8식의 각성은 유위각과 무위각으로 이루어져있다.
유위각은 표면적유위각과 미세적유위각으로 이루어져있다. 무위각은 일시적무위각과 본연적무위각으로 이루어져있다. 본성의 인식은 성문연각승이다.

9식의 의식은 본성, 각성, 밝은성품, 암마라식, 원통식으로 이루어져 있다.
본성·각성·밝은성품으로 이루어진 의식을 진여식, 또는 해탈지견이라 부른다. 9식의 각성은 구경각이다.
본성의 인식은 보살승이다.
암마라식은 생멸심에 물들지 않는 진여식을 말한다.
원통식은 육근원통을 통해 갖추어진 6신통을 말한다.

8식의 감정은 무심이다.
7식에서는 희, 노, 애, 락, 우, 비, 고뇌가 있다.
9식의 감정은 대자비심이다.
대자비심속에는 밝은성품이 갖고 있는 착함과 환희심, 연민과 그리움이 내포되어 있다.

8식의 의지는 각성과 혼재되어 있다.
6식에서는 의지와 표면적 유위각이 혼재되어 있고 7식에서는 의지와 미세적 유위각이 혼재되어 있다.

8식에서는 두 가지 성향으로 나누어진다.
한 가지 성향은 의지와 일시적 무위각이 혼재된 것이다.
또 한 가지 성향은 의지와 본연적 무위각이 분리된 것이다. 의지와 본연적 무위각이 분리되면 9식으로 들어간다.
9식에서는 본연적 무위각과 구경각이 의지를 대체한다.

8식의 본성은 자성이 의식·감정·의지를 껴안고 있는 상태이다.
9식의 본성은 본성·각성·밝은성품이 서로를 비추고 있는 상태이다. 9식은 진여식이라 하고 8식을 생멸식이라 한다.

9식을 갖춘 존재는 그 자체로 하나의 진여문을 이룬다. 한 사람의 진여보살은 한 개의 우주를 덮을 수 있는 역량을 갖추고 있다.

본연여래장이 생멸문이 되고 생멸문이 나눠져서 천지만물이 되었다. 중생이 다시 본연여래장을 이루어가는 중간 과정이 보살도 과정이고 9식의 과정이다.
9식이 10식으로 발전하면 그것이 묘각이다.
묘각 부처가 되어 범아를 이루어도 식의 능성이 사라지지 않는다.
등각의 경지에서 육근원통을 마무리하면 그때 10식이 체득된다. 10식의 차원에서는 부처님들과 교류를 하게 된다.

본문에서도 다보여래와 석가모니가 다보탑 안에서 반분좌를 한다. 부처님과 부처님이 서로 만나서 교류하는 것이다. 이와 같이 부처님도 식의 능성을 갖고 있기 때문에 불세계에서 자기 존재성을 유지하게 된다.

이와 같기 때문에 보살이 되고 부처가 되어서 자기 존재성을 다 흩어버린다는 말은 틀린 말이다.
부처가 되고 보살이 되면 내가 다 없어진다는 두려움을 갖지 말아야 한다.

'이런줄을 미리아는 여러모든 보살들은 성문이나 연각되어 무수하온 방편으로 중생들을 교화하매 제스스로 진실하온 성문이라 말을하고 부처님의 크신도는 매우깊고 멀다하며 무량중생 제도하고 모두다를 성취시켜 욕망적고 게을러도 미래부처 만드시네'

열반에 들면 중생들이 자기가 소멸된다는 두려움을 갖고 있기 때문에 처음부터 열반법을 말하지 않고 먼저 견성오도로 이끌어서 나중에 해탈도와 보살도로 이끌어 간다는 말씀이시다. 그런 가르침을 펴기위해 보살이 성문승의 모습으로 나툰 것이라는 부연설명이시다.

'안으로는 보살행을 감춰두고 있으면서 겉으로는 성문이라

나타내어 행세함은 작은것을 희망하고 나고죽음 얽혔어도 실제로는 불국토를 깨끗하게 하려는뜻'

이것이 대자비문 수행이다.
스스로가 열반을 이루고 등각을 이루었어도 중생들과 똑같이 먹고 입고 하면서 함께 살아가는 것 그것이 대자비이다.
중생들의 부족함과 중생들의 답답함을 감내하면서 한 중생이라도 이끌어서 미래의 부처를 만들어 가는 것, 그것이 대자비문 수행이다.

'중생에게 삼독의 무서움을 보여주고 삿된소견 모양들을 드러내어 나타냄은 제자들을 방편으로 제도하기 위함이라 만일이말 하게되면 중생들은 그말듣고 마음마다 의혹품어 믿을이가 있을손가'

중생들에게 처음부터 묘각도를 말하면 그 말을 이해하지 못한다. 그래서 그 믿음을 이끌어내기 위해 먼저 소승법을 설하고 그 다음에 대승법을 설한다.

'한량없는 중생건져 일체지를 성취시켜'

일체지란 대적정을 증득한 상태를 말한다.

본성의 간극에 머무를 줄 알면 일체지를 증득한 것이다.
아라한과의 경지이다.

본문

爾時千二百阿羅漢心自在者作是念。我等歡喜得未曾有。
이시천이백아라한심자재자작시념. 아등환희득미증유.
若世尊各見授記如餘大弟子者。不亦快乎。佛知此等心之
약세존각견수기여여대제자자. 불역쾌호. 불지차등심지
所念。告摩訶迦葉。是千二百阿羅漢。我今當現前次第與
소념. 고마하가섭. 시천이백아라한. 아금당현전차제여
授阿耨多羅三藐三菩提記。於此眾中。我大弟子憍陳如比
수아뇩다라삼먁삼보리기. 어차중중. 아대제자교진여비
丘。當供養六萬二千億佛。然後得成為佛。號曰普明如來
구. 당공양육만이천억불. 연후득성위불. 호왈보명여래
應供正遍知明行足善逝世間解無上士調御丈夫天人師佛世
응공정변지명행족선서세간해무상사조어장부천인사불세
尊。其五百阿羅漢。優樓頻螺迦葉。伽耶迦葉。那提迦葉
존. 기오백아라한. 우루빈나가섭. 가야가섭, 나제가섭.
迦留陀夷優陀夷。阿樓馱。離婆多。劫賓那。薄拘羅周陀
가유타이우타이. 아루타. 이바다. 겁빈나. 박구라주타
莎伽陀等。皆當得阿耨多羅三藐三菩提。盡同一號。名曰
사가타등. 개당득아뇩다라삼먁삼보리. 진동일호. 명왈

普明。爾時世尊。欲重宣此義。而說偈言。
보명. 이시세존. 욕중선차의. 이설게언.

이때, 1천2백 아라한 중에서 마음에 자재함을 얻은 이들이 이렇게 생각하였다. '우리는 지금 전에 없던 기쁨을 얻었으니, 만일 세존께서 저 큰 제자들처럼 수기를 주신다면 얼마나 기쁘겠는가.'
부처님이 대중들의 생각을 아시고 마하가섭에게 말씀하셨다.
"이 1천2백 아라한들에게 내가 이제 차례로 아뇩다라삼먁삼보리를 얻으리라는 수기를 주리라.
이 대중 가운데 있는 나의 큰 제자인 교진여 비구는 마땅히 6만2천억 부처님을 공양하고 그런 뒤에 부처가 되리니, 이름은 보명(普明)여래, 응공, 정변지, 명행족, 선서, 세간해, 무상사, 조어장부, 천인사, 불세존이라 하리라.
그리고 5백 아라한인 우루빈라가섭, 가야가섭, 나제가섭, 가류타이, 우타이, 아누루타, 리바다, 겁빈나, 박구라, 주타, 사가타 등도 모두 아뇩다라삼먁삼보리를 얻어서 다 같이 이름을 보명이라 하리라."
이때, 세존께서 이 뜻을 거듭 펴시려고 게송을 읊으셨다.

강실

'1천2백 아라한 중에서 마음에 자재함을 얻은 이들이'

마음에 자재함을 얻었다는 것은 의식·감정·의지를 본성과 분리시키는 것을 임의롭게 할 수 있다는 말이다.
언제든지 마음만 먹으면 생멸심을 떠나서 대적정에 머물 수 있는 사람들을 말한다.

'우리는 지금 전에 없던 기쁨을 얻었으니'

아라한으로써 열반을 얻고 진여출가의 의도를 일으켰다는 말이다.

'이 1천2백 아라한들에게 내가 이제 차례로 아뇩다라삼먁삼보리를 얻으리라는 수기를 주리라.'

아라한은 이미 대적정의 아뇩다라삼먁삼보리를 얻은 존재들이다.
그 아라한에게 또다시 아뇩다라삼먁삼보리를 얻도록 한다는 것은 대자비문 수행을 통해 보살도와 등각도, 묘각도를 성취할 수 있는 방향을 제시해 주시겠다는 말씀이시다.

'부처 아라한과 제자 아라한은 같은 아라한인데 성취한 깨달음에는 차이가 있다. 그 차이가 어디서 나왔는가?'라는 질문을 놓고 원각경이 설해지게 되었다.
원각경을 통해 인지법행의 체계가 갖춰지게 되었다.

'교진여 비구'는 부처님의 최초 설법과 마지막 설법을 모두 들은 제자이다.
부처님의 최초 설법이 사성제법이다.
마지막 설법이 묘법연화경이다.
교진여는 첫 번째 설법에서 깨달음을 얻었다.
49년의 설법행이 사성제로 시작해서 묘법연화경으로 마무리가 된다.

본문

憍陳如比丘 當見無量佛 過阿僧祇劫 乃成等正覺
교진여비구 당견무량불 과아승지겁 내성등정각
常放大光明 具足諸神通 名聞徧十方 一切之所敬
상방대광명 구족제신통 명문변시방 일체지소경
常說無上道 故號爲普明 其國土淸淨 菩薩皆勇猛
상설무상도 고호위보명 기국토청정 보살개용맹
咸昇妙樓閣 遊諸十方國 以無上供具 奉獻於諸佛
함승묘루각 유제시방국 이무상공구 봉헌어제불
作是供養已 心懷大歡喜 須臾還本國 有如是神力
작시공양이 심회대환희 수유환본국 유여시신력
佛壽六萬劫 正法住倍壽 像法復倍是 法滅天人憂
불수육만겁 정법주배수 상법부배시 법멸천인우
其五百比丘 次第當作佛 同號曰普明 轉次而授記

기오백비구	**차제당작불**	**동호왈보명**	**전차이수기**
我滅度之後	某甲當作佛	其所化世間	亦如我今日
아멸도지후	**모갑당작불**	**기소화세간**	**역여아금일**
國土之嚴淨	及諸神通力	菩薩聲聞衆	正法及像法
국토지엄정	**급제신통력**	**보살성문중**	**정법급상법**
壽命劫多少	皆如上所說	迦葉汝已知	五百自在者
수명겁다소	**개여상소설**	**가섭여이지**	**오백자재자**
餘諸聲聞衆	亦當復如是	其不在此會	汝當爲宣說
여제성문중	**역당부여시**	**기부재차회**	**여당위선설**

나의제자	교진여는	무량부처	친히뵙고
아승지겁	지낸뒤에	무상정각	이루리라
광명항상	크게놓고	모든신통	구족하여
시방세계	이름나서	일체모두	공경하니
위없는도	설하므로	그이름이	보명이라
그나라는	청정하고	보살들은	용맹하니
미묘하고	아름다운	누각위에	올라가서
시방세계	여러국토	거닐면서	노닐적에
가장좋은	공양들을	부처님께	올리고는
그공양을	끝마치니	기쁜마음	가득하고
잠깐사이	본국오니	신통한힘	이와같네
부처님의	그수명은	길고길어	육만겁에
정법세상	머물기는	부처수명	곱절이고
상법또한	정법두배	이세상에	머무리라

부처님법 사라지면 하늘인간 근심일세
오백비구 범행닦아 차례차례 부처이뤄
그이름이 똑같아서 한가지로 보명이라
차례대로 수기하니 내가장차 열반한뒤
그누구든 성불하여 세상교화 하는것이
오늘날의 나와같고 나라땅은 청정하며
보살성문 신통력과 정법상법 머무름과
많고적은 수명들은 위에설함 같으니라
가섭이여 네가알듯 오백제자 아라한과
다른성문 여러대중 그모두가 이와같다
여기못온 이에게는 네가전해 설법하라

강설

'시방세계 여러국토 거닐면서 노닐적에'

시방세계는 여래장계의 10방 세계를 말한다. 여래장계 10방 세계에는 항하사수의 불세계와 무량극수의 생멸문이 있다. 그 세계들을 마음대로 노닐 수 있다는 말씀이시다.

'여기못온 이에게는 네가전해 설법하라'

가섭에게 이 영산회상에 참여하지 못한 사람들에게도 법을 전해주라고 말씀하신다.
이는 가섭을 전법제자로 삼는 것이다.
가섭은 부처님의 법을 전하는 2대 조사가 된다.

본문

爾時五百阿羅漢。於佛前得受記已歡喜踊躍。卽從座起到
이시오백아라한. 어불전득수기이환희용약. 즉종좌기도
於佛前。頭面禮足悔過自責。世尊。我等常作是念。自謂
어불전. 두면예족회과자책. 세존. 아등상작시념. 자위
已得究竟滅度。今乃知之如無智者。所以者何。我等應得
이득구경멸도. 금내지지여무지자. 소이자하. 아등응득
如來智慧。而便自以小智爲足。
여래지혜. 이변자이소지위족.

이때 5백 아라한이 부처님 앞에서 수기를 받고 기뻐 뛰면서 자리에서 일어나 부처님 앞에 나아가 머리를 조아려 발에 예배하면서 뉘우치고 스스로 책망하였다.
"세존이시여, 저희는 매양 생각하기를, 최상의 열반을 얻었노라 하였는데, 지금에 와서야 지혜없는 이와 같은 생각임을 알았나이다.
그 까닭을 말하오면 저희들도 여래의 지혜를 얻을 수 있건만,

문득 조그마한 지혜로 만족하게 생각하였기 때문입니다.

강설

아라한으로 최상의 열반을 얻었다고 생각했지만 그것은 짧은 소견이었음을 알았다는 말이다.
아라한의 성취와 묘각의 성취가 얼마나 차이가 있는지 비로소 깨닫게 되었고 본인들도 묘각을 이루겠다는 희망을 갖게 되었다는 말이다.

본문

世尊。譬如有人至親友家醉酒而臥。是時親友官事當行。
세존. 비여유인지친우가취주이와. 시시친우관사당행.
以無價寶珠繫其衣裏與之而去。其人醉臥都不覺知。起已
이무가보주계기의리여지이거. 기인취와도불각지. 기이
遊行到於他國。為衣食故。勤力求索甚大艱難。若少有所
유행도어타국. 위의식고. 근력구색심대간난. 약소유소
得便以為足。於後親友會遇見之。而作是言。咄哉丈夫。
득변이위족. 어후친우회우견지. 이작시언. 돌재장부.
何為衣食乃至如是。我昔欲令汝得安樂五欲自恣。於某年
하위의식내지여시. 아석욕영여득안락오욕자자. 어모년
日月。以無價寶珠繫汝衣裏。今故現在。而汝不知。勤苦

일월. 이무가보주계여의리. 금고현재. 이여부지. 근고
憂惱以求自活。甚為癡也。汝今可以此寶貿易所須。常可
우뇌이구자활. 심위치야. 여금가이차보무역소수. 상가
如意無所乏短。佛亦如是。為菩薩時教化我等。令發一切
여의무소핍단. 불역여시. 위보살시교화아등. 영발일체
智心。而尋廢忘不知不覺。既得阿羅漢道。自謂滅度。資
지심. 이심폐망부지불각. 기득아라한도. 자위멸도. 자
生艱難得少為足。一切智願猶在不失。今者世尊覺悟我等。
생간난득소위족, 일체지원유재불실. 금자세존각오아등.
作如是言。
작여시언.

세존이시여, 비유하면 어떤 사람이 친구의 집에 갔다가 술에 취하여 자는데, 주인 친구는 관청 일로 길을 떠나게 되었습니다. 그래서 값을 따질 수 없는 보배로 옷 속에 매어 주고 갔는데, 그 사람은 취해 누워서 알지 못하였고, 깨어난 뒤에는 길을 떠나 다른 지방으로 두루 다니면서, 의식을 위하여 부지런히 애써 돈을 버느라고 갖은 고생을 하면서, 조금이라도 소득이 있으면 만족하게 생각하였습니다.
오랜 뒤에 친구를 다시 만났더니, 이렇게 말하였습니다. '애닯다, 이 사람아. 어찌하여, 의식을 위하여 이 지경이 되었는가. 내가 예전에 그대로 하여금 마음대로 5욕락을 누리면서 편안히 살게 하려고 어느날 엔가 값을 따질 수 없는 보배를 그

대의 옷 속에 매어 주지 않았던가. 지금도 그대로 있는데, 그대가 알지 못하고 이 고생을 하면서 궁색한 생활을 하고 있으니, 매우 가련한 일이로다.
이제라도 이 보배를 팔아서 필요한 물품을 바꾼다면, 만사가 여의하여 부족함이 없으리라.' 하였습니다.
부처님도 그와 같아서 보살이시던 때에 저희들을 교화하여 일체지의 마음을 내게 하였사오나, 곧 잊어버려 알지도 깨닫지도 못하고, 아라한의 도를 얻고는 이미 열반이라고 생각하였으므로, 살림이 곤궁하여 적은 것을 얻고 만족하게 여겼으니, 일체지를 얻으려는 염원은 오히려 남아 있어 잃어지지 않았으므로, 이제 세존께서 저희들을 깨닫게 하시려고 이렇게 말씀하시나이다.

강설

'부처님도 그와 같아서 보살이시던 때에 저희들을 교화하여 일체지의 마음을 내게 하였사오나, 곧 잊어버려 알지도 깨닫지도 못하고, 아라한의 도를 얻고는 이미 열반이라고 생각하였으므로'

부처님이 보살로 있었던 때는 대통지승여래로부터 12연기법과 묘법연화경의 설법을 듣고 그 이치를 깨달았을 때이다. 그때 부처님은 10지 보살로 있었다.

지금의 오백 아라한들은 그때부터 보살님의 가르침을 받은 제자들이다.

그때의 보살님은 오백 제자들에게 일체지(一切知)를 이루는 방법을 가르쳤다. 일체지의 법이 곧 대적정에 들어가는 방법이고 그것이 아라한의 법이다.

오백제자들은 그때부터 일체지를 닦아왔고 그 결과로 아라한도를 성취했다. 그런 연고로 일체지를 얻는 것에는 훈습이 되어있다.

그때의 10지 보살이 지금은 부처가 되었다.

부처를 이룬 뒤에는 일체종지와 불지, 여래지를 가르치신다. 하지만 오백 제자들은 일체지의 습성에 물들어 있어서 그 말씀들을 알아듣지 못한다.

오히려 일체지를 최상의 열반이라고 착각하고 있었다.

그런 제자들이 오늘에 와서야 자신들의 허물을 깨닫게 되었다.

본문

諸比丘。汝等所得非究竟滅。我久令汝等種佛善根。以方
제비구. 여등소득비구경멸. 아구령여등종불선근. 이방
便故示涅槃相。而汝謂為實得滅度。世尊。我今乃知實是
편고시열반상. 이여위위실득멸도. 세존. 아금내지실시
菩薩。得受阿耨多羅三藐三菩提記。以是因緣甚大歡喜得

보살. 득수아뇩다라삼먁삼보리기. 이시인연심대환희득
未曾有。爾時阿若憍陳如等。欲重宣此義。而說偈言。
미증유. 이시아약교진여등. 욕중선차의. 이설게언.

'여러 비구들이여, 그대들이 얻은 것은 최상의 열반이 아니니라. 내가 오래전부터 그대들로 하여금 부처의 선근을 심게 하였지마는, 방편으로 열반의 모양을 보이었더니, 그대들은 이것을 진실한 열반을 얻었다고 하는구나.'
세존이시여, 저희가 이제야 참으로 보살로서 아뇩다라삼먁삼보리의 수기를 받았음을 알았나이다.
이러한 인연으로 매우 환희하여 전에 없던 일을 얻었습니다."
이때 아야교진여 등이 이 뜻을 거듭 펴려고 게송을 읊었다.

강설

'부처의 선근'이란 대적정을 말한다.

'방편으로 열반의 모양을 보이었더니, 그대들은 이것을 진실한 열반을 얻었다고 하는구나.'

이때의 열반은 멸진정이다. 곧 생멸 열반이다.
처음부터 진여 열반을 말해주면 그 말을 알아듣지 못하기 때문에 먼저 생멸 열반을 가르치고 다시 진여 열반을 가르치는 것이다.

'세존이시여, 저희가 이제야 참으로 보살로서 아뇩다라삼먁삼보리의 수기를 받았음을 알았나이다.'

이전의 깨달음은 소승의 깨달음이고 지금 받은 수기는 대승의 깨달음을 이룰 수 있는 방법이라는 것을 알았다는 말이다.

본문

我等聞無上
아등문무상
安隱授記聲
안은수기성
歡喜未曾有
환희미증유
禮無量智佛
예무량지불

今御世尊前
금어세존전
自悔諸過咎
자회제과구
御無量佛寶
어무량불보
得少涅槃分
득소열반분

如無智愚人
여무지우인
便自以爲足
변자이위족
譬如貧窮人
비여빈궁인
往至親友家
왕지친우가

其家甚大富
기가심대부
具說諸肴饍
구설제효선
以無價寶珠
이무가보주
繫著內衣裏
계저내의리

默與而捨去
묵여이사거
時臥不覺知
시와불각지

是人旣已起
시인기이기
遊行詣他國
유행예타국
求衣食自濟
구의식자제
資生甚艱難
자생심간난

得少便爲足	更不願好者	不覺內衣裏	有無價寶珠
득소변위족	**갱불원호자**	**불각내의리**	**유무가보주**
與珠之親友	後見此貧人	苦切責之已	示以所繫珠
여주지친우	**후견차빈인**	**고절책지이**	**시이소계주**
貧人見此珠	其心大歡喜	富有諸財物	五欲而自資
빈인견차주	**기심대환희**	**부유제재물**	**오욕이자자**
我等亦如是	世尊於長夜	常愍見教化	令種無上願
아등역여시	**세존어장야**	**상민견교화**	**영종무상원**
我等無智故	不覺亦不知	得少涅槃分	自足不求餘
아등무지고	**불각역부지**	**득소열반분**	**자족불구여**
今佛覺悟我	言非實滅度	得佛無上慧	爾乃爲眞滅
금불각오아	**언비실멸도**	**득불무상혜**	**이내위진멸**
我今從佛聞	授記莊嚴事	及轉次受決	身心遍歡喜
아금종불문	**수기장엄사**	**급전차수결**	**신심변환희**

저희들은	여기에서	안온하신	음성으로
높고크신	수기주심	전에없던	일이오니
모두듣고	마음기뻐	부처님께	예배하네
세존앞에	모든허물	제스스로	뉘우치니
한량없는	부처님의	무량한법	그가운데
열반조각	조금얻고	지혜없고	어리석어
제스스로	모든것을	만족하게	생각했네
비유하면	가난한이	친구집에	찾아갔네
그친구가	사는집은	이름있는	큰부자라

많은음식　대접하고　값도모를　보배구슬
옷속에다　넣어준뒤　볼일보러　나갔는데
술에취해　잠이들어　그사람은　모르는일
잠이깨어　일어난후　조금있다　그집나와
여러곳을　떠돌다가　멀리타국　이르러서
밥을얻고　옷을구해　돈벌이에　얽매이니
몸과마음　피곤하고　고생스런　생활해도
적게얻어　만족하고　더좋은것　원치않아
그옷속에　귀한보배　있는줄을　몰랐었네
보배구슬　주던친구　뒷날다시　그와만나
고생살이　책망하고　옷속보배　알려주니
가난한이　구슬보고　매우크게　기뻐하여
많은살림　마련하여　재산많고　명예높고
오욕락의　만족함을　마음대로　누리었네
저희들도　이와같아　세존께서　긴세월을
중생교화　해주시고　크신서원　심어주나
저희들이　무지하여　깨닫지도　못하고서
잘알지도　못하면서　열반보배　가운데서
열반조각　조금얻고　우리들도　깨달았다
만족하게　생각하고　나머지는　찾지않네
부처님이　저희들을　깨닫도록　하시는말
그건멸도　아니니라　위가없는　부처지혜
그게바로　진실하온　참멸도가　되느니라

저희들은	부처님이	수기주는	장엄한일
차례차례	보고듣고	몸과마음	기뻐하네

강설

"그건멸도 아니니라 위가없는 부처지혜 그게바로 진실하온 참멸도가 되느니라"

멸도(滅道)란 멸성제(滅聖諦)의 멸(滅)과 도성제(道聖諦)의 도(道)가 합쳐진 말이다.
제자들의 깨달음은 멸성제일뿐 참다운 도성제가 아니라는 말씀이시다.

《묘법연화경 수학무학인기품 授學無學人記品 第九》

본문

爾時阿難。羅睺羅。而作是念。我等每自思惟。設得受記
이시아난. 라후라. 이작시념. 아등매자사유. 설득수기
不亦快乎。即從座起到於佛前頭面禮足。俱白佛言。世尊。
불역쾌호. 즉종좌기도어불전두면예족. 구백불언. 세존.
我等於此亦應有分。唯有如來我等所歸。又我等為一切世
아등어차역응유분. 유유여래아등소귀. 우아등위일체세
間天人阿修羅所見知識。阿難常為侍者護持法藏。羅睺羅
간천인아수라소견지식. 아난상위시자호지법장. 라후라
是佛之子。若佛見授阿耨多羅三藐三菩提記者。我願既滿
시불지자. 약불견수아뇩다라삼막삼보리기자. 아원기만
眾望亦足。爾時學無學聲聞弟子二千人。皆從座起偏袒右
중망역족. 이시학무학성문제자이천인. 개종좌기편단우
肩到於佛前。一心合掌瞻仰世尊。如阿難羅睺羅所願。
견도어불전. 일심합장첨앙세존. 여아난라후라소원.
住立一面。爾時佛告阿難。汝於來世當得作佛。號山海慧
주립일면. 이시불고아난. 여어래세당득작불. 호산해혜
自在通王如來應供正遍知明行足善逝世間解無上士調御丈
자재통왕여래응공정변지명행족선서세간해무상사조어장
夫天人師佛世尊。當供養六十二億諸佛護持法藏。然後得

부천인사불세존. 당공양육십이억제불호지법장. 연후득
阿耨多羅三藐三菩提。教化二十千萬億恒河沙諸菩薩等。
아뇩다라삼먁삼보리. 교화이십천만억항하사제보살등.
令成阿耨多羅三藐三菩提。國名常立勝幡。其土清淨琉璃
영성아뇩다라삼먁삼보리. 국명상립승번. 기토청정유리
為地。劫名妙音遍滿。其佛壽命。無量千萬億阿僧祇劫。
위지. 겁명묘음편만. 기불수명. 무량천만억아승지겁.
若人於千萬億無量阿僧祇劫中。算數校計不能得知。正法
약인어천만억무량아승지겁중. 산수교계불능득지. 정법
住世倍於壽命。像法住世復倍正法。阿難。是山海慧自在
주세배어수명. 상법주세부배정법. 아난. 시산해혜자재
通王佛。為十方無量千萬億恒河沙等諸佛如來。所共讚歎
통왕불. 위시방무량천만억항하사등제불여래. 소공찬탄
稱其功德。爾時世尊。欲重宣此義。而說偈言
칭기공덕. 이시세존. 욕중선차의. 이설게언

이때 아난과 라후라가 이렇게 생각하였다.
'우리가 매양 생각하기를 우리도 수기를 받았으면 즐겁지 않겠는가.'
곧 자리에서 일어나 부처님 앞에 나아가 머리를 조아려 발에 예배하고 함께 부처님께 사뢰었다.
"세존이시여, 저희도 이 일에 역시 분수가 있을까 하나이다. 오직 여래만이 저희가 귀의할 바이옵니다.

또, 저희는 모든 세간의 하늘, 사람, 아수라들이 보고 아는 바이옵니다. 아난은 항상 시자가 되어 법장을 수호하여 가졌고, 라후라는 부처님의 아들이옵니다. 만일 부처님께서 아뇩다라삼먁삼보리의 수기를 주시면, 저희의 소원이 원만하겠삽고, 여러 사람의 소망도 만족할까 하나이다."

그때 학, 무학의 성문 제자 2천인이 자리에서 일어나 오른쪽 어깨를 드러내고 부처님 앞에 나아가 일심으로 합장하고 세존을 우러러보면서, 아난과 라후라의 소원과 같다 하고 한쪽 곁에 머물러 있었다.

부처님이 아난에게 말씀하셨다.

"너는 오는 세상에 부처를 이루어 이름을 산해혜자재통왕여래, 응공, 정변지, 명행족, 선서, 세간해, 무상사, 조어장부, 천인사, 불세존이라 하리라.

마땅히 62억 부처님께 공양하며 법장을 수호한 연후에 아뇩다라삼먁삼보리를 얻으리라.

20천만억 항하사 보살들을 교화하여 아뇩다라삼먁삼보리를 이루게 하리라.

나라의 이름은 상립승번이니, 국토가 청정하여 유리로 땅이 되었고, 겁의 이름은 묘음변만이며, 그 부처님의 수명은 한량없는 천만억 아승지겁이리라.

사람이 천만억 무량 아승지겁 동안에 산수로 계산하여도 알지 못할 것이니라.

정법이 세상에 머무르기는 수명의 갑절이요, 상법은 정법의 갑절이 되느니라.
아난아, 이 산해혜자재통왕불에 대하여 시방의 한량없는 천만억 항하의 모래알같이 많은 부처님 여래들이 함께 그 공덕을 찬탄하리라."
이때, 세존께서 이 뜻을 거듭 펴시려고 게송을 읊으셨다.

강설

학(學), 무학(無學)이라고 하는 것은 아직까지 견성오도를 하지 못했다는 말이다.
견성오도를 하지 못한 아난과 라후라가 우리도 깨닫지 못했지만 수기는 받고 싶다고 말하는 것이다.
부처님께서 아직까지 깨닫지 못한 제자들에게도 수기를 주시는 것이다.

본문

我今僧中說	阿難持法者	當供養諸佛	然後成正覺
아금승중설	**아난지법자**	**당공양제불**	**연후성정각**
號曰山海慧	自在通王佛	其國土清淨	名常立勝幡
호왈산해혜	**자재통왕불**	**기국토청정**	**명상립승번**
敎化諸菩薩	其數如恒沙	佛有大威德	名聞滿十方
교화제보살	**기수여항사**	**불유대위덕**	**명문만시방**

壽命無有量	以愍衆生故	正法倍壽命	像法復倍是
수명무유량	이민중생고	정법배수명	상법부배시
如恒河沙等	無數諸衆生	於此佛法中	種佛道因緣
여항하사등	무수제중생	어차불법중	종불도인연

나는지금	여기모인	대중에게	말하노라
나의제자	아난이여	부처님법	받들어서
여러부처	공양하고	그후정각	이루리라
부처님의	그이름은	산해혜자	재통왕불
국토항상	청정하며	나라이름	상립승번
모든보살	교화하니	그수효는	한량없어
항하강의	모래같고	부처님의	크신위덕
아름답고	널리퍼져	시방세계	떨치나니
끝이없이	누리시는	부처님의	그수명은
불쌍하고	어리석은	중생들을	위함이니
정법세상	머물기는	부처수명	곱절이고
상법세상	머물기는	다시정법	두곱이라
항하강의	모래같은	한량없는	여러중생
이부처님	법안에서	성불인연	심으리라.

강설

"아난 존자"

석가모니 부처님의 사촌동생이다.
부처님이 성도하신 날에 태어났다.
25살에 출가하여 25년 동안 부처님을 시봉했다.
다음은 기세경에 수록된 부처님의 가계 계보의 일부이다.

[사자협왕이 왕위를 이어받아 다시 네 아들을 낳았는데, 첫째가 정반(淨飯)이고, 둘째가 백반(白飯)이고, 셋째가 곡반(斛飯)이고, 넷째가 감로반(甘露飯)이며, 또한 딸을 한 명 낳았는데, 이름은 감로(甘露)이다.
비구들아, 정반왕이 두 아들을 낳았는데, 첫째가 실달다(悉達多)이고, 둘째가 난타(難陀)이다.
백반왕에게는 아들이 둘 있었는데, 첫째가 제사(帝沙)이고, 둘째가 난제가(難提迦)이다. 곡반의 왕에게는 아들이 둘 있었는데, 첫째가 아니루타(阿尼嘍馱)이고, 둘째가 발제리가(跋提梨迦)이다. 그 감로반왕에게는 아들이 둘 있었는데, 첫째가 아난타(阿難陀)이고, 둘째가 제파달다(提婆達多)이다. 그 감로 왕녀에게는 오직 아들이 한 명 있었는데, 이름이 세파라(世婆羅)이다.
비구들아, 보살에게는 아들이 한 명 있었는데, 이름은 라후라(羅羅)이다.]

계보에서 보듯이 아난다는 감로반왕의 아들이다.
아난다가 부처님의 시자가 된 것은 부처님의 권유로 인해서다. 처음에는 부처님의 청을 거절했지만 나중에 여덟 가지 조건을 전제로 내세워 승낙을 받고 시자가 된다.
당시 아난다가 부처님에게 제시했던 여덟 가지 조건이다.

1. 부처님께서 받으신 의복을 나눠 주지 말 것.
2. 부처님께서 받으신 공양을 나누거나 남겨주지 말 것.
3. 부처님 처소에 같이 살게 하지 말 것
4. 부처님께서 초대받은 재가자의 집에 동행을 요구하지 말 것.
5. 자신을 초대한 재가자의 집에는 반드시 동행해 줄 것.
6. 멀리서 부처님을 만나러 온 재가자는 반드시 만나줄 것.
7. 언제라도 모르는 것을 질문할 때는 답변해 줄 것.
8. 자신이 없을 때 설법하신 내용은 요청하면 흔쾌하게 다시 말해 줄 것.

아난다는 네 마리 용이 합쳐져서 인간으로 태어난 존재이다. 나중에 죽고 나서는 유체가 네 개로 나누어져서 각각의 용 세계로 돌아갔다.

본문

爾時會中新發意菩薩八千人。咸作是念。我等尚不聞諸大
이시회중신발의보살팔천인. 함작시념. 아등상불문제대
菩薩得如是記。有何因緣。

보살득여시기. 유하인연.

而諸聲聞得如是決。爾時世尊。知諸菩薩心之所念。而告
이제성문득여시결. 이시세존. 지제보살심지소념. 이고
之曰。諸善男子。我與阿難等。於空王佛所。同時發阿耨
지왈. 제선남자. 아여아난등. 어공왕불소. 동시발아뇩
多羅三藐三菩提心。阿難常樂多聞。我常勤精進。是故我
다라삼먁삼보리심. 아난상락다문. 아상근정진. 시고아
已得成阿耨多羅三藐三菩提。而阿難護持我法。亦護將來
이득성아뇩다라삼먁삼보리. 이아난호지아법. 역호장래
諸佛法藏。教化成就諸菩薩眾。其本願如是。故獲斯記。
제불법장. 교화성취제보살중. 기본원여시. 고획사기.
阿難面於佛前。自聞授記及國土莊嚴。所願具足。心大歡
아난면어불전. 자문수기급국토장엄. 소원구족. 심대환
喜得未曾有。即時憶念過去無量千萬億諸佛法藏。通達無
희득미증유. 즉시억념과거무량천만억제불법장. 통달무
礙如今所聞。亦識本願。爾時阿難。而說偈言。
애여금소문. 역식본원. 이시아난. 이설게언.

그때 회중에 있던 새로 발심한 8천 보살은 이렇게 생각하였다. '대보살들도 이러한 수기를 받는 것을 우리는 듣지 못하였는데, 무슨 인연으로 성문들이 이렇게 훌륭한 수기를 받는가.'
그때 세존이 여러 보살의 생각을 아시고 말씀하셨다.
"선남자들아, 내가 아난과 함께 공왕(空王) 부처님 계신 곳에서 동시에 아뇩다라삼먁삼보리심을 내었느니라.

아난은 항상 많이 듣기를 좋아하였고, 나는 부지런히 정진하였느니라.
이런 까닭으로 나는 이미 아뇩다라삼먁삼보리를 이루었나니라. 아난은 나의 법장을 수호하고, 장차 오는 세상의 여러 부처님 법장도 수호하면서 많은 보살들을 교화하여 성취시키리라. 그의 본래의 서원이 그러하므로 이런 수기를 받느니라."
아난이 부처님 앞에서 자기의 수기와 그 국토의 장엄함을 친히 듣고, 소원이 성취되어 마음이 환희하여 미증유함을 얻고, 즉시 과거세의 한량없는 천만억 부처님의 법장을 기억하여 막힘없이 통달하니, 지금 듣는 듯하고, 또 본래 서원도 알았다. 이때 아난이 게송으로 읊었다.

강설

"그때 회중에 있던 새로 발심한 8천 보살은 이렇게 생각하였다."

새로 발심하였다는 것은 진여출가를 했다는 말이다.

"대보살들도 이러한 수기를 받는 것을 우리는 듣지 못하였는데, 무슨 인연으로 성문들이 이렇게 훌륭한 수기를 받는가."

대보살들도 묘각 수기를 받는 것이 어렵다는 말이다.

이것이 부처님을 친견하는 공덕이다.

"선남자들아, 내가 아난과 함께 공왕(空王) 부처님 계신 곳에서 동시에 아뇩다라삼먁삼보리심을 내었느니라.
아난은 항상 많이 듣기를 좋아하였고, 나는 부지런히 정진하였느니라.
이런 까닭으로 나는 이미 아뇩다라삼먁삼보리를 이루었나니라."

아난과 부처님이 동시에 아뇩다라삼먁삼보리를 내었다는 것은 똑같이 묘각 서원을 일으켰다는 말씀이시다.

"아난은 나의 법장을 수호하고, 장차 오는 세상의 여러 부처님 법장도 수호하면서 많은 보살들을 교화하여 성취시키리라. 그의 본래의 서원이 그러하므로 이런 수기를 받느니라."

아난의 본래 서원이 부처님의 법장을 수호하는 것이었기 때문에 그 역할을 하느라 성불이 늦어졌다는 말씀이시다.

"아난이 부처님 앞에서 자기의 수기와 그 국토의 장엄함을 친히 듣고, 소원이 성취되어 마음이 환희하여 미증유함을 얻고, 즉시 과거세의 한량없는 천만억 부처님의 법장을 기억하여 막힘없이 통달하니, 지금 듣는 듯하고, 또 본래 서원도 알았다."

수기를 받는 순간 숙명통이 열려서 과거의 부처님들한테 들었던 법장이 열리고 자기가 세웠던 서원도 알게 되었다는 말씀이시다. 수기를 받는 공덕이 참으로 대단하다.

본문

世尊甚希有　令我念過去　無量諸佛法　如今日所聞
세존심희유　영아념과거　무량제불법　여금일소문
我今無復疑　安住於佛道　方便爲侍者　護持諸佛法
아금무부의　안주어불도　방편위시자　호지제불법

거룩하고　높은세존　보기드문　분이시라
지난세상　한량없는　부처님의　크신법을
오늘듣는　바와같이　생각하게　해주시니
나는이제　의심풀려　부처님도　편히들어
방편으로　시자되어　모든불법　보호하리

강설

아난의 본래 서원은 부처님의 법을 세상에 남겨놓는 것이었다. 특히 대승법을 세상에 남겨놓기 위해 많은 노력을 했다.
현재 우리가 대승법을 볼 수 있는 것도 아난의 공덕이다.
아난은 용 세계의 제도에도 뜻을 두었다.
부처님의 대승 설법을 모두 듣고 그 내용들을 용 세계로 전해주었다.
아난이 열반에 들 때는 몸이 네 개로 나눠졌다.
그 네 개의 몸이 네 개의 용 세계로 돌아갔다.
아난의 유전자 속에는 대승법이 기록되어 있었다.
용들이 아난의 몸속에 기록되어 있던 유전정보를 추출해서 대승경전을 편찬했다. 그렇게 만들어진 대승경전이 나중에 인간 세상으로 나오게 된다.
용 세계에서 인간 세상으로 대승경전을 가지고 나온 사람이 '용수'이다.

본문

爾時佛告羅睺羅。汝於來世當得作佛。
이시불고라후라. 여어래세당득작불.
號蹈七寶華如來應供正遍知明行足善逝世間解無上士調御
호도칠보화여래응공정변지명행족선서세간해무상사조어
丈夫天人師佛世尊。當供養十世界微塵等數諸佛如來。常
장부천인사불세존. 당공양십세계미진등수제불여래. 상

為諸佛而作長子。猶如今也。是踏七寶華佛。國土莊嚴。
위제불이작장자. 유여금야. 시도칠보화불. 국토장엄.
壽命劫數。所化弟子。正法像法。亦如山海慧自在通王如
수명겁수. 소화제자. 정법상법. 역여산해혜자재통왕여
來無異。亦為此佛而作長子。過是已後當得阿耨多羅三藐
래무이. 역위차불이작장자. 과시이후당득아뇩다라삼먁
三菩提。爾時世尊。欲重宣此義。而說偈言
삼보리. 이시세존. 욕중선차의. 이설게언

그때, 부처님이 라후라에게 말씀하셨다. "너는 오는 세상에 부처가 되어 이름을 도칠보화여래, 응공, 정변지, 명행족, 선서, 세간해, 무상사, 조어장부, 천인사, 불세존이라 하리라.
마땅히 열 세계의 티끌 수 부처님 여래께 공양하며, 여러 부처님의 장자가 되리니, 지금과 같으리라.
이 도칠보화 부처님의 국토의 장엄과 수명의 겁수와 교화하는 제자와, 정법과 상법이 모두 산해혜자재통왕여래와 같아서 다르지 않을 것이요, 그 부처님의 장자가 될 것이니라.
그런 뒤에 아뇩다라삼먁삼보리를 얻으리라."
이때 세존이 이 뜻을 거듭 펴시려고 게송을 읊으셨다.

강설

"라훌라 존자"

석가모니 부처님의 아들이다.
부처님이 출가하시기 전, 29세 때에 야소다라 부인과의 사이에서 태어났다. 부처님이 정각을 이룬 2년 뒤에 고향으로 돌아와서 라훌라를 만나게 된다.
이때 라훌라가 부처님에게 유산을 달라고 말한다.
부처님은 라훌라에게 믿음, 계율, 양심, 부끄러움, 다문, 보시, 지혜라는 가르침으로 유산을 남긴다.

7세 때 사리풋타를 스승으로 출가를 하였다.
장난기가 심하고 거짓말을 하는 라훌라를 제도하기 위해 부처님께서 발 씻은 물을 놓고 설법을 하신다.
"라훌라야, 물그릇에 발 씻은 물이 조금 남아있는 것이 보이느냐?"
"예, 보았습니다."
"라훌라야, 고의로 거짓말을 하는 것을 부끄러워할 줄 모르는 사람에게 수행자는 작은 덕성을 베푼다. 마치 그릇에 남은 이 물과 같다."

그 물을 버리신 부처님이 라훌라에게 물으셨다.

"라훌라여, 물이 버려진 것을 보았느냐?"
"예, 보았습니다."
"고의로 거짓말을 하는 것을 부끄러워할 줄 모르는 사람에게 수행자는 덕성을 베풀지 않는다. 버려진 물처럼 이처럼 버려진다."

부처님께서 물그릇을 뒤집어엎은 다음에 다시 물으셨다.

"라훌라야, 물그릇이 뒤집어 엎어진 것을 보았느냐?"
"예, 보았습니다."
"고의로 거짓말하는 것을 부끄러워할 줄 모르는 사람에게 수행자는 덕성을 베풀지 않는다. 마치 뒤집어 엎어진 그릇과 같다."

부처님께서 물그릇을 바로 하시고 라훌라에게 물으셨다.

"라훌라야 이 그릇이 텅 비워진 것이 보이느냐?"
"예, 보입니다."
"고의로 거짓말을 하는 것을 부끄러워할 줄 모르는 사람에게 수행자의 덕성은 이처럼 텅 비워지느니라."

머뭇거리는 라훌라에게 부처님이 말씀하셨다.
"라훌라야, 그러므로 성찰하고 또 성찰한 뒤에 행동해야 되느니라. 몸과 말과 생각으로 청정한 행을 하고 일체의 삿됨을 행하지 말아야 하느니라."

이 말씀을 들은 라훌라는 그다음부터 철저하게 계율을 지켰다.
20세에 비구계를 받고 나중에 부처님의 비밀스러운 가르침들을 이어 받았다.
정법제일 마하가섭, 교법제일 아난다와 더불어서 밀법제일 라훌라로 불리운다.

"산해혜자재통왕여래와 같아서 다르지 않을 것이요, 그 부처님의 장자가 될 것이니라."

그 생에서는 라훌라가 아난다의 장자로 태어나서 묘각을 이룬다는 말씀이시다.

본문

我爲太子時	羅羅爲長子	我今成佛道	受法爲法子
아위태자시	**라후위장자**	**아금성불도**	**수법위법자**
於未來世中	見無量億佛	皆爲其長子	一心求佛道
어미래세중	**견무량억불**	**개위기장자**	**일심구불도**
羅睺羅密行	唯我能知之	現爲我長子	爾時諸衆生
라후라밀행	**유아능지지**	**현위아장자**	**이시제중생**
無量億千萬	功德不可數	安住於佛法	以求無上道
무량억천만	**공덕불가수**	**안주어불법**	**이구무상도**

내가태자	였을적에	라훌라는	나의장자
내가이제	성불하니	법을받아	법자되네
미래오는	세상에서	한량없는	무량억의
부처님을	친히뵙고	그부처	장자되어
일심으로	정성다해	부처님법	구하리니
라훌라가	행한밀행	오직내가	아느니라
지금나의	장자되어	중생에게	보이나니
억천만의	무량공덕	헤아릴수	없지마는
부처님법	편히들어	높은도를	구하니라

강설

부처님의 장자로 태어나서 이제 법자가 되었다는 말씀이 인상 깊게 와닿는다.
세간의 인연으로는 부모 자식이지만 법의 인연으로는 스승과 제자이다.
세간의 인연은 몸과 생멸심으로 맺어진 과보의 소산이다. 하지만 법의 인연은 본성의 성(性)과 각성의 상(相)으로 맺어지는 본제(本際)의 일이다.
세간의 인연은 짧고 허망하다.
은혜와 원망으로 점철된다.
하지만 법연은 영원히 이어진다.
본원본제와 계합을 이룬 뒤에는 서로가 평등해진다.

그 상태에서는 인(因)도 없고 과(果)도 없다.

본문

爾時世尊。見學無學二千人其意柔軟寂然淸淨一心觀佛。
이시세존. 견학무학이천인기의유연적연청정일심관불.
佛告阿難。汝見是學無學二千人不。唯然已見。阿難。是
불고아난. 여견시학무학이천인부. 유연이견. 아난. 시
諸人等。當供養五十世界微塵數諸佛如來。恭敬尊重護持
제인등. 당공양오십세계미진수제불여래. 공경존중호지
法藏。末後同時。於十方國各得成佛。皆同一號。名曰寶
법장. 말후동시. 어시방국각득성불. 개동일호. 명왈보
相如來應供正遍知明行足善逝世間解無上士調御丈夫天人
상여래응공정변지명행족선서세간해무상사조어장부천인
師佛世尊。壽命一劫。國土莊嚴。聲聞菩薩。正法像法。
사불세존. 수명일겁. 국토장엄. 성문보살. 정법상법.
皆悉同等。爾時世尊。欲重宣此義。而說偈言
개실동등. 이시세존. 욕중선차의. 이설게언

이때 세존께서 학·무학 2천 사람의 뜻이 부드럽고 고요하고 청정하여 일심으로 부처님을 보고 있는 것을 보시고 아난에게 말씀하셨다.
"네가 이 학·무학 2천 사람을 보느냐."

"그러하나이다, 보나이다."
"아난아, 이 사람들이 50세계의 티끌 수 부처님 여래에게 공양하고 공경하고 존중하며 법장을 수호하다가, 맨 나중에 시방세계에서 동시에 부처를 이루리라.
이름은 모두 같아서 보상여래, 응공, 정변지, 명행족, 선서, 세간해, 무상사, 조어장부, 천인사, 불세존이라 하리라.
수명은 1겁이요, 국토의 장엄과 성문과 보살과 정법과 상법도 모두 같으리라."
이때 세존께서 이 뜻을 거듭 펴시려고 게송을 읊으셨다.

강설

'뜻이 부드럽고'
식(識)과 의(意)가 다스려진 것이다.
무념과 각성이 갖춰진 상태이다.

'고요하고'
감정이 다스려진 것이다.
무심이 갖춰진 것이다.

'청정하여'
마음에 거리낌이 없다는 것이다.
계율이 갖춰진 것이다.

'일심으로 부처님을 보고 있는 것을 보시고'
억불심(憶佛心)이 있는 것이다.

아직까지 견성오도는 못했어도 충분한 근기를 갖추고 있는 것이다. 그렇기에 나중에는 성불한다고 수기를 주시는 것이다.

"네가 이 학·무학 2천 사람을 보느냐."
"그러하나이다, 보나이다."

부처님께서 '보느냐?'라고 물으신 것은 형상을 두고 말씀하신 것이 아니다.
그 사람들이 갖추고 있는 근기를 보느냐고 물으신 것이다.

본문

是二千聲聞	今於我前住	悉皆與授記	未來當成佛
시이천성문	**금어아전주**	**실개여수기**	**미래당성불**
所供養諸佛	如上說塵數	護持其法藏	後當成正覺
소공양제불	**여상설진수**	**호지기법장**	**후당성정각**
各於十方國	悉同一名號	俱時坐道場	以證無上慧
각어시방국	**실동일명호**	**구시좌도량**	**이증무상혜**
皆名爲寶相	國土及弟子	正法與像法	悉等無有異

개명위보상	국토급제자	정법여상법	실등무유이
咸以諸神通	度十方衆生	名聞普周徧	漸入於涅槃
함이제신통	도시방중생	명문보주변	점입어열반

내앞에서	법을듣는	이천명의	성문들아
미래세상	부처되는	수기모두	주겠노라
한량없는	많은부처	찾아뵙고	공양하며
그부처님	깊은법장	받들어서	지키다가
그런후에	반드시	정각을	이루리니
그부처님	시방국토	모두다가	같은이름
한꺼번에	도량에서	높은지혜	얻으리니
그들이름	보상이요	국토제자	정법상법
모두다들	똑같아서	다른것이	없으리라
여러가지	신통으로	시방중생	제도하니
높은이름	널리퍼져	열반으로	점점드네

강설

함께 수기를 받게 되면 성불도 같이 이루어진다.
묘각을 이루는 절차 때문이다.

본문

爾時學無學二千人。聞佛授記歡喜踊躍。而說偈言。
이시학무학이천인. 문불수기환희용약. 이설게언.

이때, 학·무학 2천 사람은 부처님의 수기하시는 말씀을 듣고 기뻐 날뛰며 게송을 읊었다.

世尊慧燈明	我聞授記音	心歡喜充滿	如甘露見灌
세존혜등명	**아문수기음**	**심환희충만**	**여감로견관**

부처님의	참지혜는	밝고환한	등불이라
수기주는	그음성을	저희들이	이제듣고
기쁜마음	충만하고	즐거움이	가득하여
감로수를	마신듯이	시원하고	상쾌하네

강설

수기를 받는 것만으로도 성불에 대한 목표를 갖게 된다. 그 목표를 심어주는 것이 대단히 중요하다.

《묘법연화경 법사품 法師品 第十》

본문

爾時世尊。因藥王菩薩。告八萬大士。藥王。汝見是大眾
이시세존. 인약왕보살. 고팔만대사. 약왕. 여견시대중
中無量諸天龍王夜叉乾闥婆阿修羅迦樓羅緊那羅摩睺羅伽
중무량제천룡왕야차건달바아수라가루라긴나라마후라가
人與非人。及比丘比丘尼。優婆塞優婆夷。求聲聞者。求
인여비인. 급비구비구니. 우바새우바이. 구성문자. 구
辟支佛者。求佛道者。如是等類咸於佛前。聞妙法華經一
벽지불자. 구불도자. 여시등류함어불전. 문묘법화경일
偈一句。乃至一念隨喜者。我皆與授記。當得阿耨多羅三
게일구. 내지일념수희자. 아개여수기. 당득아뇩다라삼
藐三菩提。佛告藥王。又如來滅度之後。若有人聞妙法華
먁삼보리. 불고약왕. 우여래멸도지후. 약유인문묘법화
經乃至一偈一句一念隨喜者。我亦與授阿耨多羅三藐三菩
경내지일게일구일념수희자. 아역여수아뇩다라삼먁삼보
提記。若復有人。受持讀誦解說書寫妙法華經乃至一偈。
리기. 약부유인. 수지독송해설서사묘법화경내지일게.
於此經卷敬視如佛。種種供養華香瓔珞末香塗香燒香繒蓋
어차경권경시여불. 종종공양화향영락말향도향소향증개
幢幡衣服伎樂。乃至合掌恭敬。藥王當知。是諸人等。

당번의복기악. 내지합장공경. 약왕당지. 시제인등.
已曾供養十萬億佛。於諸佛所成就大願。愍眾生故生此人
이증공양십만억불. 어제불소성취대원. 민중생고생차인
間。藥王。若有人問何等眾生於未來世當得作佛。應示是
간. 약왕. 약유인문하등중생어미래세당득작불. 응시시
諸人等於未來世必得作佛。何以故。若善男子善女人。
제인등어미래세필득작불. 하이고. 약선남자선여인.
於法華經乃至一句。受持讀誦解說書寫。種種供養經卷。
어법화경내지일구. 수지독송해설서사. 종종공양경권.
華香瓔珞末香塗香燒香繒蓋幢幡衣服伎樂。合掌恭敬。
화향영락말향도향소향증개당번의복기악. 합장공경.
是人一切世間所應瞻奉。應以如來供養而供養之。當知此
시인일체세간소응첨봉. 응이여래공양이공양지. 당지차
人是大菩薩。成就阿耨多羅三藐三菩提。哀愍眾生願生此
인시대보살. 성취아뇩다라삼먁삼보리. 애민중생원생차
間。廣演分別妙法華經。何況盡能受持種種供養者。藥王
간. 광연분별묘법화경. 하황진능수지종종공양자. 약왕
當知。是人自捨清淨業報。於我滅度後。愍眾生故。生於
당지. 시인자사청정업보. 어아멸도후. 민중생고. 생어
惡世廣演此經。若是善男子善女人。我滅度後。能竊為一
악세광연차경. 약시선남자선여인. 아멸도후. 능절위일
人說法華經乃至一句。當知是人。則如來使如來所遣行如
인설법화경내지일구. 당지시인. 즉여래사여래소견행여

來事。何況於大眾中廣為人說。藥王。若有惡人以不善心。
래사. 하황어대중중광위인설. 약왕. 약유악인이불선심.
於一劫中現於佛前。常毀罵佛其罪尚輕。若人以一惡言。
어일겁중현어불전. 상훼매불기죄상경. 약인이일악언.
毀呰在家出家讀誦法華經者。其罪甚重。藥王。其有讀誦
훼자재가출가독송법화경자. 기죄심중. 약왕. 기유독송
法華經者。當知是人。以佛莊嚴而自莊嚴。則為如來肩所
법화경자. 당지시인. 이불장엄이자장엄. 즉위여래견소
荷擔。其所至方應隨向禮。一心合掌恭敬供養尊重讚歎。
하담. 기소지방응수향례. 일심합장공경공양존중찬탄.
華香瓔珞末香塗香燒香繒蓋幢幡衣服餚饌。作諸伎樂。
화향영락말향도향소향증개당번의복효찬. 작제기악.
人中上供而供養之。應持天寶而以散之。天上寶聚應以奉
인중상공이공양지. 응지천보이이산지. 천상보취응이봉
獻。所以者何。是人歡喜說法。須臾聞之。即得究竟阿耨
헌. 소이자하. 시인환희설법. 수유문지. 즉득구경아뇩
多羅三藐三菩提故。爾時世尊。欲重宣此義。而說偈言。
다라삼먁삼보리고. 이시세존. 욕중선차의. 이설게언.

이때 세존께서 약왕보살을 비롯하여 8만 대사에게 말씀하셨다.
"약왕이여, 그대는 이 대중 가운데 있는 한량없는 하늘, 용왕,
야차, 건달바, 아수라, 가루라, 긴나라, 마후라가, 사람, 사람
아닌 이와, 비구, 비구니, 우바새, 우바이, 성문을 구하는 이,

벽지불을 구하는 이, 불도를 구하는 이들을 보는가. 이 무리에게 부처님 앞에서 묘법연화경의 한 게송 한 구절이라도 듣고, 한 생각이라도 따라서 기뻐한 이들에게는 내가 모두 수기하노라. 마땅히 아뇩다라삼먁삼보리를 얻으리라."
부처님은 양왕 보살에게 말씀하셨다.
"또 여래가 열반한 후에라도 어떤 사람이 이 묘법연화경의 한 게송, 한 구절이라도 듣고 한 생각이라도 따라서 기뻐하는 이에게도 내가 아뇩다라삼먁삼보리의 수기를 주노라.
또 어떤 사람이 묘법연화경에서 한 구절이라도 받아지니고 읽고 외고 해설하고 베껴 쓰거나, 이 경전을 공경하기를 부처님과 같이 하여 갖가지 꽃, 향, 영락, 가루향, 바르는 향, 사르는 향, 당기, 번기, 의복, 풍악으로 공양하거나, 내지 합장하고 공경한다면, 약왕이여 이 사람들은 이미 10만억 부처님께 공양하였고, 또 여러 부처님 계신 데서 큰 소원을 성취하고 중생을 어여삐 여기어서 이 인간 세계에 난 줄을 알아야 하느니라.
약왕이여 어떤 사람이 묻기를 '어떠한 중생이 오는 세상에서 부처가 되겠느냐.' 하거든, '이런 사람들이 오는 세상에 반드시 성불하리라.'라고 대답하라.
왜냐하면 만일 선남자, 선여인이 이 묘법연화경에서 한 구절이라도 받아지니고 읽고, 외고, 해설하고, 베껴 쓰며 이 경에 공양하되 꽃, 향, 영락, 가루향, 바르는 향, 사르는 향, 일산, 당기, 번기, 의복, 풍악으로 하거나 합장하고 공경하면, 이 사람은 모든 세간들이 우러러 받드는 바이어서, 여래에게 공양하는 것으로 공양해야 하기 때문이니라.
마땅히 알아라. 이 사람은 대보살로서 아뇩다라삼먁삼보리를 성취하였지마는, 중생을 어여삐 여기어서 이 세상에 태어나기를 원하여 묘법연화경을 널리 연설하여 분별하느니라.
하물며 전부를 받아지니며 갖가지로 공양하는 일이리요.
약왕이여 이 사람은 청정한 업보를 스스로 버리고 내가 열반한 뒤에 중생을 어여삐 여기어서 나쁜 세상에 태어나 이 경을 널리 연설하는 줄을 마땅히 알아라.
만일 이 선남자, 선여인이 내가 열반한 뒤에 가만히 한 사람만을 위하여 이 묘법연화경에서 한 구절이라도 설해 준다면, 이 사람은 여래의 심부름꾼이며, 여래가 보내신 이이며, 여래의 일을 행함이니라. 하물며 대중 가운데서 여러 사람들을 위하여 널리 연설함일까 보냐.
약왕이여 어떤 악한 사람이 나쁜 마음을 가지고 한 겁 동안 부처님 앞에 나타나 부처님을 항상 훼방하고 욕하더라도 그 죄는 오히려 가벼우나, 어떤 사람이 한 마디 나쁜 말로써 집에 있는 이나 집을 떠난 이가 묘법연화경을 읽고 외는 것을 훼방한다면, 그 죄는 매우 무거우니라.
약왕이여 묘법연화경을 읽거나 외는 이가 있으면 이 사람은 부처님의 장엄으로 스스로를 장엄하는 이이며, 여래께서 어깨로 업어주는 이니라.
그가 있는 곳을 향하여 마땅히 예배할지며, 일심으로 합장하고 공경하고 공양하며, 존중하고 찬탄하며, 꽃, 향, 영락, 가루향, 바르는 향, 사르는 향, 비단 일산, 당기, 번기, 의복, 음식과 풍악을 잡혀서 인간의 최상의 공양거리로 공양할 것이며, 천상 보배로써 흩을 것이며, 천상의 보배덩이를 받들어 올려야 하느니라.
그 까닭을 말하면, 이 사람의 환희하여 설하는 법문을 잠깐이라도 들으면 곧 아뇩다라삼먁삼보리를 얻게 되는 연고이니라."
이때 세존께서 이 뜻을 거듭 펴시려고 게송을 읊으셨다.

강설

이 경을 읽고, 외고, 쓰고, 베끼고 하는 사람들도 다음 세상에는 다 부처가 되리라고 수기를 주신다.

법화경을 강설하고 이 뜻을 올바르게 전달해 주는 사람을 부처님이 어깨로 업어준다고 말씀하신다.

'묘법연화경을 설한다'라는 것은 여러 가지 의미가 함축된 말이다.
화성유품에서는 대통지승여래의 열여섯 아들이 12연기법을 듣고 해탈도를 얻었고 묘법연화경을 듣고 보살도에 들었다고 말씀하셨다. 그런 다음 묘법연화경을 오랫동안 설법해 주다가 한 사람씩 차례로 성불을 해서 여래장계 10

방위에서 정토불사를 하고 계신다고 말씀하셨다.

'묘법연화경을 말한다'라는 것은 보살도를 완성하고 등각도와 묘각도를 이루는 방법을 말하는 것이다.
단순히 이 경전을 읽고, 외우고, 베낀다고 해서 부처가 되는 것이 아니다.
경전에서 제시하는 뜻을 알아야 한다.
묘법연화경에서 말씀하시는 뜻은 크게 세 가지이다.
첫 번째 뜻은 처음 수행을 시작해서 견성오도, 해탈도, 보살도, 등각도, 묘각도를 이루는 방법을 일러주는 것이다.
사성제법과 12연기법, 팔해탈법과 진여 수행법, 여래장연기법을 통해서 그 방법과 방향을 제시해 주셨다.

두 번째 뜻은 부처가 되는 방법을 일러주면서 정토불사를 함께 할 수 있는 인재를 양성하는 것이다.
부처가 되었을 때 여래장계로 와서 정토불사에 동참해 달라는 의도를 전하는 것이다.

세 번째 뜻은 정토불사를 마무리했을때 시방 법계가 어떻게 변화되는지 그 결과를 보여주시는 것이다.
본원본제의 향하문적 성향을 제도했을 때 출현하게 되는 천백억 곱하기 6만 항하사수 보살들과 용녀의 즉신성불을 예로 들어서 그 결과를 보여주셨다.

"약왕이여, ... 성문을 구하는 이, 벽지불을 구하는 이, 불도를 구하는 이들을 보는가."

성문을 구하는 이가 견성오도자이며 벽지불을 구하는 이가 아라한이다. 이들이 곧 생멸 수행자이다.

불도를 구하는 이는 보살도, 등각도, 묘각도를 구하는 사람이다. 이들이 곧 진여 수행자이다.

"묘법연화경의 한 게송 한 구절이라도 듣고, 한 생각이라도 따라서 기뻐한 이들에게는 내가 모두 수기하노라. 마땅히 아뇩다라삼먁삼보리를 얻으리라."

이 사람들에게 묘법연화경의 이치를 일러주고 그 말을 듣고 기뻐하는 사람들이 있다면 '너는 후생에 부처가 되리라' 하고 수기를 주신다는 말씀이다.

"또 어떤 사람이 묘법연화경에서 한 구절이라도 받아지니고 읽고 외고 해설하고 베껴 쓰거나, 이 경전을 공경하기를 부처님과 같이 하여 갖가지 꽃, 향, 영락, 가루향, 바르는 향, 사르는 향, 당기, 번기, 의복, 풍악으로 공양하거나, 내지 합장하고 공경한다면, 약왕이여 이 사람들은 이미 10만억 부처님께 공양하였고, 또 여러 부처님 계신 데서 큰 소원을 성취하고 중생을 어여삐 여기어서 이 인간 세계에 난 줄을 알아야 하느니라."

묘법연화경을 믿고 공경만 하여도 이미 10만 부처님에게 공양한 것과 같은 공덕이 있다는 말씀이시다.

묘법연화경을 읽고 쓰고 베끼고 이해했다는 것은 부처가 되는 방법을 알았다는 것이다. 그런 사람은 10만억 부처님께 예배를 한 것과 같으니 나중에 묘각도를 이룰 것이라는 말씀이시다.

우리가 살고 있는 인간 세상은 아주 작은 세계이다.
여래장계 안에는 지구 같은 별이 항하사 모래알 수 보다 더 많다.
그 속에서 살아가는 생명들의 숫자가 무한극수에 무한극수를 곱한 것보다 더 많다.
그 생명들이 행복하게 살 수 있는 터전을 만들어 주겠다고 뜻을 세우는 것이 정토불사의 서원이다.
그런 뜻을 세우려면 먼저 세계에 대한 이해가 갖추어져야 한다.
여래장계가 생겨난 원인과 과정, 현재의 구조에 대해 알고 있어야 그와 같은 존재목적을 세울 수 있다.
묘법연화경을 알게 되면 여래장연기의 이치와 생멸연기의

이치, 진여연기의 이치를 모두 이해하게 된다.
무(無)의 여래장이 장(場)의 여래장으로 나타나는 이치를 알고, 장의 여래장에서 일법계(一法界) 여래장이 나타나는 과정을 알며, 일법계 여래장에서 생멸문과 진여문이 생겨나는 원인과 과정을 아는 것이 묘법연화경을 아는 것이다. 나아가서 12연기를 통해서 천지만물이 생겨나는 과정과 그로 인해 생겨난 세계의 일을 알게 되면 이런 사람을 '세간해(世間解)라고 부른다.

그런 과정을 이해하는 사람은 수행의 목적도 여래장연기를 벗어나는 것에 두게 된다.
자기실현의 장도 생멸문을 벗어나서 여래장계로 삼게 된다.
반면에 그런 과정을 모르는 사람은 수행의 목적을 견성오도나 해탈도로 삼게 된다.
부처님께서 제자들에게 수기를 주시는 것은 제자들에게 확장된 존재목적을 심어주기 위해서다.

"약왕이여 어떤 사람이 묻기를 '어떠한 중생이 오는 세상에서 부처가 되겠느냐.' 하거든, '이런 사람들이 오는 세상에 반드시 성불하리라.'라고 대답하라.
왜냐하면 만일 선남자, 선여인이 이 묘법연화경에서 한 구절이라도 받아지니고 읽고, 외고, 해설하고, 베껴 쓰며 이 경에 공양하되 꽃, 향, 영락, 가루향, 바르는 향, 사르는 향, 일산, 당기, 번기, 의복, 풍악으로 하거나 합장하고 공경하면, 이 사람은 모든 세간들이 우러러 받드는 바이어서, 여래에게 공양하는 것으로 공양해야 하기 때문이니라."

묘법연화경의 이치를 아는 사람은 반드시 성불한다고 말씀하신다.

"마땅히 알아라. 이 사람은 대보살로서 아뇩다라삼먁삼보리를 성취하였지마는, 중생을 어여삐 여기어서 이 세상에 태어나기를 원하여 묘법연화경을 널리 연설하여 분별하느니라. 하물며 전부를 받아지니며 갖가지로 공양하는 일이리요."

묘법연화경의 대의를 아는 사람은 이미 대보살로서 아뇩다라삼먁삼보리를 성취한 사람이라는 말씀이시다.
대보살이 중생제도를 하기 위해 인간으로 태어나서 묘법연화경을 설하신다는 말씀이시다.

"약왕이여 이 사람은 청정한 업보를 스스로 버리고 내가 열반한 뒤에 중생을 어여삐 여기어서 나쁜 세상에 태어나 이 경을 널리 연설하는 줄을 마땅히 알아라."

수많은 생을 거듭하면서 여래장연기와 생멸연기, 진여연기의 이치를 알고자 했다.
결국에는 이 생에 와서 12연기의 이치를 알게 되었고 진여연기와 여래장연기의 이치를 알게 되었다.
그 이치들을 알고 나서 그냥 이 절차대로 수행만 하면 되겠다고 생각하고 있었다. 하지만 법화경을 보면서 그 생각들이 바뀌게 되었다.

법화경에는 참으로 놀라운 말씀들이 수록되어 있었다.
등각도와 묘각도를 이루는 방법들이 수록되어 있었고
여래장계의 일법계가 어둠에 휩싸여있다는 내용도 수록되어 있었다.
또한 부처로서의 존재목적과 부처가 중생을 제도하는 이유에 대해서도 명시되어 있었다.
대통지승여래의 열여섯 아들들이 정토불사에 동참하게 되었다는 대목을 읽으면서는 많은 생각을 했다.
법화경을 읽기 전에는 내가 살아가는 이 지구만이라도 다툼 없는 세상으로 만들어 보려고 나름의 노력을 다하고 있었다. 때문에 보살로서 10지를 이루고, 등각보살이 되고, 묘각보살이 되는 것은 인연따라 천천히 가도 좋다고 생각했다. 하지만 화성유품을 보고 나서는 생각이 바뀌었다. '부처가 되는 목적이 정토불사를 하는 것에 있다'라는 말씀을 듣고는 인연을 따라가기만 해서는 안 되는 것이라는 것을 알게 되었다.

'이제 나도 부처님이 되어서 그 정토불사에 동참해야 되겠구나' 이런 생각을 하게 되었다.
법화경을 읽기 전에는 그런 생각을 하지 못했다.
이 경전에 이런 내용이 쓰여 있을 거라고는 상상도 하지 못했다. 참으로 성스러운 말씀이다.

"만일 이 선남자, 선여인이 내가 열반한 뒤에 가만히 한 사람만을 위하여 이 묘법연화경에서 한 구절이라도 설해 준다면, 이 사람은 여래의 심부름꾼이며, 여래가 보내신 이이며, 여래의 일을 행함이니라. 하물며 대중 가운데서 여러 사람들을 위하여 널리 연설함일까 보냐."

평범한 사람들에게 법화경의 내용을 말해주면 알아듣지 못한다. 선근 공덕이 있어야 법화경을 이해할 수 있는 안목이 생긴다.
인지법행과 과지법행이 총체적으로 갖춰져있지 않으면 법화경의 내용을 해석할 수 없다.
부처님 멸도 후에 그런 안목을 갖춘 사람이 나타나지 않았다.

"약왕이여 어떤 악한 사람이 나쁜 마음을 가지고 한 겁 동안 부처님 앞에 나타나 부처님을 항상 훼방하고 욕하더라도 그 죄는 오히려 가벼우나, 어떤 사람이 한 마디 나쁜

말로써 집에 있는 이나 집을 떠난 이가 묘법연화경을 읽고 외는 것을 훼방한다면, 그 죄는 매우 무거우니라."

법화경을 부정하고 비방하면 새로운 부처님이 출현하실 수 있는 가능성을 막아버리기 때문이다.

"약왕이여 묘법연화경을 읽거나 외는 이가 있으면 이 사람은 부처님의 장엄으로 스스로를 장엄하는 이이며, 여래께서 어깨로 업어주는 이니라.
그가 있는 곳을 향하여 마땅히 예배할지며, 일심으로 합장하고 공경하고 공양하며, 존중하고 찬탄하며, 꽃, 향, 영락, 가루향, 바르는 향, 사르는 향, 비단 일산, 당기, 번기, 의복, 음식과 풍악을 잡혀서 인간의 최상의 공양거리로 공양할 것이며, 천상 보배로써 흩을 것이며, 천상의 보배덩이를 받들어 올려야 하느니라.
그 까닭을 말하면, 이 사람의 환희하여 설하는 법문을 잠깐이라도 들으면 곧 아뇩다라삼먁삼보리를 얻게 되는 연고이니라."
이때 세존께서 이 뜻을 거듭 펴시려고 게송을 읊으셨다."

법화경의 진의를 한마디라도 알아듣게 되면 언젠가는 반드시 아뇩다라삼먁삼보리를 얻게 된다는 말씀이시다.

본문

若欲住佛道
약욕주불도
其有欲疾得
기유욕질득
若有能受持
약유능수지
諸有能受持
제유능수지
當知如是人
당지여시인
應以天華香
응이천화향
吾滅後惡世
오멸후악세
上饌衆甘美
상찬중감미
若能於後世
약능어후세
若於一劫中
약어일겁중
其有讀誦持

成就自然智
성취자연지
一切種智慧
일체종지혜
妙法華經者
묘법화경자
妙法華經者
묘법화경자
自在所欲生
자재소욕생
及天寶衣服
급천보의복
能持是經者
능지시경자
及種種衣服
급종종의복
受持是經者
수지시경자
常懷不善心
상회불선심
是法華經者

常當勤供養
상당근공양
當受持是經
당수지시경
當知佛所使
당지불소사
捨於淸淨土
사어청정토
能於此惡世
능어차악세
天上妙寶聚
천상묘보취
當合掌禮敬
당합장예경
供養是佛子
공양시불자
我遣在人中
아견재인중
作色而罵佛
작색이매불
須臾加惡言

受持法華者
수지법화자
幷供養持者
병공양지자
愍念諸衆生
민념제중생
愍衆故生此
민중고생차
廣說無上法
광설무상법
供養說法者
공양설법자
如供養世尊
여공양세존
冀得須臾聞
기득수유문
行於如來事
행어여래사
獲無量重罪
획무량중죄
其罪復過彼

기유독송지	**시법화경자**	**수유가악언**	**기죄부파피**
有人求佛道	而於一劫中	合掌在我前	以無數偈讚
유인구불도	**이어일겁중**	**합장재아전**	**이무수게찬**
由是讚佛故	得無量功德	歎美持經者	其福復過彼
유시찬불고	**득무량공덕**	**탄미지경자**	**기복부과피**
於八十億劫	以最妙色聲	及與香味觸	供養持經者
어팔십억겁	**이최묘색성**	**급여향미촉**	**공양지경자**
如是供養已	若得須臾聞	則應自欣慶	我今獲大利
여시공양이	**약득수유문**	**즉응자흔경**	**아금획대리**
藥王今告汝	我所說諸經	而於此經中	法華最第一
약왕금고여	**아소설제경**	**이어차경중**	**법화최제일**

부처님도	머물러서	자연지혜	이루려면
법화경을	수지한이	부지런히	공양하라
일체종지	얻으려면	그사람도	마찬가지
법화경을	수지한이	공양하고	모실지라
만일어떤	사람있어	법화경을	지니면은
부처님의	사자로서	중생구제	위함이라
법화경을	가진이는	청정한땅	다버리고
불쌍하온	중생위해	이세계에	태어나니
이런사람	자재로워	마음대로	탄생하나
악한세상	찾아와서	위없는도	설하신다
하늘꽃과	하늘향과	아름다운	의복들과

하늘나라
설법하는
내가열반
법화경을
마음깊이
여러가지
그불자를
다음세상
중생에게
인간세상
오랜세월
부처님을
법화경을
잠시라도
부처님법
내앞에서
이런사람
경지닌이
팔십억겁
좋은물건
법화경을
이런공양
큰이익을

미묘하고
이사람을
보인뒤에
가진이를
정성다해
좋은음식
공양하여
어떤사람
내가보낸
보내어서
일겁동안
욕하면은
받아지녀
악담하면
구하려고
합장하고
얻는공덕
찬탄하면
길다말고
고운음성
지닌사람
마친뒤에
얻었으니

귀중하온
공양하고
악한세상
세존님께
합장하고
가지가지
잠시라도
법화경을
부처님의
부처님일
악한마음
무량한죄
읽고외고
그런죄는
어떤사람
게송으로
한량없이
그복덕은
한결같은
좋은음식
지심으로
잠깐이나
다행으로

보물들로
받들어라
오거들랑
공양하듯
공경하며
의복으로
법들어라
가진자는
사자로서
하게한다
항상품어
받게되나
하는이를
더크리라
일겁동안
찬탄하면
많지마는
더크리라
마음으로
의복으로
공양하고
법들어도
생각하라

| 약왕에게 | 말하노라 | 내가설한 | 많은경전 |
| 그런경전 | 가운데서 | 법화경이 | 제일이다 |

강설

"부처님도 머물러서 자연지혜 이루려면 법화경을 수지한이 부지런히 공양하라"

자연지(自然智)는 불보살님들의 호응으로 갖춰진다.
법화경을 수지한 사람을 모든 불보살이 수호하니 그를 공양하면 자연지가 갖추어진다고 말씀하시는 것이다.
자연지가 갖추어져야 여래장연기의 이치와 생멸연기의 이치를 알 수가 있다.
밝은성품이 일으키는 변화를 아는 것이 자연지를 갖춘 것이다.
의식·감정·의지는 밝은성품 공간 안에 생멸정보가 내장되면서 생긴 것이다.
영·혼·육체는 밝은성품이 변화되어서 생긴 것이다.
중생의 몸과 마음은 밝은성품으로 생겨난 것이다.
밝은성품이 원인이 되어서 생겨난 모든 결과를 환(幻)이라 한다. 본연과 자연과 인연이 밝은성품으로 인해 생겨나고 그로써 여래장연기와 생멸연기, 진여연기가 일어난다.
환이 생겨나고 환이 펼쳐지는 모든 과정을 아는 것이 자연지를 갖춘 것이다. 환의 끝자락에서 펼쳐지는 세계가 세간(世間)이다.

"일체종지 얻으려면 그사람도 마찬가지 법화경을 수지한이 공양하고 모실지라"

일체종지는 등각도를 이루는 방법을 말한다. 견성오도, 해탈도, 보살도, 등각도를 성취할 수 있는 방법을 이해한 것을 일체종지를 갖추었다고 말한다.
일체종지는 대적정문 수행과 대자비문 수행을 통해 성취된다. 대적정을 통해 공여래장을 성취하고 대자비를 통해 불공여래장을 성취하면 일체종지를 갖추었다고 말한다. 일체종지로써 불이문(不二門)을 이루고 등각도를 성취한다.

나는 부처님을 모시고 시봉을 들었지만 그 당시에는 법화경을 듣지 못했다. 대승경전도 듣지 못했고 해탈도에 대한 법문도 듣지 못했다.
그러다 그 생에서 죽어 윤회에 들었다.
다시 태어난 생에서 대승경전을 나르는 테르젠들을 만나게 되었다. 그 사람들에게 대승경전을 배우게 되었다. 나중에 히말라야 깅고굴 회상에서 마명과 용수를 만나게 되었다. 그 시기에도 생멸연기나 여래장연기의 이치에 대해서는 알지 못했다.

생멸연기나 여래장연기의 이치를 알게 된 것은 네 가지 인연 때문이다.
첫 번째 인연은 마음에서 일어나는 의문으로 시작되었다. 89년에 견성오도를 하고 나서 본성에서 의식·감정·의지가 생겨나는 과정을 들여다보게 되었다.
그러면서 천지만물이 생겨난 원인과 과정에 대해서 의문을 갖게 되었다.
'불성의 공함에서 천지만물이 생겨났다.'라는 말씀을 놓고 사유에 들어갔다. 9년 동안 사유를 하면서 12연기의 과정을 들여다보게 되었다.

두 번째 인연은 그 이전에 찾아왔다.
86년 무렵, 지리산 오봉 마을에서 수행하던 때였다.
어느날 밤에 꿈을 꾸었다.
산길을 가는데 꽤 먼길을 걸었다.
산등성이를 하나 넘고 고갯마루에 올라서니 저 멀리서 큰 기와집이 보였다. 절 같기도 하고 궁전 같기도 했다.
고갯마루에서 내려와서도 한참을 걸어서 그 집에 도착했다. 대문 앞에 도달해 보니 집이 거의 허물어져 있었다. 기왓장도 허물어져 있었고 대문도 썩어 있었다.
대문을 지나서 안으로 들어가 보니 넓은 마당이 있었다.
마당의 중간에는 돌판이 깔려진 길이 있고 양옆으로는 내 키보다도 더 큰 잡초들이 무성하게 자라나 있었다.

잡초 너머로 허물어진 건물들이 보였다.

마당 끝에는 높은 담장이 있고 또 다른 대문이 있었다. 그 문을 들어가면 또 다른 마당이 나오고 비슷한 풍경이 펼쳐져 있었다.

그 마당 끝에도 대문이 있었다.

몇 개의 마당을 통과해서 몇 개의 대문을 열고 들어가니 정면으로 집이 한 채 있었다.

그 집 마당에도 풀이 나 있었지만 마루는 정갈하고 깨끗했다. 댓돌에 신발을 벗어놓고 마루에 올라가서 무릎을 꿇고 앉으니 방문이 열렸다..

그 방 안에는 할아버지 한 분이 앉아 있었다.

머리는 깎고 수염은 긴데 약간 복스러울 정도로 얼굴에 살이 붙어있다. 무릎걸음으로 다가가서 인사를 하고 책상 앞에 앉으니 할아버지가 나를 바라보셨다.

서로의 눈빛이 마주쳤다.

그 할아버지의 눈은 눈동자가 없는 것 같았다.

마치 아주 깊은 물속을 들여다보는 느낌이었다.

검은색 바탕 위에 깊은 물속 같은 눈동자, 처음에는 그 눈을 보는 것이 무서웠다. 그래서 고개를 숙여 눈빛을 피했다. 그러자 책을 한 권 나에게 건넸다. 오래된 책이었다. 그 책을 할아버지 앞에서 읽었다. 다 읽고 나서 책을 덮으면 꿈에서 깨어났다. 똑같은 꿈을 2년 동안 꾸었다.

며칠에 한 번씩 꾸는데 깨고 나면 그 책의 내용이 전혀 기억나지 않았다.
2년 동안 수십 번을 가서 수십 권의 책을 읽었다. 하지만 무슨 내용인지 생각나지 않는다.

세 번째 인연은 98년도에 만나게 되었다.
그때는 생멸연기에 대한 원고가 마무리된 상태였다.
태백산에 나물을 뜯으러 갔다가 우연하게 용을 만나게 되었다. 용과 교류하면서 아난이 들었던 대승경전의 내용을 주입받게 되었다.
그 인연으로 인해 대승경전을 해석할 수 있는 지혜를 갖추게 되었다. 그야말로 용의 호응을 얻어서 자연지혜를 갖추게 된 것이다.

네 번째 인연은 부처님의 사리로 인해 만나게 되었다
아는 인연으로 인해 부처님의 사리를 모시게 되었다.
중관(中觀)을 하면서 사리를 모시고 항상 부처님에 대한 그리움을 놓지 않았다. 그러면서 부처님이 갖고 있던 대적정을 일치의 대상으로 삼았다.
그 수행이 20년 동안 계속되었다.
사리관을 하면서 사리 안에 내재되어 있던 유전정보들이 깨어나게 되었다. 그 인연으로 나의 유전자 속에 내장되어 있던 부처님의 유전자를 인식하게 되었다.
그 유전자 속에는 부처님의 깨달음이 기록되어 있었다.

나도 모르는 사이에 내 영혼의 몸속에는 부처님의 말씀들이 기록되어 있었다.
법화경을 보면서 그 정보들이 하나로 꿰어졌다.

본문

爾時佛復告藥王菩薩摩訶薩。我所說經典無量千萬億。已
이시불부고약왕보살마하살. 아소설경전무량천만억. 이
說今說當說。而於其中。此法華經最為難信難解。
설금설당설. 이어기중. 차법화경최위난신난해.

이때, 부처님이 약왕보살 마하살에게 말씀하셨다.
"내가 설하는 경전은 한량없어 천막억인데, 이미 설한 것, 지금 설하는 것, 장차 설할 것이 있는데, 그 가운데서 이 묘법연화경이 가장 믿기 어렵고 이해하기 어려우니라.

강설

부처님의 모든 가르침 중에서 묘법연화경이 가장 어렵다는 말씀이시다. 묘법연화경을 이해하려면 부처님의 모든 가르침을 통달하고 자연지, 무사지, 일체종지를 얻어야 한다.

본문

藥王。此經是諸佛祕要之藏。不可分布妄授與人。諸佛世
약왕. 차경시제불비요지장. 불가분포망수여인. 제불세
尊之所守護。從昔已來未曾顯說。而此經者。如來現在猶
존지소수호. 종석이래미증현설. 이차경자. 여래현재유
多怨嫉。況滅度後。
다원질. 황멸도후.

약왕이여 이 경전은 여러 부처님의 비밀하고 중요한 법장이나, 부질없이 선포하여 망령되이 사람들에게 전하지 말라. 모든 부처님 세존들의 수호하는 것으로서, 옛적부터 한 번도 드러나게 말하지 않았느니라.
이 경전은 여래가 현재하였을 적에도 원망과 질시가 많거든, 하물며 열반한 뒤일까 보냐.

강설

법화경의 진의는 그 의미가 함축되어 있고 내밀하게 가리어져있다. 때문에 한마디 한마디를 뜯어보지 않으면 그냥 지나쳐버린다.
묘각도를 이루는 방법이나 여래장연기와 진여연기에 대해서는 그 개념조차 언급되지 않는다.
하지만 "묘법연화경"이라는 말속에는 그 모든 의미가 내포되어있다.

여래장연기에 대해서는 부처님 멸도 후에 한 번도 다루어진 적이 없다. 12연기에 대해서도 마찬가지이다.
당대의 용수도 몰랐고 마명도 몰랐다.
식(識)이 출현하게 된 원인과 식의 전환이 이루어지는 과정에 대해 알지 못했고 현식(現識)이 나타난 원인에 대해서도 알지 못했다. 여래장연기에 대해서는 금강삼매경 심왕보살장에서 말씀하셨다.

본문

藥王當知。如來滅後。其能書持讀誦供養爲他人說者。如
약왕당지. 여래멸후. 기능서지독송공양위타인설자. 여
來則爲以衣覆之。又爲他方現在諸佛之所護念。是人有大
래즉위이의복지. 우위타방현재제불지소호념. 시인유대
信力及志願力諸善根力。當知是人與如來共宿。則爲如來
신력급지원력제선근력. 당지시인여여래공숙. 즉위여래
手摩其頭。
수마기두.

약왕이여 여래가 열반한 뒤에 어떤 사람이 이 경전을 능히 쓰고 지니고 읽고 외고 공양하며, 다른 사람에게 말하는 이는, 여래가 곧 그에게 옷으로 덮어 줄 것이며, 다른 세계의 현존하는 여러 부처님의 호념하시는 바가 되리라.

이 사람에게는 큰 믿음의 힘과 서원하는 힘과 선근의 힘이 있으니, 이 사람은 여래와 함께 하는 이이며, 여래가 손으로 그의 머리를 쓰다듬어 주리라.

강설

'큰 믿음의 힘'은 깨달음과 가르침에 대한 믿음에서 생긴다. '서원하는 힘'은 정토불사의 뜻을 세움으로써 갖추어진다. '선근의 힘'은 법을 전하고 설하면서 갖추어진다.

본문

藥王。在在處處。若說若讀若誦若書。若經卷所住處。
약왕. 재재처처. 약설약독약송약서. 약경권소주처.
皆應起七寶塔極令高廣嚴飾。不須復安舍利。所以者何。
개응기칠보탑극령고광엄식. 불수부안사리. 소이자하.
此中已有如來全身。
차중이유여래전신.

약왕이여 어디서든지 이 경을 설하거나 읽거나 외거나 쓰거나, 이 경전이 있는 곳에는 마땅히 7보로 탑을 쌓되, 지극히 높고 넓고 장엄하게 꾸밀 것이요, 다시 사리를 봉안하게 말아라. 왜냐하면, 이 가운데에는 이미 여래의 온몸이 있는 연고이니라.

강설

법화경이 곧 여래의 몸이요. 여래의 마음이며 여래가 사는 집이다.

본문

此塔應以一切華香瓔珞繒蓋幢幡伎樂歌頌。供養恭敬尊重
차탑응이일체화향영락증개당번기악가송. 공양공경존중
讚歎。若有人得見此塔禮拜供養。當知是等皆近阿耨多羅
찬탄. 약유인득견차탑예배공양. 당지시등개근아뇩다라
三藐三菩提。
삼먁삼보리.

이 탑에는 마땅히 온갖 꽃과 향과 영락과 비단 일산과 당기와 번기와 풍류와 노래로 공양하고 공경하며, 존중하고 찬탄해야 하느니라.
만일 어떤 사람이 이 탑을 보고 예배하고 공양한다면, 이 사람은 벌써 아뇩다라삼먁삼보리에 가까워진 줄을 알아야 하느니라.

강설

법화경을 모신 탑에 공양할 줄 아는 사람은 이미 법화경이 무엇인지를 아는 사람이다. 때문에 그만큼 아뇩다라삼먁삼보리에 가까워진 것이다.

본문

藥王。多有人在家出家行菩薩道。若不能得見聞讀誦書持
약왕. 다유인재가출가행보살도. 약불능득견문독송서지
供養是法華經者。當知是人未善行菩薩道。若有得聞是經
공양시법화경자. 당지시인미선행보살도. 약유득문시경
典者。乃能善行菩薩之道。
전자. 내능선행보살지도.

"약왕이여 많은 사람들이 집에 있거나 출가하여 보살의 도를 수행하면서, 이 묘법연화경을 보고 듣고 읽고 외고 쓰고 지니고 공양하지 못하면, 이러한 사람은 보살의 도를 잘 행하지 못하는 것이니라.
이 경전을 들은 이라야 보살의 도를 잘 행하는 것임을 알아야 하느니라."

강설

진여출가를 한 보살이라도 법화경을 알지 못하면 도를 행하지 못하는 것이라는 말씀이시다.

본문

其有衆生求佛道者。若見若聞是法華經。聞已信解受持者。
기유중생구불도자. 약견약문시법화경. 문이신해수지자.
當知是人得近阿耨多羅三藐三菩提。
당지시인득근아뇩다라삼먁삼보리.

"중생 중에서, 불도를 구하는 이가 이 법화경을 보거나 들어 믿고 이해하고 받아지닌다면, 이 사람은 아뇩다라삼먁삼보리에 가까워진 줄을 알아야 하느니라."

강설

설령 중생이라 할지라도 법화경을 받아지니게 되면 이사람은 아뇩다라삼먁삼보리에 가까워진 것이라는 말씀이시다.

본문

藥王。譬如有人渴乏須水。於彼高原穿鑿求之。猶見乾土
약왕. 비여유인갈핍수수. 어피고원천착구지. 유견간토
知水尙遠。施功不已轉見濕土遂漸至泥。其心決定知水必

지수상원. 시공불이전견습토수점지니. 기심결정지수필
近。菩薩亦復如是。若未聞未解未能修習是法華經者。
근. 보살역부여시. 약미문미해미능수습시법화경자.
當知是人去阿耨多羅三藐三菩提尚遠。若得聞解思惟修習。
당지시인거아뇩다라삼먁삼보리상원. 약득문해사유수습.
必知得近阿耨多羅三藐三菩提。所以者何。一切菩薩阿耨
필지득근아뇩다라삼먁삼보리. 소이자하. 일체보살아뇩
多羅三藐三菩提皆屬此經。此經開方便門示眞實相。
다라삼먁삼보리개속차경. 차경개방편문시진실상.

"약왕이여 비유하면 어떤 사람이 목이 말라 물을 구하려고 높은 등성이에 우물을 팔 때, 마른 흙이 나오는 것을 보고는 물이 아직 먼 줄을 알거니와, 파기를 쉬지 아니하여 젖은 흙을 보고 점점 더 파서 진흙이 나오게 되면, 마음속으로 물이 결정코 가까워진 줄을 아는 것과 같으니라.

보살도 그와 같아서 이 묘법연화경을 듣지도 못하고 이해하지도 못하고 닦아 익히지도 못한다면, 이 사람은 아뇩다라삼먁삼보리에 이르기 아직 먼 줄로 알 것이요, 만일 듣고 이해하고 생각하고 받아 익힌다면 반드시 아뇩다라삼먁삼보리가 가까워진 줄로 알아라.

무슨 까닭이냐. 모든 보살의 아뇩다라삼먁삼보리가 다 이 경에 소속한 연고이니라.

이 경전은 방편의 문을 열어서 진실한 모양을 보이느니라."

강설

12연기의 이치를 알면 생멸연기의 절차를 알아서 생멸 수행에 대한 인지법행을 갖추게 된다
묘법연화경의 이치를 알면 여래장연기의 과정을 알아서 보살도 수행과 등각도 수행, 묘각도 수행에 대한 인지법행을 갖추게 된다.
인지법을 갖춘 사람은 언제라도 과지법을 갖추게 된다. 그런 사람은 반드시 부처가 된다.

인지법행과 과지법행의 체계에 대해 처음부터 끝까지 그 절차를 알아야 한다.
12연기의 과정을 이해하고 그것에 입각해서 인지법과 과지법을 갖추게 되면 해탈도를 이룰 수 있는 근기가 갖추어진 것이다.
여래장연기를 이해하고 그것에 입각해서 인지법과 과지법을 갖추게 되면 묘각도를 이룰 수 있는 근기가 갖추어진 것이다. 그런 사람은 반드시 부처가 된다.

본문

是法華經藏深固幽遠。無人能到。今佛教化成就菩薩。
시법화경장심고유원. 무인능도. 금불교화성취보살.

而爲開示。
이위개시.

"이 법화경의 법장은 깊고 굳으며, 아득하고 멀기 때문에 능히 이를 사람이 없느니라.
이제 부처님이 보살들을 교화하여 성취시키기 위하여 열어 보이심이니라."

강설

법화경은 성문 연각이나 범부를 위해서 설하신 경전이 아니다. 아라한이나 보살을 대상으로 설하시는 경전이다.

본문

藥王。若有菩薩。聞是法華經驚疑怖畏。當知是爲新發意
약왕. 약유보살. 문시법화경경의포외. 당지시위신발의
菩薩。若聲聞人。聞是經驚疑怖畏。當知是爲增上慢者。
보살. 약성문인. 문시경경의포외. 당지시위증상만자.

"약왕이여 만일 보살이 이 법화경을 듣고 놀라고 의심하고 두려워한다면 이는 새로 발심한 보살이요,
만일 성문이 이 경전을 듣고 놀라고 의심하고 두려워한다면

이는 증상만이 있는 사람이니라."

강설

보살이라 할지라도 초지 보살은 법화경을 들어도 이해하지 못한다. 5지 난승지를 넘어서야 법화경의 내용을 이해할 수 있다.

'증상만'은 잘난체하는 것을 말한다.
'나는 깨달았다', '나는 다 안다'라는 상에 빠져서 더 이상의 공부심을 내지 않는 것이 증상만이다.
그런 사람은 일체지를 얻고서도 일체종지를 추구하지 않는다. 견성오도를 하고서도 거기서 머물러서 해탈도나 보살도로 나아가지 못한다.
그런 사람은 깨달음의 절차에 대해서도 인정하지 않는다. 견성 즉 성불이라고 착각한다.
그런 사람은 법화경의 내용을 믿지 않는다.

본문

藥王。若有善男子善女人。如來滅後。欲為四眾說是法華
약왕. 약유선남자선여인. 여래멸후. 욕위사중설시법화
經者。云何應說。是善男子善女人。入如來室。著如來衣。

경자. 운하응설. 시선남자선여인. 입여래실. 저여래의.
坐如來座。爾乃應爲四衆廣說斯經。如來室者。一切衆生
좌여래좌. 이내응위사중광설사경. 여래실자. 일체중생
中大慈悲心是。如來衣者。柔和忍辱心是。如來座者。
중대자비심시. 여래의자. 유화인욕심시. 여래좌자.
一切法空是安住是中。然後以不懈怠心。爲諸菩薩及四。
일체법공시안주시중. 연후이불해태심. 위제보살급사
衆廣說是法華經。
중광설시법화경.

"약왕이여, 만일 선남자, 선여인이 여래가 열반한 뒤에 4부 대중을 위하여 이 법화경을 설하려면 어떻게 설해야 할 것인가. 이 선남자, 선여인은 여래의 방에 들어가 여래의 옷을 입고 여래의 자리에 앉아 4부 대중을 위해 이 경을 널리 설하라. 여래의 방이란 온갖 중생 중에 대자비의 마음이요, 여래의 옷이란 부드럽고 화평하고 욕됨을 참는 마음이요, 여래의 자리란 모든 법이 공한 진리이니, 이런 가운데 편안히 머물러 있으면서 게으름 없는 마음으로 여러 보살과 4부 대중을 위하여 묘법연화경을 널리 설해야 하느니라."

강설

대자비로 여래의 방을 삼는다.

부드럽고 화평하고 욕됨을 참는 마음으로 여래의 옷을 삼는다.
모든 법의 공한 진리로 여래의 자리를 삼는다.
모든 법의 공한 진리가 대적정이다.
부드럽고 화평한 마음은 밝은성품이고 욕됨을 참는 마음은 인욕이다.
대자비심, 착함과 인욕심, 대적정이 여래의 방이요, 여래의 옷이요, 여래의 자리이다.
여래는 대적정으로서 자리를 삼고 착한 마음과 인욕심으로 옷을 삼고 대자비로써 방을 삼는다.
곧 여래의 성(性)과 여래의 체(體), 여래의 상(相)을 말씀하신 것이다.

대자비심으로 인해 공여래장과 불공여래장이 불이문을 이룬다.
불이문을 통해서 각성의 무명적 습성을 제도한다.
부드럽고 화평하고 욕됨을 참는 마음으로서 생멸심과 밝은성품의 자연적 성향을 제도한다.
제도된 생멸심으로 불공여래장을 이루고 제도된 밝은성품으로 천백억화신을 이룬다.

대적정과 대자비로 각성의 무명적 습성을 제도하고 밝은성품의 자연적 성향과 생멸심을 제도한다.

대적정과 대자비로 생멸문과 진여문을 제도해서 불공여래장과 공여래장으로 만든다.
그런 다음 공여래장과 불공여래장이 서로를 여의지 않도록 한다. 이때 활용되는 것이 대자비심이다.
생멸문을 제도해서 불공여래장으로 만들고 진여문을 제도해서 공여래장으로 만들 때는 대적정과 대자비가 함께 쓰여진다. 그런 다음 불이문을 이룰 때는 대자비가 쓰여진다. 불이문이 이루어져야 각성의 무명적 습성이 제도된다.
각성의 무명적 습성을 제도하면 생멸연기가 일어나지 않는다. 거기다가 밝은성품의 자연적 성향마저도 제도하게 되면 여래장연기도 일어나지 않는다.
생멸연기를 벗어나고 여래장연기를 벗어난 존재가 곧 佛이다. 본원본제는 밝은성품의 자연적 성향과 각성의 무명적 습성으로 자연과 본연과 인연을 만들지만 불(佛)은 제도된 밝은성품으로 천백억화신을 만들고 제도된 각성으로 십력(十力)을 갖춘다. 본연과 자연과 인연으로 인해 여래장연기와 진여연기, 생멸연기가 일어난다. 세 가지 연기로 인해 일법계와 세간이 출현하고 밝음과 어둠이 생겨난다. 정토불사의 완성은 밝음과 어둠이 생겨나는 원인을 제도하는 것이다.

부처의 백호광이나 정수리 광명은 밝은성품의 자연적 성향을 제도했을 때 갖춰지는 역량이다. 이것을 성취하는 것이 수능엄삼매이다.

본문

藥王。我於餘國遣化人為其集聽法眾。亦遣化比丘比丘尼
약왕. 아어여국견화인위기집청법중. 역견화비구비구니
優婆塞優婆夷聽其說法。是諸化人。聞法信受隨順不逆。
우바새우바이청기설법. 시제화인. 문법신수수순불역.
若說法者在空閑處。我時廣遣天龍鬼神乾闥婆阿修羅等聽
약설법자재공한거. 아시광견천룡귀신건달바아수라등청
其說法。我雖在異國。時時令說法者得見我身。若於此經
기설법. 아수재이국. 시시령설법자득견아신. 약어차경
忘失句逗。我還為說令得具足。爾時世尊。欲重宣此義。
망실구두. 아환위설령득구족. 이시세존. 욕중선차의.
而說偈言。
이설게언.

약왕이여, 내가 다른 국토에서 화인을 보내어, 그를 위하여 법문들을 무리를 모이게 하고, 화작한 비구, 비구니, 우바새, 우바이들을 보내어 그의 법문을 듣게 하리라.
여러 화인들은 법문을 듣고 믿고 받아 순종하고 거스르지 않을 것이니라.
법을 말하는 이가 한적하고 조용한 곳에 있으면, 내가 천인,

용왕, 귀신, 건달바, 아수라들을 보내어 그의 법문을 듣게 하리라.

내가 비록 다른 나라에 있더라도 법을 설하는 이로 하여금 때때로 나의 몸을 보게 할 것이며, 만일 이 경의 구절과 토를 잊으면 내가 말하여 주어 분명히 설하게 하리라."

이때, 세존께서 이 뜻을 거듭 펴시려고 게송을 읊으셨다.

강설

부처님이 열반에 들어서 다른 국토에 계실지라도 법화경을 설하는 이가 있다면 그를 위해 화신불을 보내서 돕겠다는 말씀이시다.

배울 사람들도 연결해 주고 사람이 없으면 천인, 용왕, 귀신, 아수라, 건달바 등이라도 보내서 그 법문을 듣게 하겠다는 말씀이시다.

만약 법을 설하는 법사가 경의 구절과 토를 빼먹고 해석하지 않는다면 그조차도 보살펴서 분명하게 설하도록 도와주시겠다는 말씀이시다.

본문

欲捨諸懈怠	應當聽此經	是經難得聞	信受者亦難
욕사제해태	**응당청차경**	**시경난득문**	**신해자역난**

如人渴須水
여인갈수수
漸見濕土泥
점견습토니
不聞法華經
불문법화경
是諸經之王
시제경지왕
若人說此經
약인설차경
處衆無所畏
처중무소외
諸法空爲座
제법공위좌
加刀杖瓦石
가도장와석
於無量億劫
어무량억겁
我遣化四衆
아견화사중
引導諸衆生
인도제중생
則遣變化人

穿鑿於高原
천착어고원
決定知近水
결정지근수
去佛智甚遠
거불지심원
聞已諦思惟
문이체사유
應入如來室
응입여래실
廣爲分別說
광위분별설
處此爲說法
처차위설법
念佛故應忍
염불고응인
爲衆生說法
위중생설법
比丘比丘尼
비구비구니
集之令聽法
집지령청법
爲之作衛護

猶見乾燥土
유견간조토
藥王汝當知
약왕여당지
若聞是深經
약문시심경
當知此人等
당지차인등
著於如來衣
저어여래의
大慈悲爲室
대자비위실
若說此經時
약설차경시
我千萬億土
아천만억토
若我滅度後
약아멸도후
及淸信士女
급청신사녀
若人欲加惡
약인욕가악
若說法之人

知去水尙遠
지거수상원
如是諸人等
여시제인등
決了聲聞法
결료성문법
近於佛智慧
근어불지혜
而坐如來座
이좌여래좌
柔和忍辱衣
유화인욕의
有人惡口罵
유인악구매
現淨堅固身
현정견고신
能說此經者
능설차경자
供養於法師
공양어법사
刀杖及瓦石
도장급와석
獨在空閑處

즉견변화인	**위지작위호**	**약설법지인**	**독재공한처**
寂寞無人聲	讀誦此經典	我爾時爲現	淸淨光明身
적막무인성	**독송차경전**	**아이시위현**	**청정광명신**
若忘失章句	爲說令通利	若人具是德	或爲四衆說
약망실장구	**위설령통리**	**약인구시덕**	**함위사중설**
空處讀誦經	皆得見我身	若人在空閑	我遣天龍王
공처독송경	**개득견아신**	**약인재공한**	**아견천룡왕**
夜叉鬼神等	爲作聽法衆	是人樂說法	分別無罣礙
야차귀신등	**위작청법중**	**시인낙설법**	**분별무가애**
諸佛護念故	能令大衆喜	若親近法師	速得菩薩道
제불호념고	**능령대중희**	**약친근법사**	**속득보살도**
隨順是師學	得見恒沙佛		
수순시사학	**득견항사불**		

게으른맘	버리려면	법화경을	들을지니
얻어듣기	어려웁고	받아믿기	더어렵네
어떤사람	목이말라	언덕에서	우물파니
마른흙이	나오면은	물이먼줄	알것이요
젖은진흙	나오면은	물이날줄	아느니라
약왕보살	바로알라	이와같이	모든사람
법화경을	못들으면	부처지혜	아직멀고
깊은경전	들으면은	성문법을	알것이니
경전중의	왕이되는	이경듣고	생각하면

부처지혜 가까우니 그런줄을 알아두라
법화경을 설하려면 여래방에 들어가서
여래의 옷을입고 여래자리 높이앉아
대중속에 두렴없이 분별하여 설할지니
대자비는 방이되고 인욕으로 옷을삼고
공한진리 자리삼아 법화경을 설법하라
법화경을 설할때에 나쁜말로 욕하거나
칼과막대 기와돌로 찌르거나 던지어도
부처님을 생각하며 그모든것 참을지니
한량없이 많고많은 천만억의 국토마다
깨끗하고 견고한몸 나는오직 나타내어
한량없는 오랜억겁 중생위해 설법하리
만일내가 열반한뒤 누가이경 설하면은
비구들과 비구니들 남자신도 여자신도
조화로써 보내어서 법사에게 공양하고
여러대중 인도하여 모이도록 하고서는
그법사의 법화경전 설법듣게 할것이다
만일어떤 사람있어 악한마음 가지고서
칼과막대 기와돌로 때리면서 욕을하면
조화로써 사람보내 호위토록 할것이다
어쩌다 설하는이 사람소리 끊어진곳
고요한데 홀로있어 법화경을 독송하면
나는이때 그를위해 청정광명 몸나투어

한구절만	잊게되도	귀뜸하여	알게하리
이런덕을	갖춘이가	사부중께	설법하고
조용한곳	경읽으면	나의몸을	보게되리
또한만일	어떤사람	외딴곳에	있게되면
하늘용왕	야차귀신	그들모두	보내어서
그법사가	설법하는	법문듣게	할것이다
이런사람	설법즐겨	분별하고	걸림없으면
여러부처	호념하여	대중들을	환호케하리
이법사를	친근하면	보살도를	빨리얻고
법사따라	잘배우면	많은부처	친견하리

강설

"법화경을 설하려면 여래방에 들어가서 여래의 옷을입고 여래자리 높이앉아 대자비는 방이되고 인욕으로 옷을 삼고 공한진리 자리삼아 법화경을 설법하라"

'대자비로써 시방 법계의 일체 부처님과 한 방에 들어간다.'
이때의 대자비는 억불심(憶佛心)을 말하는 것이다.
부처님을 그리워하는 마음이 억불심이다.
두 종류의 대자비가 있다.
위로 향하는 대자비가 있고 아래로 향하는 대자비가 있다.
부처님을 그리워하는 마음은 위로 향하는 대자비이다. 일체 중생에게로 향하는 마음은 아래로 향하는 대자비이다.
'부처님의 방에 들어간다'라고 하는 것은 위로 향하는 대자비를 말한다. 억불심으로 여래의 방에 들어간다.

'인욕으로써 옷을 입는다'
참다운 인욕은 참는 것이 아니다.
일체의 생멸심을 내지 않는 것이 참다운 인욕이다.
의식·감정·의지를 일으키지 않는 것을 인욕이라 한다.
의식·감정·의지를 내지 않으려면 생멸심을 분리시켜야 한다. 생멸심을 분리시키면 진여심만 남게 된다.
'인욕으로 옷을 입는다'라는 것은 진여심으로 옷을 삼으라는 말씀이시다.

여래의 방은 향상문의 대자비로 들어가고 여래의 옷은 진여심으로 입으라는 말씀이시다.

'공한 진리 자리 삼아'
이때의 '공한 진리 자리'는 진공처이다.
진공처가 곧 간극이다.
깨달음의 단계에 따라서 간극에 대한 인식력과 용(用)처가 서로 달라진다.
등각도에서는 두 개의 간극을 갖추게 된다.
공여래장을 이루고 있는 대적정처에서 하나의 간극이 갖

춰지고 공여래장과 불공여래장 사이에서 또 하나의 간극이 갖추어진다.
등각보살에게 갖추어진 두 개의 간극은 각성의 무명적 습성을 제도하는 도구가 되고 천백억화신을 나툴 수 있는 구조가 된다.
일심법계 부처님은 두 개의 간극을 활용해서 본원본제의 향하문적 성향을 제도한다.
본원본제에서 비롯된 천지만물은 모두 한 개의 간극을 갖고 있다. 범부중생에서부터 십지 보살에 이르기까지 한 개의 간극으로 이루어진 본성을 갖추고 있다.

불이문의 간극은 등각보살의 중심에서 세워진다.
이 상태를 원각지(圓覺智)라 한다.

견성오도에서는 무념과 무심 사이에서 간극이 세워진다.
이때의 간극은 형질로써 인식되는 것이 아니다.
위치로써 인식이 된다. 각성이 부족하기 때문이다.
머리와 가슴 사이, 중심과 중극 사이에서 간극이 인식된다.

반야해탈도에서는 간극을 뚜렷한 형질로 인식하게 된다.
초입반야에서는 무념과 무심 사이에서 합쳐지지도 않고 분리되지도 않는 한자리를 인식하면서 간극에 들어가고,
중간반야에서는 간극과 무념·무심을 오르내리면서 본성과

의식·감정·의지를 분리시킨다.

종반야에서는 간극에 몰입해서 의식·감정·의지를 인식의 대상으로 삼지 않는다. 이 상태가 곧 멸진정이다.

멸진정에서는 간극에 머물러서 무념·무심을 껴안고 있다. 밝은성품과 생멸심은 인식의 대상으로 삼지 않는다.

보살도에 들어가면 무념·무심·간극과 밝은성품, 생멸심을 함께 인식한다.

간극에 머물러서 의식·감정·의지·밝은성품을 활용하고 생멸심을 제도의 대상으로 삼는다.

간극을 활용해서 법신청정을 이루고, 무념을 활용해서 원만보신을 이루며, 무심을 활용해서 천백억화신을 이룬다.

《묘법연화경 견보탑품 見寶塔品 第十一》

본문

爾時佛前有七寶塔。高五百由旬。縱廣二百五十由旬。
이시불전유칠보탑. 고오백유순. 종광이백오십유순.
從地踊出住在空中。種種寶物而莊校之。五千欄楯龕室千
종지용출주재공중. 종종보물이장교지. 오천란순감실천
萬。無數幢幡以為嚴飾。垂寶瓔珞。寶鈴萬億而懸其上。
만. 무수당번이위엄식. 수보영락. 보령만억이현기상.
四面皆出多摩羅跋栴檀之香。充遍世界。其諸幡蓋。以金
사면개출다마라발전단지향. 충변세계. 기제번개. 이금
銀琉璃車磲馬腦真珠玫瑰七寶合成。高至四天王宮。三十
은유리자거마노진주매괴칠보합성. 고지사천왕궁. 삼십
三天。雨天曼陀羅華供養寶塔。餘諸天龍夜叉乾闥婆阿修
삼천. 우천만다라화공양보탑. 여제천룡야차건달바아수
羅迦樓羅緊那羅摩睺羅伽人非人等千萬億眾。以一切華香
라가루라긴나라마후라가인비인등천만억중. 이일체화향
瓔珞幡蓋伎樂。供養寶塔恭敬尊重讚歎。爾時寶塔中出大
영락번개기악. 공양보탑공경존중찬탄. 이시보탑중출대
音聲歎言。善哉善哉。釋迦牟尼世尊。能以平等大慧教菩
음성탄언. 선재선재. 석가모니세존. 능이평등대혜교보
薩法佛所護念妙法華經為大眾說。如是如是。釋迦牟尼世

살법불소호념묘법화경위대중설. 여시여시. 석가모니세
尊。如所說者。皆是眞實。爾時四眾見大寶塔住在空中。
존. 여소설자. 개시진실. 이시사중견대보탑주재공중.
又聞塔中所出音聲。皆得法喜怪未曾有。從座而起恭敬合
우문탑중소출음성. 개득법희괴미증유. 종좌이기공경합
掌却住一面。
장각주일면.

그때, 부처님 앞에 7보로 된 탑이 있으니, 높이가 5백유순이요, 가로와 세로는 2백50유순인데, 땅에서 솟아올라 공중에 머물러 있었다.

갖가지 보물로 장식하였는데, 난간이 5천이요, 감실이 천만이며, 무수한 당기, 번기로 꾸미었고, 보배로 된 영락을 드리웠고 보배의 풍경 만억을 그 위에 달았다. 사면에서는 다마라발과 전단의 향기가 나와서 세계에 충만하였다. 모든 번기와 일산들은 금, 은, 유리, 자거, 마노, 진주, 매괴의 7보로 만든 것으로, 높이가 사천왕 궁전에까지 이르렀다.

33천은 하늘의 만다라 꽃을 비 내려 보배탑에 공양하며, 모든 하늘과 용과 야차와 건달바와 아수라와 가루라와 긴나라와 마후라가와 사람과 사람 아닌 이들 천만억 무리들도 모든 꽃, 향, 영락, 번기, 일산, 풍류로 보배탑에 공양하여 공경하고 존중하며 찬탄하였다.

그때, 보배탑 안에서 큰 소리를 내어 찬탄하였다.

"착하도다, 착하도다. 석가모니 세존께서는 평등한 큰 지혜, 보살을 가르치는 분이며, 부처님들이 호념하시는 묘법연화경을 대중에게 설하시니, 그러하고 그러하나이다. 석가모니 세존께서 설하심이 모두 진실하나이다."
이때 4부 대중은 큰 보배탑이 공중에 머물러 있음을 보고, 또 탑 안에서 나오는 음성을 듣고는 모두 법의 기쁨을 얻고 전에 없던 일이라 하여 자리에서 일어나 공경하며 합장하고 한쪽에 물러나 있었다.

강설

"높이가 5백유순이요, 가로와 세로는 2백50유순"

높이가 4만 킬로미터, 가로 세로가 2만 킬로미터 되는 거대한 탑이다.
이런 거탑이 부처님께서 설법하시는 영산회상에 나타난 것이다.

"땅에서 솟아올라 공중에 머물러 있었다."

땅에서 솟아 올라왔다는 것은 현재의 여래장계에 속해있지 않는 독립된 공간이라는 말이다.
곧 본원본제의 여래장계 안에는 존재하지 않는 공간이라는 말씀이시다.

33천은 도리천을 말한다.

본문

爾時有菩薩摩訶薩。 名大樂說。 知一切世間天人阿修羅等
이시유보살마하살. 명대요설. 지일체세간천인아수라등
心之所疑。 而白佛言。 世尊。 以何因緣有此寶塔從地踊出。
심지소의. 이백불언. 세존. 이하인연유차보탑종지용출.
又於其中發是音聲。 爾時佛告大樂說菩薩。 此寶塔中有如
우어기중발시음성. 이시불고대요설보살. 차보탑중유여
來全身。 乃往過去東方無量千萬億阿僧祇世界。 國名寶淨。
래전신. 내왕과거동방무량천만억아승지세계. 국명보정.
彼中有佛。 號曰多寶。 其佛行菩薩道時。 作大誓願。 若我
피중유불. 호왈다보. 기불행보살도시. 작대서원. 약아
成佛。 滅度之後。 於十方國土。 有說法華經處。 我之塔廟。
성불. 멸도지후. 어시방국토. 유설법화경처. 아지탑묘.
為聽是經故。 踊現其前為作證明。 讚言善哉。
위청시경고. 용현기전위작증명. 찬언선재.

그때, 한 보살마하살이 있었으니, 이름이 대요설이다.
모든 세간의 천상, 인간과 아수라 등의 의심하는 바를 알고 부처님께 사뢰었다.
"세존이시여, 무슨 인연으로 이 보배탑이 땅에서 솟아올랐으며, 또 그 안에서 이런 음성이 나오나이까."
이때, 부처님이 대요설보살에게 말씀하셨다.
"이 보배탑 안에는 여래의 전신이 계시니라.
옛날 옛적에 동방의 한량없는 천만억 아승지 세계에 한 나라가 있었으니 이름이 보정이요, 그 나라에 부처님이 계셨으니 이름이 다보시었느니라.
그 부처님은 보살의 도를 행하실 적에 큰 서원을 세웠느니라.
'내가 성불하였다가 열반한 뒤에 시방의 국토에서 묘법연화경을 설하는 데가 있으면, 나의 탑이 그 경전을 듣기 위하여 그 앞에 솟아올라 증명하면서 거룩하다고 찬탄하리라.'

강설

"이 보배탑 안에는 여래의 전신(全身)이 계시니라."

여래의 전신이란 여래의 온전한 몸을 말한다.
화신이나 분신이 아니고 본래의 몸이라는 말씀이시다.

부처님마다 서로 다른 서원이 있다.
다보여래는 묘법연화경을 설하는 곳에 가서 증명법사로서의 역할을 하는 것이 서원이었다.

본문

彼佛成道已。臨滅度時。於天人大眾中告諸比丘。我滅度
피불성도이 임멸도시. 어천인대중중고제비구. 아멸도
後。欲供養我全身者。應起一大塔。其佛以神通願力。
후. 욕공양아전신자. 응기일대탑. 기불이신통원력.
十方世界在在處處。若有說法華經者。彼之寶塔皆踊出其
시방세계재재처처. 약유설법화경자. 피지보탑개용출기
前。全身在於塔中。讚言善哉善哉。
전. 전신재어탑중. 찬언선재선재.

그 부처님은 성불하셨다가 열반하시려는 때에 천상, 인간의 대중 가운데서 여러 비구들에게 이렇게 말씀하였느니라. '내가 열반한 뒤에 나의 전신에 공양하려거든 큰 탑 하나를 세우라.' 그 부처님은 신통력과 원력으로 시방세계의 모든 곳에 묘법연화경을 설하는 이가 있으면, 그 보배 탑을 그 앞에 솟아나게 하고 속에 전신이 계시게 하고서 '거룩하여라, 거룩하여라.' 하고 찬탄하느니라.

강설

다보여래의 전신이 다보탑 안에서 현전한다는 것이 특이한 일이다. 대부분의 부처님들은 열반에 들게 되면 몸을 사리로 화현시킨다. 그런데 다보여래의 몸은 열반에 든 뒤에도 그대로 남아있다. 다보여래는 열반에 들어서도 본래의 몸을 유지시킬 수 있는 방법을 알고 계신다.

서원도 독특하다. 대부분의 부처님들은 정토불사에 뜻을 두는데 다보여래는 그렇지 않다.
묘법연화경이 설해지는 장소에 다보탑이 현신해서 그 법문을 듣겠다고 서원을 세운 것은 그 내면에 또 다른 의도가 숨어있는 것 같다.
어떤 가르침과 어떤 깨달음을 보이시기 위해서 그와 같은 나툼과 그와 같은 존재목적을 갖게 되었을까?
본문을 해석하면서 그 부분에 대한 해답을 함께 찾아봐야 한다.

본문

大樂說。今多寶如來塔。聞說法華經故。從地踊出。
대요설. 금다보여래탑. 문설법화경고. 종지용출.
讚言善哉善哉。
찬언선재선재.

대요설이여, 지금 다보여래의 탑은 묘법연화경 설하는 것을 들으시려고 땅에서 솟아올라 '거룩하여라. 거룩하여라.'라고 찬탄하느니라."

강설

대요설보살은 다보여래의 음성을 듣지 못한다.
아마도 다보여래의 음성을 들을 만큼 깨달음이 깊지 않은 것 같다. 그렇기 때문에 석가모니 부처님이 다보여래의 말씀을 통역해 주시는 것이다.
이 대목에서도 유의해서 들여다볼 부분이 있다.
앞 대목에서는 사부대중이 다보여래의 음성을 들었다 했는데 대요설보살은 왜 듣지 못했을까?
다보여래의 음성을 들을 수 있는 사람과 들을 수 없는 사람은 어떤 차이가 있을까?
어떤 깨달음을 얻어야 다보여래의 음성을 들을 수 있을까?
이 부분에 대한 해답도 찾아봐야 한다.

본문

是時大樂說菩薩。以如來神力故。白佛言。
시시대요설보살. 이여래신력고. 백불언.
世尊我等願欲見此佛身。
세존아등원욕견차불신.

이때 대요설보살은 여래의 신력을 입어 부처님께 사뢰었다.
"세존이시여, 저희들이 그 부처님의 몸을 뵈옵기를 원하나이다."

강설

대요설보살은 부처님의 신력을 얻어야 다보여래와 소통을 할 수 있다. 이때 부처님이 내려주신 신력은 어떤 신력이며 어떤 공덕과 수행으로 갖추어지는 것일까?
이 또한 궁금해진다.
여기까지의 과정을 놓고 다보여래와 연관된 부분을 정리해 보면 크게 네 가지 관점이 대두된다.
하나는 몸에 대한 관점이다.
둘은 서원에 관한 관점이다.
셋은 소통에 관한 관점이다.
넷은 공간에 대한 관점이다.

몸의 제도를 어떻게 해야 열반 후에도 그 몸을 유지할 수 있는 즉신성불(卽身成佛)을 이룰 수 있을까?

부처의 존재목적은 정토불사에 있는데 다보여래는 몸의 제도를 통해 어떤 불사를 행하셨을까?

어떤 깨달음과 어떤 공덕을 지어야 모든 부처님의 음성을 들을 수 있을까?

여래장계를 벗어날 수 있는 독립된 공간은 어떻게 해서 만들어질까?

이 질문들에 대한 해답을 뒷부분의 말씀 안에서 찾아봐야 한다.

본문

佛告大樂說菩薩摩訶薩。是多寶佛有深重願。若我寶塔。
불고대요설보살마하살. 시다보불유심중원. 약아보탑.
為聽法華經故出於諸佛前時。其有欲以我身示四眾者。
위청법화경고출어제불전시. 기유욕이아신시사중자.
彼佛分身諸佛。在於十方世界說法。盡還集一處。
피불분신제불. 재어시방세계설법. 진환집일처.
然後我身乃出現耳。
연후아신내출현이.

부처님이 대요설보살 마하살에게 말씀하셨다.
"이 다보 부처님은 깊고도 중대한 서원이 있었느니라.
'만일 나의 보배탑이 법화경을 듣기 위하여 여러 부처님 앞에 솟아나거든, 그때 나의 몸을 그의 4부 대중에게 보이려 하면,

시방세계에서 법을 설하고 있는 그 부처님의 분신 부처님들을 모두 한 곳에 모은 뒤에야 내 몸을 나타내리라.'라고 하였다.

강설

'깊고도 중대한 서원이 있었다'
다보여래의 서원은 깊고도 중대한 서원이라는 말씀이시다. 묘법연화경을 들으면서 증명법사를 서는 것도 중대한 서원이고 말씀하시려고 하는 서원도 매우 깊고 중요한 서원이라는 말씀이시다.
그렇다면 그 서원이 무엇일까?

'시방세계에서 법을 설하고 있는 그 부처님의 분신 부처님들을 모두 한곳에 모은 뒤에야 내 몸을 나타내리라.'

'깊고도 중대한 서원'이 바로 이것이다.
보는 관점에 따라서는 이견이 있을 수 있다.
이것이 그렇게 깊고도 중대한 서원일까?
그렇다.
이 서원 속에는 몇 가지 중대한 의미가 내포되어 있다.
첫째는 불상(佛相)의 일이다.
둘째는 정토불사의 일이다.
셋째는 본원본제와의 관계이다.

불상(佛相)의 일이 곧 불의 존재성을 논하는 것이다.
불의 존재성은 상(相)과 성(性), 체(體)로 이루어져 있다.
비견해서 본원본제도 상(相)과 성(性)과 체(體)로 이루어져 있다.
불(佛)의 상(相), 성(性), 체(體)를 불상(佛相), 불성(佛性), 불체(佛體)라고 한다.
본원본제의 상(相), 성(性), 체(體)를 여시상(如是相), 여시성(如是性), 여시체(如是體)라 한다.

상(相), 성(性), 체(體)를 놓고서 불(佛)과 본원본제의 다른 점을 비교해 보면 다보여래의 서원이 왜 깊고도 중대한 일인지 가늠할 수 있다.

본원본제는 밝은성품으로 이루어진 여시체(如是體)안에 여시상(如是相)과 여시성(如是性)을 갖추고 있다.
여시체의 상태를 진공묘유(眞空妙有)라 한다.

여시상은 각성과 본성으로 이루어져 있다.
여시상의 면모를 공적영지(空寂靈知)라 한다.

여시성은 무념·무심·간극으로 이루어져 있다.
여시성의 상태를 제법공상(諸法空相)이라 칭한다.
적멸상(寂滅相)과 적정상(寂靜相)이 여시성의 상태이다.

간극이 곧 적멸상이다.
무념과 무심이 적정상이다.

본원본제의 체(體)가 펼쳐져서 여래장이 생겨난다.

佛은 일심법계(一心法界)를 체(體)로 삼는다.
일심법계 안에 불상(佛相)과 불성(佛性)을 갖추고 있다.
일심법계를 불이문(不二門)이라 한다.

불상(相)은 공여래장과 불공여래장으로 이루어져 있다.
공여래장을 이루고 있는 대적정과 불공여래장을 이루고 있는 제도된 생멸심, 공여래장과 불공여래장 사이에서 작용하는 대자비심이 불상(佛相)을 이루는 세 가지 요소이다.
공여래장의 대적정은 본성과 각성의 계합으로 성취된다.
본성의 간극 안에 각성이 들어앉아서 무념·무심을 껴안고 있는 것이 대적정이다.
불공여래장의 제도된 생멸심은 불식(佛識)을 이루는 바탕이 된다. 대적정심과 대자비심이 합쳐져서 생멸심이 제도된다. 제도된 생멸심에서 원통식(圓通識)이 생겨난다. 원통식이 곧 불식(佛識)이다.

대자비문 수행을 통해 갖추어진 대자비심은 공여래장과 불공여래장이 서로를 그리워하는 원인이 된다.

그로 인해 공여래장과 불공여래장이 불이문을 이룬다.
불이문의 구조로 인해 일심법계안에는 두 개의 적멸처(寂滅處)가 만들어진다.
하나는 공여래장과 불공여래장 사이에서 세워지는 불이문의 간극(間隙)이다. 또 하나는 공여래장의 대적정처 안에서 갖추어진 본성의 간극이다.
두 개의 적멸처가 갖고 있는 기능과 관계로 인해서 불력(佛力)과 불작(佛作), 불인(佛因)이 생겨난다.
이로 인해 佛은 정토불사를 완성하고 본원본제의 향하문적 성향을 제도할 수 있는 역량을 갖추게 된다.
불력(佛力)이 곧 십력(十力)이다.
불작(佛作)이 곧 천백억화신을 나투고 본연과 자연, 인연을 만들지 않는 것이다. 다보여래의 불신(佛身)제도는 불작을 통해 성취한 것이다.
천백억화신을 활용해서 여래장계의 정토불사를 행하고 본연과 자연과 인연을 만들지 않음으로써 여래장연기와 생멸연기, 진여연기를 차단한다.
불인(佛因)이 곧 정토불사의 서원이다.
佛은 불인을 완성하기 위해 일대사인연(一大事因緣)을 만들고 그로 인해 세간(世間)에 출현한다.

불성(佛性)의 바탕은 일심법계를 이루고 있는 두 개의 간극(間隙)이다.

佛은 두 개의 간극을 활용해서 본원본제의 향하문적 성향을 제도하고 새로운 여래장을 창조한다.
다보여래의 다보탑은 두 개의 간극을 활용해서 만든 새로운 여래장이다.

다보여래의 그와 같은 서원이 깊고도 중대한 것은 다보여래가 확인하고 싶은 것이 묘법연화경을 설하고 있는 부처님의 불상(佛相), 불성(佛性), 불체(佛體), 불력(佛力), 불작(佛作), 불인(佛因)의 성취와 그 결과를 보고자 하는 것이기 때문이다.
이 여섯 가지 일을 완성한 존재가 곧 부처이고 이 이치를 설하는 것이 묘법연화경을 설하는 것이다.

본문

大樂說。我分身諸佛。在於十方世界說法者今應當集。
대요설. 아분신제불. 재어시방세계설법자금응당집.
大樂說白佛言。世尊。我等亦願欲見世尊分身諸佛禮拜供
대요설백불언. 세존. 아등역원욕견세존분신제불예배공
養。爾時佛放白毫一光。即見東方五百萬億那由他恆河沙
양. 이시불방백호일광. 즉견동방오백만억나유타항하사
等國土諸佛。彼諸國土。皆以頗梨為地。寶樹寶衣以為莊嚴。
등국토제불. 피제국토. 개이파리위지. 보수보의이위장엄.

無數千萬億菩薩。充滿其中。遍張寶幔寶網羅上。彼國諸
무수천만억보살. 충만기중. 편장보만보망라상. 피국제
佛以大妙音而說諸法。及見無量千萬億菩薩。遍滿諸國為
불이대묘음이설제법. 급견무량천만억보살. 편만제국위
眾說法。南西北方四維上下。白毫相光所照之處。亦復如
중설법. 남서북방사유사방. 백호상광소조지처. 역부여
是。爾時十方諸佛各告眾菩薩言。善男子。我今應往娑婆
시. 이시시방제불각고중보살언. 선남자. 아금응주사바
世界釋迦牟尼佛所。幷供養多寶如來寶塔。時娑婆世界即
세계석가모니불소. 병공양다보여래보탑. 시사바세계즉
變清淨。琉璃為地寶樹莊嚴。黃金為繩以界八道。無諸聚
변청정. 유리위지보수장엄. 황금위승이계팔도. 무제취
落村營城邑。大海江河山川林藪燒大寶香。曼陀羅華遍布
락촌영성읍. 대해강하산천임수소대보향. 만다라화편포
其地。以寶網幔羅覆其上。懸諸寶鈴。唯留此會眾。移諸
기지. 이보망만라부기상. 현제보령. 유유차회중. 이제
天人置於他土。
천인치어타토.

대요설이여, 나의 분신 부처로서 시방세계에서 설법하는 이들을 이제 모두 모이게 하리라."
대요설보살이 부처님께 사뢰었다.
"세존이시여, 저희도 세존의 분신 부처님들을 뵙고 예배하고 공양하려 하나이다."

이때 부처님이 미간 백호상으로 한 광명을 놓으시니, 동방으로 백만억 나유타 항하사와 같은 수의 국토에 계시는 여러 부처님들을 보게 되었다.

그 여러 국토는 모두 파리로 땅이 되어 있고, 보배 나무와 보배 옷으로 장엄하였으며, 수없는 천만억 보살들이 그 가운데 가득 찼으며, 보배 휘장을 둘러치고 보배 그물을 위에 덮었다. 그 나라 부처님들이 크고 묘한 음성으로 법을 설하며, 또 한량없는 천만억 보살들이 그 국토에 충만하여 대중에게 법을 설하는 것도 보게 되었다.

남방, 서방, 북방과 네 간방과 상방과 하방에도 백호상의 광명이 비쳐 여러 곳이 모두 그와 같았다.

이때 시방의 여러 부처님은 각각 모든 보살들에게 말씀을 하셨다.

"선남자들아, 내가 이제 사바세계의 석가모니 부처님 계신 곳으로 갈 것이며, 아울러 다보여래의 보배탑에 공양하리라."

이때, 사바세계는 변하여 청정하여지니, 유리로 땅이 되고 보배 나무로 장엄하였으며, 황금으로 새끼 꼬아 노가 되어 여덟 길의 경계를 쳤으며, 여러 마을과 부락과 성시와, 바다, 강, 산, 시내, 숲, 덤불들이 없고, 큰 보배 향을 사르며, 만다라 꽃이 땅에 깔리고, 보배 그물과 보배 휘장을 그 위에 덮고 보배 풍경을 달았는데, 이 회상의 대중은 그냥 두고 여러 천상, 인간 사람들을 옮겨서 다른 국토로 보내었다.

강설

"이때 부처님이 미간 백호상으로 한 광명을 놓으시니, 동방으로 백만억 나유타 항하사와 같은 수의 국토에 계시는 여러 부처님들을 보게 되었다."

다보 부처님을 다보탑에서 현신시키기 위해 석가모니 부처님이 자신의 분신들을 소환하는 장면이다.

부처님이 미간 백호광을 펼치시면 다른 우주에 있는 분신 부처님들을 앉아있는 자리에서도 볼 수 있다는 말씀이시다.

"이 회상의 대중은 그냥 두고 여러 천상, 인간 사람들을 옮겨서 다른 국토로 보내었다."

여래장계 십방에 있던 분신들을 이쪽 생멸문으로 소환하시는데, 이 회상에 참석한 대중들은 그냥 두고 천상생명들과 인간들은 다른 생멸문으로 옮기셨다는 말씀이시다.
부처님의 위신력이 이와 같다는 것이 참으로 놀라울 따름이다. 공간의 형질을 마음대로 바꿀 수 있고 그 공간에서 살아가고 있는 생명들을 원하는 공간으로 이주시킬 수 있는 신통력, 그야말로 상상조차 할 수 없는 대단한 신통력이다.

본문

是時諸佛各將一大菩薩以爲侍者。至娑婆世界。各到寶樹
시시제불각장일대보살이위시자. 지사바세계. 각도보수
下。一一寶樹。高五百由旬。枝葉華菓次第莊嚴。諸寶樹
하. 일일보수. 고오백유순. 지엽화과차제장엄. 제보수
下皆有師子之座。高五由旬。亦以大寶而校飾之。爾時諸
하개유사자지좌. 고오유순. 영이대보이교식지. 이시제
佛各於此座結加趺坐。如是展轉遍滿三千大千世界。
불각어차좌결가부좌. 여시전전편만삼천대천세계.

이때, 여러 부처님은 각각 하나의 대보살을 사자로 삼아 데리고 사바세계에 와 각각 보배 나무 아래에 이르렀다. 그 보배 나무들은 높이가 5백유순이요, 가지와 잎과 꽃과 열매가 장엄되었다. 여러 보배 나무 아래에는 모두 사자좌가 놓였는데 높이가 5유순이며 역시 훌륭한 보배로 꾸미었다. 그때 여러 부처님은 각각 이 사자좌에 가부좌를 하고 앉으셨다.
그리하여 점점 삼천대천세계에 가득하였다.

강설

여래장계 십방에서 오신 분신 부처님들이 이쪽 생멸문의 삼천대천세계에 가득 차게 되었다는 말씀이시다.

얼마나 많은 분신 부처님들이 계시기에 그러할까?
다음에 나올 말씀이 궁금해진다.

본문

而於釋迦牟尼佛一方所分之身。猶故未盡。時釋迦牟尼佛。
이어석가모니불일방소분지신. 유고미진. 시석가모니불.
欲容受所分身諸佛故。八方各更變二百萬億那由他國。
욕용수소분신제불고. 팔방각갱변이백만억나유타국.
皆令淸淨。無有地獄餓鬼畜生及阿修羅。又移諸天人置於
개령청정. 무유지옥아귀축생급아수라. 우이제천인치어
他土所化之國。亦以琉璃爲地。寶樹莊嚴。樹高五百由旬。
타토소화지국. 역이유리위지. 보수장엄. 수고오백유순.
枝葉華菓次第嚴飾。樹下皆有寶師子座。高五由旬。
지엽화과차제엄식. 수하개유보사자좌. 고오유순.
種種諸寶以爲莊校。
종종제보이위장교.

그러나 일방의 석가모니불의 분신 부처님은 다 앉지 못하였다. 이때, 석가모니불께서는 여러 분신 부처님을 받아들이려고 8방에 각각 2백만억 나유타세계를 변화하여 모두 청정하게 하니, 지옥과 아귀와 축생과 아수라는 없고, 천상과 인간을 옮겨 다른 국토로 보내었다. 그 변화한 세계들도 유리로 땅이 되고 보배 나무로 장엄되었으며, 보배 나무는 높이가 5백 유순이요, 가지와 잎과 꽃과 열매가 차례로 장엄되었으며, 여러 보배 나무 아래에는 모두 보배로 된 사자좌가 놓였는데, 높이가 5유순이요, 갖가지 보배로 꾸미었다.

강설

"그러나 일방의 석가모니불의 분신 부처님은 다 앉지 못하였다."

여래장계 십방에서 오신 분신불 중에 한 방향에서 오신 부처님들이 앉을 자리가 부족했다는 말씀이시다.

"이때, 석가모니불께서는 여러 분신 부처님을 받아들이려고 8방에 각각 2백만억 나유타세계를 변화하여 모두 청정하게 하니, 지옥과 아귀와 축생과 아수라는 없고, 천상과 인간을 옮겨 다른 국토로 보내었다."

여러 분신들을 받아들이려고 팔방에 2백만억 나유타세계를 변화시켜서 정토로 바꾸었다는 말씀이시다.
그러면서 지옥, 아귀, 축생, 아수라도 없게 하고 그곳에서 살고 있던 천상생명들과 인간들을 다른 생멸문으로 옮기셨다는 말씀이시다.

부처님이 정토불사를 하시는 방법에 대해 그 일면을 드러내 보이신 대목이다.

본문

亦無大海江河及目真隣陀山摩訶目真隣陀山鐵圍山大鐵圍
역무대해강하급목진린타산마하목진린타산철위산대철위
山須彌山等諸山王。通爲一佛國土。寶地平正。寶交露幔
산수미산등제산왕. 통위일불국토. 보지평정. 보교로만
遍覆其上。懸諸幡蓋。燒大寶香。諸天寶華遍布其地。
편부기상. 현제번개. 소대보향. 제천보화편포기지.

역시 바다와 강과 목진린타산과 마하 목진린타산과 철위산과 대철위산과 수미산 등의 큰 산들이 없고, 통일하여 한 불세계가 되었는데, 보배로 된 땅이 번듯하고 평탄하며, 찬란하게 보배로 얽어 만든 휘장을 위에 덮었고, 번기와 일산을 달았으며, 큰 보배 향을 사르고, 하늘의 훌륭한 꽃들이 땅에 두루 깔리었다.

강설

"역시 바다와 강과 목진린타산과 마하 목진린타산과 철위산과 대철위산과 수미산 등의 큰 산들이 없고, 통일하여

한 불세계가 되었는데,"

이쪽 생멸문을 중심으로 팔방의 2백만억 나유타의 생멸문이 일순간에 불국토로 통합되었다는 말씀이시다.

본문

爾時東方釋迦牟尼佛所分之身。百千萬億那由他恒河沙等
이시동방석가모니불소분지신. 백천만억나유타항하사등
國土中諸佛。各各說法來集於此。如是次第十方諸佛。
국토중제불. 각각설법래집어차. 여시차제시방제불.
皆悉來集坐於八方。
개실래집좌어팔방.

이때, 동방의 백천만억 나유타 항하사 수만큼의 국토에 계시며 법을 설하던 석가모니불의 분신 부처님들이 여기 모여오셨다. 이와 같이 차례로 시방세계에 계시던 분신 부처님들이 다 모여와서 8방에 앉으셨다.

강설

여래장계 십방위에 계시던 분신 부처님들이 이 세계 생멸문을 중심으로 8방위에 나누어서 앉으셨다는 말씀이시다.

앞의 화성유품에서는 대통지승여래와 열여섯 아들 부처님들이 여래장계 열 방위를 나누어서 관장한다고 말씀하셨다. 그래서 석가모니불이 여래장계의 남방대교주고 아미타불은 서방대교주라고 말씀을 하셨는데 여기서는 '십방을 관장한다.'라고 말씀하신다.
여래장계 정토불사는 각각의 부처님이 갖고 있는 역량에 따라서 그 범위가 바뀔 수도 있음을 보여주는 대목이다.

본문

爾時一一方四百萬億那由他國土。諸佛如來遍滿其中。
이시일일방사백만억나유타국토. 제불여래편만기중.
是時諸佛各在寶樹下坐師子座。皆遣侍者。問訊釋迦牟尼
시시제불각재보수하좌사자좌. 개견시자. 문신석가모니
佛。各齎寶華滿掬而告之言。善男子。汝往詣耆闍崛山釋
불. 각제보화만국이고지언. 선남자 여왕예기사굴산석
迦牟尼佛所。如我辭曰。
가모니불소. 여아사왈.

이때, 낱낱 방위의 4백만억 나유타 국토에 부처님 여래들이 가득하게 찼다.
이때, 여러 부처님이 각각 보배 나무 아래에 있는 사자좌에 앉아서 각각 시자를 보내어 석가모니불께 문안드리고자 하여 각각 보배 꽃을 한 아름씩 가지고 가게 하며 말씀하였다.
"선남자여, 네가 기사굴산 석가모니 부처님 계신 곳으로 가서 내 말대로 문안하라.

강설

화신과 본신의 관계를 엿볼 수 있는 대목이다.
본신에서 분리된 화신이지만 부모와 자식처럼 분리된 체성(體性)을 갖고 있다.

본문

少病少惱氣力安樂。及菩薩聲聞衆悉安隱不。以此寶華散
소병소뇌기력안락. 급보살성문중실안은부. 이차보화산
佛供養。而作是言。彼某甲佛。與欲開此寶塔。諸佛遣使
불공양. 이작시언. 피모갑불. 여욕개차보탑. 제불견사
亦復如是。爾時釋迦牟尼佛。見所分身佛悉已來集。各各
역부여시. 이시석가모니불. 견소분신불실이래집. 각각
坐於師子之座。皆聞諸佛與欲同開寶塔。卽從座起住虛空
좌어사자지좌. 개문제불여욕동개보탑. 즉종좌기주허공
中。一切四衆起立合掌一心觀佛。於是釋迦牟尼佛。以右
중. 일체사중기립합장일심관불. 어시석가모니불. 이우
指開七寶塔戶。出大音聲。如却關鑰開大城門。

지개칠보탑호. 출대음성. 여각관약개대성문.
即時一切眾會。皆見多寶如來。於寶塔中坐師子座。全身
즉시일체중회. 개견다보여래. 어보탑중좌사자좌. 전신
不散如入禪定。又聞其言。善哉善哉。釋迦牟尼佛。快說
불산여입선정. 우문기언. 선재선재. 석가모니불. 쾌설
是法華經。我爲聽是經故。而來至此。
시법화경. 아위청시경고. 이래지차.

'병환이 없으시고, 시끄러움이 없으시고, 기력이 안강하시며, 보살과 성문 대중도 다 안락하십니까.' 하고, 이 보배 꽃을 부처님께 흩어 공양하고 이렇게 말하여라. '아무 부처님은 함께 이 보배 탑을 열고자 하나이다.'"
다른 부처님들도 이와 같이 사자를 보내었다.
이때, 석가모니불은 분신 부처님들이 다 모여와서 각각 사자좌에 앉았고, 또 여러 부처님들이 다 함께 보배 탑을 열고자 하심을 듣고는 곧 자리에서 일어나 공중에 올라가 머무르시었다. 모든 4부 대중은 일어서서 합장하고 일심으로 부처님을 우러러보았다.
이때, 석가모니 부처님은 오른 손가락으로 7보탑의 문을 여니, 큰 소리가 나는 것이 마치 잠겨 있는 자물쇠를 제치고 큰 성문을 여는 것 같았다.
이때 회상에 있는 대중들이 보니, 다보여래께서 보탑 안에서 사자좌에 앉으셨는데, 전신이 흩어지지 아니한 것이 선정에 드신 것 같음을 보고, 또 "거룩하시어라, 거룩하시어라. 석가모니 부처님은 이 묘법연화경을 쾌히 설하시노라.
나는 이 경전을 듣기 위하여 여기에 왔노라." 하심을 들었다.

강설

"병환이 없으시고, 시끄러움이 없으시고, 기력이 안강하시며, 보살과 성문 대중도 다 안락하십니까."

부처님께 문안드릴 때 사용하는 인사말이다.
앞서 다보여래께서도 비슷한 인사말을 사용하셨다.
이 인사말을 놓고서 생각해봐야 할 부분이 있다.

'병환 없으시고'
부처님도 그 육체에 병환이 있을까?
그렇다. 석가모니부처님도 열반에 드시기 전에 병환이 있으셨다. 법화경을 설하실 당시에도 병환을 갖고 계셨다.
하지만 법화경을 설하시면서 보여주시는 위신력은 전혀 병환을 갖고 계신 모습이 아니시다.
오히려 가장 왕성한 활동성을 보여주고 계시다.
몸의 제도를 통해 천백억화신을 나툴 수 있는 부처님은 병환에 걸리지 않는다. 석가모니 부처님이 병든 모습을 보여주신 것은 열반에 들 수 있는 구실을 삼기 위해서였다.

석가모니 부처님의 수명은 본래 80세가 아니었다.
사바세계와의 인연도 더 길게 남아 있었는데 마왕 파순이와의 약속을 지키기 위해 일찍 열반에 드는 모습을 보여주셨다.
부처님이 병든 모습과 열반에 드는 모습을 보여주시는 것은 중생의 게으름과 의타심을 제도해 주기 위해서이다.
부처님 자신에게는 병듦도 없고 열반도 없다.
다보여래의 경우를 봐도 그렇다.
이미 오래전에 열반에 드셨는데도 그 본신을 유지하고 계신다. 다보여래가 이 모습을 대중에게 보여주시는 것은 부처의 수명이 무한함을 증명해 보이시는 것이다.

'시끄러움이 없으시고'

부처님의 주변도 시끄러울 수 있는가?
그렇다.
석가모니 부처님이 성불하신 뒤에도 몇몇의 시끄러운 일들이 있었다. 그런 일을 당했을 때 그것이 부처님 개인과 연관된 일이라면 부처님께서는 아무런 의도를 내지 않으셨다. 다만 인과에 맡기시고 기다리셨다.
하지만 다른 중생들의 안위와 연관된 일이라면 적극적으로 관여해서 분란을 종식시켰다.
나라 간에 일어날 수 있는 전쟁을 미연에 방지하셨고 석가족이 멸망하지 않도록 대처하셨다.

'기력이 안강하시며'
부처님의 기력도 쇠해지시는가?
그렇다.
부처님께서는 늙음의 모습을 중생들에게 보여주셨다.
하지만 이 또한 불신(佛身)의 참모습이 아니다.
불신의 진면목은 불체(佛體)에 있는 것이지 신(身)에 있는 것이 아니다.
불의 체는 일심법계 자체이다.

'보살과 성문 대중도 다 안락하십니까.'
제자들의 안락도 부처님의 책임인가?
그렇다.
불제자는 미래의 부처님이며 정토불사를 함께하는 동반자들이다. 때문에 항상 부처님께서 호념(護念)하신다.

이 보배 꽃을 부처님께 흩어 공양하고 이렇게 말하여라. '아무 부처님은 함께 이 보배 탑을 열고자 하나이다.'"
다른 부처님들도 이와 같이 사자를 보내었다.

화신불과 본신불의 관계를 엿볼 수 있는 대목이다.
본신불이라 할지라도 항상 화신불의 의견을 경청하시다.

"이때 회상에 있는 대중들이 보니, 다보여래께서 보탑 안에서 사자좌에 앉으셨는데, 전신이 흩어지지 아니한 것이 선정에 드신 것 같음을 보고,"

다보여래의 육신이 그 오랜 세월 동안에도 흩어지지 않고 편안한 모습으로 앉아 계셨다는 말씀이시다.

"거룩하시어라, 거룩하시어라. 석가모니 부처님은 이 묘법연화경을 쾌히 설하시노라.
나는 이 경전을 듣기 위하여 여기에 왔노라."

다보여래의 육신이 앉아계시고 목소리까지 들렸으니 다보여래가 현신하신 것이다.

본문

爾時四眾等。見過去無量千萬億劫滅度佛。說如是言。
이시사중등. 견과거무량천만억겁멸도불. 설여시언.
歎未曾有。以天寶華聚。散多寶佛及釋迦牟尼佛上。
탄미증유. 이천보화취. 산다보불급석가모니불상.
爾時多寶佛。於寶塔中分半座。與釋迦牟尼佛。而作是
이시다보불. 어보탑중분반좌. 여석가모니불. 이작시
言。釋迦牟尼佛。可就此座。即時釋迦牟尼佛。入其塔中
언. 석가모니불. 가취차좌. 즉시석가모니불. 입기탑중

坐其半座。結加趺坐。
좌기반좌. 결가부좌.

이때 4부 대중은 과거의 한량없는 천만억겁 전에 열반하신 부처님이 이렇게 말씀하심을 듣고, 일찍 없던 일이라 찬탄하면서 천상의 보배 꽃더미를 다보 부처님과 석가모니 부처님 위에 흩었다.
그때 다보 부처님이 보탑 속에서 자리의 반을 비켜서 석가모니 부처님께 사양하시며 이렇게 말씀하셨다. "석가모니불이시여, 이 자리에 앉으십시오."
석가모니 부처님은 즉시 탑 안으로 들어가 반을 비켜 놓은 자리에 결가부좌 하시었다.

강설

천만억겁 전에 열반하신 다보여래가 육신도 건재하고 음성도 또렷하시다.
더군다나 그 육신이 죽은 것이 아니고 살아 움직이고 있다. 그러면서 석가모니 부처님에게 자리를 나눠주시며 나란히 앉으셨다.

한 분의 부처님은 천만억겁 전에 열반에 드신 부처님이고 또 한분의 부처님은 열반을 앞두고 계신 부처님이다.

그 두분의 부처님이 나란히 앉으신 이유가 무엇일까?
이 대목에서는 이 질문을 던져야 한다.
이 장면은 열반의 결과를 보여주시기 위한 연출이다.
석가모니 부처님이 열반에 들더라도 다보여래처럼 영속하신다는 것을 보여주기 위해 반분좌에 응하신 것이다.
佛은 생사가 없다.
佛은 열반이 없다.
佛은 온 바도 없고 또한 간 바도 없다.
佛은 수명이 없다.

본문

爾時大眾。見二如來在七寶塔中師子座上結加趺坐。
이시대중. 견이여래재칠보탑중사자좌상결가부좌.
各作是念。佛座高遠。唯願如來以神通力。令我等輩俱處
각작시념. 불좌고원. 유원여래이신통력. 영아등배구처
虛空。即時釋迦牟尼佛。以神通力接諸大眾皆在虛空。以
허공. 즉시석가모니불. 이신통력접제대중개재허공. 이
大音聲普告四眾。誰能於此娑婆國土廣說妙法華經。今正
대음성보고사중. 수능어차사바국토광설묘법화경. 금정
是時。如來不久當入涅槃。佛欲以此妙法華經付囑有在。
시시. 여래불구당입열반. 불욕이차묘법화경부촉유재.
爾時世尊。欲重宣此義。而說偈言。

이시세존. 욕중선차의. 이설게언.

이때 대중들은 두 여래께서 7보탑 안에서 결가부좌하고 사자좌에 앉으심을 보고 이렇게 생각하였다.
'부처님은 높고 먼 자리에 앉으셨도다. 바라옵건대, 여래께서 신통한 힘으로 우리도 함께 허공에 있게 하옵소서.'
즉시 석가모니불은 신통한 힘으로 대중을 이끌어 허공에 있게 하고, 큰 음성으로 4부 대중에게 말씀하셨다.
"누가 능히 이 사바세계에서 묘법연화경을 널리 설하겠느냐. 지금이 바로 그때이니라.
여래는 오래지 않아서 열반에 들리라. 부처님은 이 묘법연화경을 부촉하여 길이 머무르게 하고자 하노라."
이때 세존께서 이 뜻을 거듭 펴시려고 게송을 읊으셨다.

강설

4부 대중들을 허공으로 끌어올리셨다는 것은 같은 높이에서 설법을 하시겠다는 의도이시다.
'같은 높이'라는 것은 많은 의미가 함축되어 있는 말이다. 가르침과 배움이 평등한 관계에서 이루어진다는 의미도 있고 제자들의 근기에 맞추어서 설법하신다는 의미도 있다.

본문

聖主世尊	雖久滅度	在寶塔中	尚爲法來
성주세존	**수구멸도**	**재보탑중**	**상위법래**
諸人云何	不勤爲法	此佛滅度	無央數劫
제인운하	**불근위법**	**차불멸도**	**무앙수겁**
處處聽法	以難遇故	彼佛本願	我滅度後
처처청법	**이난우고**	**피불본원**	**아멸도후**
在在所往	常爲聽法		
재재소왕	**상위청법**		

거룩하온	세존께서	열반한지	오래지만
보탑속에	계시면서	법을위해	오시거늘
어찌하여	사람들은	법구하지	않는건가
이부처님	열반한지	무수한겁	지났건만
곳곳에서	법들으려	나타나는	이유인즉
법화경의	설법기회	만나보기	어려운탓
저부처님	본래소원	열반하신	뒤에라도
어디든지	찾아가서	법화경을	들으리라

강설

"거룩하온 세존께서 열반한지 오래지만 보탑속에 계시면서 법을위해 오시거늘 어찌하여 사람들은 법구하지 않는건가"

이때의 법은 묘각도 이후에 성취되는 법을 말한다.
이미 묘각을 이룬 부처님이 또다시 법을 구한다는 것은 여래지(如來智)의 일을 말씀하시는 것이다.

다보여래가 열반에 든지 오래되었는데도 아직도 법을 구하는 마음이 있다는 것은 여래지를 성취하는 것이 그만큼 어렵다는 말씀이시다.
여래지란 본원본제의 향하문적 성향을 제도할 수 있는 지혜를 말한다. 정토불사가 완성되려면 본원본제로부터 더 이상의 본연이 생겨나지 않아야 한다.
본연이 생겨나는 원인을 제도할 수 있는 방법을 아는 것이 여래지를 갖춘 것이다.
본연이란 본성과 각성, 밝은성품 간에 일어나는 변화를 말한다.

다보 부처님이 여러 부처님이 설하시는 묘법연화경을 들으시는 것은 최상의 여래지를 갖추기 위해서다.
석가모니 부처님을 찾아오신 것도 석가모니 부처님이 갖추고 계신 여래지의 상태를 살펴보기 위해서다.
여래지의 성취를 가늠하는 첫 번째 기준이 화신불의 숫자와 정토불사를 행히고 있는 범위이다.

흔히 부처가 되면 수행이 다 끝나서 더 이상 닦을 것

없다고 생각한다.
하지만 그것은 잘못된 생각이다.

"법화경의 설법기회 만나보기 어려운탓"

묘각을 이루게 되면 불지(佛智)를 얻게 된다.
그 상태에서 여래지를 갖추기까지는 또 한 번의 노력이 필요하다.
여래지의 일을 논할 수 있는 상대를 만나는 것이 그만큼 어렵다는 말씀이시다.

본문

又我分身	無量諸佛	如恒沙等	來欲聽法
우아분신	**무량제불**	**여항사등**	**내욕청법**
及見滅度	多寶如來	各捨妙土	及弟子衆
급견멸도	**다보여래**	**각사묘토**	**급제자중**
天人龍神	諸供養事	令法久住	故來至此
천인용신	**제공양사**	**영법구주**	**고래지차**
爲坐諸佛	以神通力	移無量衆	令國淸淨
위좌제불	**이신통력**	**이무량중**	**영국청정**

또한나의   분신으로   항하강의   모래처럼

한량없는	분신부처	모두와서	법을듣고
오래전에	열반하신	다보여래	뵈오려고
미묘하온	그국토와	일체모든	제자들과
하늘인간	용과귀신	모든공양	다버리고
불법오래	남게하려	여기까지	이르르고
여러부처	앉게하려	신통력을	나투어서
무량중생	옮기어서	청정국토	만들었네

강설

여래장계 십방에서 정토불사를 하시던 화신분들을 이 생멸문 안으로 초청을 한 이유가 바로 이 불법이 끊어지지 않게 하기 위해서라는 말씀이시다.

여기서 말하는 불법은 묘법연화의 이치와 그것을 기반으로 해서 세워진 인지법행과 과지법행을 말한다.

여래장연기의 이치와 그것을 기반으로 한 인지법과 과지법의 체계.

생멸연기의 이치와 그것을 기반으로 한 인지법과 과지법의 체계.

진여연기의 이치와 그것을 기반으로 한 인지법과 과지법의 체계. 이것을 아는 것이 묘법연화의 이치를 아는 것이며 그것을 기반으로 한 인지법과 과지법을 아는 것이다.

여래장연기의 이치를 기반으로 해서 세워진 인지법과 과지법이 등각도와 묘각도이다.
등각도에서 여래장연기의 원인을 제도하고 묘각도에서 여래장연기의 발원처인 본체(本體-본원본제의 체)를 제도한다.

생멸연기의 이치를 기반으로 해서 세워진 인지법과 과지법이 견성오도와 해탈도이다.
견성오도로 본성을 인식하고 해탈도로 대적정을 성취해서 자기 생멸심을 분리시킨다.

진여연기의 이치를 기반으로 해서 세워진 인지법과 과지법이 보살도이다.
보살도를 통해 공여래장과 불공여래장을 완성시키고 각성의 무명적 습성과 밝은성품의 자연적 성향, 일체의 생멸심을 제도한다.

이것이 불법의 가장 핵심적인 요지이다.
이법을 남겨놓기 위해 부처님께서 묘법연화경을 설하신다.

본문

諸佛各各　　詣寶樹下

제불각각	예보수하		
如淸淨池	蓮華莊嚴	其寶樹下	諸師子座
여청정지	**연화장엄**	**기보수하**	**제사자좌**
佛坐其上	光明嚴飾	如夜暗中	然大炬火
불좌기상	**광명엄식**	**여야암중**	**연대거화**

보배나무	아래에는	부처님들	앉으시고
맑고맑은	연못속에	연꽃으로	장엄한듯
보배나무	아래마다	놓여있는	사자좌에
부처님들	앉으시어	큰빛으로	장엄함이
캄캄하온	어둔밤에	밝은횃불	켬과같네

강설

석가모니께서 묘법연화경을 설하신 대상이 천백억 화신불과 그들이 시자로 데리고 온 보살들, 그리고 석가모니의 제자들과 다보여래이다.
이 경은 불보살들을 대상으로 설하신 말씀이다.
중생의 소견으로는 이 경을 이해할 수 없다.

본문

身出妙香　　偏十方國　　衆生蒙薰　　喜不自勝

신출묘향	변시방국	중생몽훈	희불자승
譬如大風	吹小樹枝	以是方便	令法久住
비여대풍	취소수지	이시방편	영법구주
告諸大衆	我滅度後	誰能護持	讀說斯經
고제대중	아멸도후	수능호지	독설사경
今於佛前	自說誓言	其多寶佛	雖久滅度
금어불전	자설서언	기다보불	수구멸도
以大誓願	而師子吼	多寶如來	及與我身
이대서원	이사자후	다보여래	급여아신
所集化佛	當知此意	諸佛子等	誰能護法
소집화불	당지차의	제불자등	수능호법
當發大願	令得久住	其有能護	此經法者
당발대원	영득구주	기유능호	차경법자
則爲供養	我及多寶		
즉위공양	아급다보		

몸에서난	묘한향기	시방세계	가득하여
중생들이	향기맡고	기쁜마음	못참으니
큰바람이	세계불어	작은가지	눕히듯이
이와같은	방편으로	불법오래	남게하네
대중에게	말하노니	내가열반	보인뒤에
누가이경	보호하여	읽고외고	설할건가
오늘여기	부처앞에	스스로들	맹세하라

다보여래	부처님은	열반한지	오래지만
크게세운	서원으로	사자후를	설하시니
다보여래	부처님과	석가세존	나의몸과
모아놓은	화신불만	깊은뜻을	알지어다
모든여러	불자들아	누가이법	보호하리
큰서원을	바로내어	오래오래	간직하라
누가능히	법화경을	수호하고	보호하면
나와다보	부처님께	공양함이	되느니라

강설

다보여래와 천백억 화신불을 향해서 이 법화경을 설하시기 때문에 이 말씀을 그 분들만이 알아들을 수 있다. 그 자리에 참석한 10지 보살들도 이 경의 내용을 못 알아들을 수도 있다는 말씀이시다.

본문

此多寶佛	處於寶塔		
차다보불	**처어보탑**		
常遊十方	爲是經故	亦復供養	諸來化佛
상유시방	**위시경고**	**역부공양**	**제래화불**
莊嚴光飾	諸世界者	若說此經	則爲見我

장엄광식	제세계자	약설차경	즉위견아
多寶如來	及諸化佛	諸善男子	各諦思惟
다보여래	급제화불	제선남자	각제사유
此爲難事	宜發大願	諸餘經典	數如恒沙
차위난사	의발대원	제여경전	수여항사
雖說此等	未足爲難	若接須彌	擲置他方
수설차등	미족위난	약접수미	척치타방
無數佛土	亦未爲難	若以足指	動大千界
무수불토	역미위난	약이족지	동대천계
遠擲他國	亦未爲難	若立有頂	爲衆演說
원척타국	역미위난	약불유정	위중연설
無量餘經	亦未爲難	若佛滅後	於惡世中
무량여경	역미위난	약불멸후	어악세중
能說此經	是則爲難	假使有人	手把虛空
능설차경	시즉위난	가사유인	수파허공
而以遊行	亦未爲難	於我滅後	若自書持
이이유행	역미위난	어아멸후	약자서지
若使人書	是則爲難	若以大地	置足甲上
약사인서	시즉위난	약이대지	치족갑상
昇於梵天	亦未爲難	佛滅度後	於惡世中
승어범천	역미위난	불멸도후	어악세중
暫讀此經	是則爲難	假使劫燒	擔負乾草
잠독차경	시즉위난	가사겁소	담부건초

入中不燒　亦未爲難　我滅度後　若持此經
입어불소　**역미위난**　**아멸도후**　**약지차경**
爲一人說　是則爲難　若持八萬　四千法藏
위일인설　**시즉위난**　**약지팔만**　**사천법장**
十二部經　爲人演說　令諸聽者　得六神通
십이부경　**위인연설**　**영제청자**　**득육신통**
雖能如是　亦未爲難　於我滅後　聽受此經
수능여시　**역미위난**　**어야멸후**　**청수차경**
問其義趣　是則爲難
문기의취　**시즉위난**

다보여래　부처님이　보탑속에　계시면서
시방세계　다니심은　법화경을　위함이라
모여오신　화신부처　시방모든　세계에서
광명으로　장엄하는　그런이도　공양하리
법화경을　설한이는　나와다보　부처님과
몸나투신　부처님을　친견함이　되느니라
여러착한　남자들은　자세하게　생각하라
이것가장　어려운일　큰서원을　낼지어다
이밖에도　다른경전　그수효가　항하모래
모두다를　설하여도　이경보다　쉬우니라
수미산을　들어다가　다른세계　무수한땅
불토마다　옮기어도　어려운일　그아니며

발가락을 놀리어서 대천세계 들어다가
먼국토에 던지어도 어려운일 또아니며
유정천에 올라서서 한량없는 다른경전
중생위해 설법해도 어려운일 아니지만
부처님이 열반한뒤 미래오는 악한세상
법화경을 설한다면 이것제일 어려운일
만일어떤 사람있어 맨손으로 허공잡고
자유롭게 다니어도 어려운일 아니지만
부처님이 열반한뒤 법화경을 읽고쓰고
다른이도 시킨다면 이것가장 어려운일
만일어떤 사람있어 발톱위에 땅을놓고
범천까지 올라간들 어려운일 아니지만
부처님이 열반한뒤 나쁜세상 가운데서
이경잠깐 읽는것이 이것가장 어려운일
겁의불이 활활탈때 타오르는 불길속을
마른풀을 짊어지고 그속으로 뛰어들어
몸과풀이 안타는것 어려운일 아니지만
내가열반 보인뒤에 법화경을 지니고서
한사람께 설하는일 이것가장 어려운일
팔만사천 많은법장 십이부의 경전들을
모두받아 지니고서 사람에게 설법하고
이를들은 모든중생 여섯신통 다얻도록
교화하고 인도해도 어려운일 아니지만

내가열반	보인뒤에	법화경을	받아듣고
깊은뜻을	묻는다면	이는가장	어려운일

강설

이 경전은 그 대목 대목에 숨겨진 뜻이 내포되어 있다. 그 내밀한 뜻을 표출시켜서 인지법과 과지법의 체계를 정립하는 것이 대단히 어렵다.
부처님의 보살핌이 없으면 그 일이 이루어지지 못한다.

"십이부의 경전들을"

부처님의 말씀들을 경문의 내용과 형식에 따라 열두 개로 나눈 것. 소승 구부경과 대승 구부경을 합쳐서 12부경으로 분류했다.

1. 계경
   산문체의 경전이다.
2. 풍송
   4언, 5언, 7언의 운문체로 설한 말씀이다.
3. 본사
   제자들의 과거 인연을 설하신 것이다.
4. 본생

석가모니 부처님의 전생 이야기를 설하신 것이다.
5. 미증유

　부처님의 불가사의한 신통을 설하신 것이다.
6. 인연

　부처님을 만나 설법을 듣게 된 인연을 설하신 것이다.
7. 비유

　갖가지 비유로 가르침을 알기 쉽게 설한 것이다.
8. 중송

　산문체로 말씀하시고 다시 운문체로 반복해서 말씀하신 것이다.
9. 논의

　교리를 놓고 문답하는 것이다.
10. 방등

　대승의 광대한 진리를 설한 것이다.
11. 무문자설

　묻지 않아도 부처닌 스스로가 말씀하신 것이다.
12. 수기

　제자에서 다음 생에 부처가 될 것을 예언한 것이다.

"법화경을 설한이는 나와다보 부처님과 몸나투신 부처님을 친견함이 되느니라"

나무 석가모니불.

나무 석가모니불.
나무 시아본사 석가모니불.

"내가열반 보인뒤에 법화경을 받아듣고"

부처님께서 열반에 드신다고 말씀하지 않으시고 열반을 보인다고 말씀하신다.

"깊은뜻을 묻는다면 이는가장 어려운일"

법화경의 내용을 놓고 깊은 뜻을 묻기가 대단히 어렵다. 더군다나 그 뜻을 해설해 주는 것은 더욱더 어렵다.

본문

若人說法	令千萬億	無量無數	恒沙衆生
약인설법	**영천만억**	**무량무수**	**항사중생**
得阿羅漢	具六神通	雖有是益	亦未爲難
득아라한	**구육신통**	**수유시익**	**역미위난**
於我滅後	若能奉持	如斯經典	是則爲難
어아멸후	**약능봉지**	**여사경전**	**시즉위난**

어떤사람 설법하여 천억이나 만억이나

한량없고 수가없는 항하사수 중생들을
아라한과 얻게하고 여섯신통 구족하여
이런이익 있게해도 어려운일 아니지만
내가열반 보인뒤에 법화경전 능히받아
잘받들고 지닌다면 이것가장 어려운일

강설

법화경을 이해하는 것이 아라한도를 성취하는 것보다 더 어렵다고 말씀하신다.

본문

我爲佛道　於無量土　從始至今　廣說諸經
아위불도　어무량토　종시지금　광설제경
而於其中　此經第一　若有能持　則持佛身
이어기중　차경제일　약유능지　즉지불신

내가불도 위하므로 한량없는 국토에서
처음부터 지금까지 여러경전 설했으나
많은경전 그가운데 법화경이 제일이니
만일누가 가진다면 부처몸을 지님일세

강설

모든 경전 가운데 법화경이 제일이요, 법화경을 이해한다면 부처님의 몸을 지닌 것과 같다는 말씀이시다.

본문

諸善男子	於我滅後		
제선남자	**어아멸후**		
誰能受持	讀誦此經	今於佛前	自說誓言
수능수지	**독송차경**	**금어불전**	**자설서언**
此經難持	若暫持者	我則歡喜	諸佛亦然
차경난지	**약잠지서**	**아즉환희**	**제불역연**
如是之人	諸佛所歎	是則勇猛	是則精進
여시지인	**제불소탄**	**시즉용맹**	**시즉정진**
是名持戒	行頭陀者	則爲疾得	無上佛道
시명지계	**행두타자**	**즉위질득**	**무상불도**

여기모인	선남자야	내가열반	보인뒤에
누가능히	법화경을	읽고쓰고	외울건가
부처앞에	지금나와	스스로들	선서하라
이경갖기	어렵나니	잠시라도	지닌다면
내가매우	기뻐하고	여러부처	그러하리

이와같은	사람들은	부처님들	찬탄하사
이를일러	용맹이요	이를일러	정진이며
이이름이	지계로써	두타행을	닦음이니
위가없는	부처의도	더욱빨리	이루리라

강설

'용맹심'이란 법에 대한 확신이 있어서 일체의 마장에 굴복하지 않는 마음을 말한다.
'정진심'이란 아뇩다라삼먁삼보리를 성취하기 위해 쉼 없이 노력하는 마음이다.
'지계'란 떳떳하고 청정한 행을 말한다.
'두타행'이란 일체의 생멸심에 걸리지 않는 행을 말한다.
묘법연화경을 지니는 것만으로도 이미 그 네 가지 행이 갖추어졌다는 말씀이시다.

본문

能於來世	讀持此經	是眞佛子	住淳善地
능어래세	**독지차경**	**시진불자**	**주순선지**
佛滅度後	能解其義	是諸天人	世間之眼
불멸도후	**능해기의**	**시제천인**	**세간지안**
於恐畏世	能須臾說	一切天人	皆應供養

| 어공외세 | 능수유설 | 일체천인 | 개응공양 |

미래오는	세상에서	이경전을	읽는다면
이사람이	참된불자	선한땅에	머무리라
부처님이	열반한뒤	경전뜻을	잘설하면
하늘세계	사람들과	이세간의	눈이되며
어두운	이세상에	잠깐동안	설하여도
하늘인간	사람들이	모두와서	공양하리

강설

법화경을 잘 설해서 이 세간의 어둠이 걷혀진다면 세세생생 법화경을 설하는 법사가 되겠다는 내용이다.

여기까지가 견보탑품의 내용이다.
견보탑품은 다보여래와 석가모니 부처님의 관계를 말씀하신 경전이다.
과거불과 현재불이 대면하는 절차와 과정이 대단히 흥미롭다. 석가모니 부처님이 시방세계에 펼쳐놓은 화신불들을 한자리에 모이도록 하는 장면도 흥미롭고 부처님의 수명이 무한하다는 말씀도 흥미롭다.
다보여래가 즉신(即身)으로 열반에 들어서 몸과 함께 무한수명을 누리고 있음을 보여주신 대목이 특히 관심이 가는 부분인데 이 부분에 대한 말씀을 어떻게 풀어 가실지 기대가 된다.

묘각도 이후에 이루어지는 수행절차에 대해서도 말씀하신다. 이 부분에 대해서도 다보여래의 관점으로 말씀하신다. 다보여래께서 "나는 부처가 된지 오래 되었지만 이 법화경을 설하는 장소가 있다면 어디든지 가서 이 법문을 듣고자 한다. 그래서 이 법화경의 수승한 이치를 더 깊이 깨닫고자 한다." 이렇게 말씀하신 대목에서 참 많은 부분을 생각하게 한다.

부처님의 위신력이 여래장계 전체에 미쳐서 공간과 시간을 마음대로 조절할 수 있다는 것도 대단히 흥미로운 대목이었다. 더군다나 그 공간 안에서 살아가는 생명들조차 마음대로 이동시킬 수 있다는 대목에서는 경이로움마저 생겼다. 이런 말씀들은 어떤 작가가 상상으로 할 수 있는 얘기가 아니다.
경전의 시작에서부터 이 대목까지 오면서 그 내용들을 살펴보았지만 법화경에서 제시하는 세계관은 참으로 대단한 것이다.
현대에 와서 인간들이 다중우주를 말하고 우주와 우주를 넘나드는 멀티버스를 말한다.
하지만 부처님께서는 이미 3천 년 전에 이와 같은 방대한

다중우주론에 대해 말씀하셨다.
더군다나 다중우주론을 말하는 것에서 그치지 않고 그 공간을 열고 닫는 방법과 그 공간에서 서로 다른 시간대를 만들어서 운용하는 방법에 대해서도 말씀하셨다.

이것은 3천 년 전에 어떤 인간이 상상으로 할 수 있는 얘기가 아니다. 실제로 그 공간 안에서 일어났던 현상을 기록한 것이다.
대범천왕들이 궁전 우주선을 타고 저쪽 우주에서 이쪽 우주로 순식간에 이동해 오는 것도 대단한 일이라고 생각했는데 부처님은 앉은 자리에서 공간을 열고 닫는 것을 마음대로 행하신다.
법화경이 제시하는 세계관과 생명론, 이것이 인류가 지향해가야 할 목적지이다.
이런 세계관을 가지고 우주를 보고 이만큼의 생명적 역량을 갖출 수 있다는 가능성을 두고 자기 개발을 해야 한다.
'스스로가 생명으로서 갖출 수 있는 면모의 한계를 어디까지 둘 것인가?' 이 부분을 놓고서 많은 것을 생각하게 한다.

여래장 세계에 대한 이해가 필요하다.
여래장의 세계가 얼만큼 방대하게 펼쳐져 있는지를 상상할 수 있어야 한다.

우리가 살고 있는 현재의 우주는 하나의 생멸문이다.
하나의 생멸문은 그 공간이 64면체 구조로 이루어져 있다. 64면체 구조가 서른세 개의 차원으로 나누어져 있다.
현재 인간이 바라보는 우주 공간은 64면체 중의 한 면 중에서 서른세 개로 나누어진 한 개의 차원을 보는 것이다. 인간은 한 개의 생멸문을 놓고 2,112분의 1의 공간을 보면서 우주라고 생각하는 것이다.
여래장계에는 64면체로 이루어진 생멸 우주가 무한극수 개가 있다.
그런 세계를 상상하고 그런 세계가 생겨나게 된 원인과 배경을 이해하는 것이 여래장세계를 이해하는 것이다.

《묘법연화경 제바달다품 提婆達多品 第十二》

본문

爾時佛告諸菩薩及天人四眾吾於過去無量劫中。求法華經
이시불고제보살급천인사중오어과거무량겁중. 구법화경
無有懈惓。於多劫中常作國王。發願求於無上菩提。心不
무유해권. 어다겁중상작국왕. 발원구어무상보리. 심불
退轉。
퇴전.

이때 부처님이 모든 보살과 천상, 인간 4부 대중에게 말씀하셨다.
"내가 지난 옛적 한량없는 겁 동안에 묘법연화경을 구하기에 게으르지 아니하였으며, 여러 겁 동안에 항상 국왕이 되어 위없는 보리를 발원하고 구하는 데 마음이 퇴전하지 아니하였느니라.

강설

부처님은 많은 생을 파라타이족으로 태어나셨다.
파라타이족에서 인류 최초의 부처가 나왔고 그 전통이 대대로 전승되어 왔다.

부처님이 전생에 묘법연화경을 구하신 것도 그런 배경이 있었기 때문이다. 당시 부처님은 이미 부처가 되겠다는 서원을 갖고 계셨던 것 같다.
때문에 부처를 이룰 수 있는 방법을 알기 위해 묘법연화경을 찾으셨던 것이다.

본문

為欲滿足六波羅蜜。 勤行布施。 心無悋惜象馬七珍國城妻
위욕만족육바라밀. 근행보시. 심무린석상마칠진국성처
子奴婢僕從。 頭目髓腦身肉手足不惜軀命。
자노비복종. 두목수뇌신육수족불석구명.

6바라밀다를 만족하기 위하여 부지런히 보시를 행하느라고 마음으로 코끼리, 말, 7보, 나라, 도성, 처자, 노비, 심부름꾼, 머리, 눈, 골수, 몸, 살, 손, 발을 아끼지 아니하였으며, 생명도 아끼지 아니하였느니라.

강설

'6바라밀다를 만족하기 위하여 부지런히 보시를 행하느라고'

6바라밀은 생멸 수행의 6바라밀이 있고 진여 수행의 6바라밀이 있다.
생멸 수행의 6바라밀은 의식·감정·의지의 습성을 제도하고 대적정에 들어가기 위한 수행이다.

진여 수행의 6바라밀은 세 단계로 이루어진다.
첫 번째 단계의 6바라밀은 분리시켜 놓았던 자기 생멸심을 제도하는 과정에서 행해진다.
초지에서부터 6지 현전지 사이에서 행해진다.
두 번째 단계의 6바라밀은 생멸문에서 살아가고 있는 반연 중생들을 제도하는 과정에서 행해진다.
7지 원행지에서부터 8지 부동지 사이에서 행해진다.
세 번째 단계의 6바라밀은 생멸문 전체를 제도하는 과정에서 행해진다. 9지 선혜지와 10지 법운지에서 행해진다.

이 대목의 6바라밀은 생멸 수행의 6바라밀이다.

본문

時世人民壽命無量。為於法故。捐捨國位委政太子。擊鼓
시세인민수명무량. 위어법고. 연사국위위정태자. 격고
宣令四方求法。誰能為我說大乘者。吾常終身供給走使。
선령사방구법. 수능위아설대승자. 오당종신공급주사.

時有仙人來白王言。 我有大乘。 名妙法華經。 若不違我當
시유선인래백왕언. 아유대승. 명묘법화경. 약불위아당
為宣說。
위선설.

그때 세상 사람들의 수명이 한량없었지마는, 법을 위하는 까닭으로 국왕의 자리를 태자에게 위임하고, 북을 쳐서 명령을 사방에 내려 사방으로 법을 구하되, '누구든지 나에게 대승법을 설하여 주는 이가 있으면 내가 마땅히 종신토록 받들어 모시고 시중하리라.' 하였느니라.
그때, 한 선인이 와서 왕에게 말씀하기를, '나에게 대승경이 있으니, 이름이 묘법연화경이라. 만일 나의 뜻을 어기지 않으면 마땅히 설하여 주리라.' 라고 하였다.

강설

"그때 세상 사람들의 수명이 한량없었지마는,"

8만 4천 세, 7만 세, 6만 세, 4만 세, 3만 세, 2만 세, 1만 2천 세, 8천 세, 5천 세, 2천 세, 천 2백 세, 8백 세, 6백 세, 3백 세, 2백 세, 백 세 순으로 수명이 줄어 들었다.

본문

王聞仙言歡喜踊躍。即隨仙人供給所須。採菓汲水拾薪設
왕문선언환희용약. 즉수선인공급소수. 채과급수습신설
食。乃至以身而為床座。身心無惓。于時奉事經於千歲。
식. 내지이신이위상좌. 신심무권. 우시봉사경어천세.
為於法故。精勤給侍令無所乏。爾時世尊。欲重宣此義。
위어법고. 정근급시령무소핍. 이시세존. 욕중선차의.
而說偈言。
이설게언.

왕은 선인의 말을 듣고 크게 기뻐하면서 곧 선인을 따라가서 모든 것을 시중하였는데, 과실을 따고, 물을 긷고 땔나무를 하고, 음식을 장만하며, 몸으로 평상이 되었지마는, 몸과 마음이 게으르지 아니하였느니라.
그렇게 받들어 섬기기를 1천 년이 지나도록 법을 위하여 지성으로 시중하여 조금도 부족함이 없게 하였느니라."
이때 세존께서 이 뜻을 거듭 펴시려고 게송을 읊으셨다.

강설

법의 인연은 그냥 맺어지는 것이 아니다.
그와 같은 노력과 보시가 행해져야 법연이 맺어진다.

본문

我念過去劫	爲求大法故	雖作世國王	不貪五欲樂
아념과거겁	위구대법고	수작세국왕	불탐오욕락
椎鐘告四方	誰有大法者	若爲我解說	身當爲奴僕
추종고사방	수유대법자	약위아해설	신당위노복
時有阿私仙	來白於大王	我有微妙法	世間所希有
시유아사선	내백어대왕	아유미묘법	세간소희유
若能修行者	吾當爲汝說	時王聞仙言	心生大喜悅
약능수행자	오당위여설	시왕문선언	심생대희열
卽便隨仙人	供給於所須	採薪及菓蓏	隨時恭敬與
즉변수선인	공급어소수	채신급과라	수시공경여
情存妙法故	身心無懈倦	普爲諸衆生	勤求於大法
정존묘법고	신심무해권	보위제중생	근구어대법
亦不爲己身	及以五欲樂	故爲大國王	勤求獲此法
역불위기신	급이오욕락	고위대국왕	근구획차법
遂致得成佛	今故爲汝說		
수치득성불	금고위여설		

내지난겁 생각하니 대승법을 구하려고
나라왕이 되었어도 오욕락을 탐치않고
대승법을 찾으려고 사방으로 종을울려
대승법을 가진이가 나를위해 설법하면
평생동안 종이되어 지성으로 시봉하리
바로그때 아사선인 대왕앞에 말하기를

내가가진	미묘한법	만나보기	힘드오니
만일그법	닦는다면	그대위해	설하리라
그때왕은	그말듣고	기쁜마음	크게내어
그선인을	따라가서	받들어서	시봉하니
나무하고	나물캐고	때에따라	공경해도
미묘한법	뜻을두니	몸과마음	가벼워라
중생위해	부지런히	대승법을	구함이니
나의몸과	오욕락을	위하지	않았노라
대국왕의	몸으로서	부지런히	이법구해
마침내는	성불하여	너희에게	설하노라

강설

바로그때 아사선인 대왕앞에 말하기를 내가가진 미묘한법 만나보기 힘드오니 만일그법 닦는다면 그대위해 설하리라

'아사 선인'
부처님 당시에는 아시타 선인이라 했다.
부처님의 할아버지 사자협왕 때부터 출가하여 선인이 되었다. 부처님 10대 제자 중 한 분인 가전연 존자의 외삼촌이다.
부처님이 태어났을 때 아시타 선인은 도솔천에서 선정에 들어 있었다.

선정에서 깨어나 보니 도솔천인들이 기쁨에 들떠서 떠들고 있었다. 사연을 물어보니 이곳에서 수행하던 호명 보살이 부처가 되기 위해 정반왕의 아들로 태어났다고 말해주었다. 그 말을 들은 아시타 선인이 급히 설산으로 돌아와서 카빌라성을 방문했다.

당시 아시타는 카샤파국의 국사였다.

정반왕을 만나서 예를 차리고 새로 태어난 왕자를 뵙고자 했다. 왕자를 안고서 근골을 살피던 아시타가 주르르 눈물을 흘렸다. 정반왕이 깜짝 놀라서 무슨 불길한 징조가 있느냐고 물었다.

아시타는 그래서 우는 것이 아니고 부처님이 태어나셨는데 그분의 설법을 듣지 못하고 먼저 떠나는 것이 서글퍼서 우는 것이라고 했다.

아시타는 정반왕에게 왕자가 출가해서 부처가 될 것이라고 예언해 주었다.

그런 다음에 왕자가 출가 발심을 일으키고 수행할 수 있는 환경을 만들어 놓기 위해 남은 생을 바쳤다.

먼저 사천왕으로 하여금 왕자가 무사히 성장할 수 있도록 보호 신장이 되도록 하였고 나중 성장했을 때는 출가 발심을 일으킬 수 있도록 동기부여를 해달라고 부탁을 했다. 출가한 이후에도 수행하는 방법을 가르쳐 줄 수 있는 스승들을 안배해 두었고 함께 정진할 도반들도 안배해 놓았다. 마지막으로는 자신의 여동생에게 유언을 남겼다.

본인이 죽더라도 반드시 부처님의 설법을 들어야 한다고 신신당부를 했다. 그 유언으로 인해 나중에 가전연 존자가 부처님의 제자가 된다.

석가모니의 사문유관상(四門有觀相)은 아시타선인과 사천왕의 안배로 성취된 것이다.

아시타 선인은 전생에도 석가모니 부처님에게 묘법연화경을 가르쳤고 현생에서도 부처님을 만드시기 위해 그와 같은 노력을 다하셨다.

본문

佛告諸比丘。爾時王者。則我身是。時仙人者。今提婆達
불고제비구. 이시왕자. 즉아신시. 시선인자. 금제바달
多是。由提婆達多善知識故。令我具足六波羅蜜慈悲喜捨
다시. 유제바달다선지식고. 영아구족육바라밀자비희사
三十二相八十種好紫磨金色。十力四無所畏四攝法。十八
삼십이상팔십종호자마금색. 십력사무소외사섭법. 십팔
不共神通道力。
불공신통도력.

부처님이 비구들에게 말씀하셨다.
"그때의 왕은 바로 내 몸이요, 선인은 지금의 제바달다이니라. 이 제바달다 선지식을 말미암은 까닭에 나로 하여금 6바라밀다와 자비희사와 32거룩한 몸매와 80가지 잘생긴 모양과 자줏빛 황금색과 열 가지 힘과 네 가지 두려움 없음과 네 가지 붙들어 주는 법과 18가지 함께 하지 않는 법과 신통과 도력을 구족하게 하였느니라.

강설

6바라밀은 보시 바라밀, 지계 바라밀, 인욕 바라밀, 정진 바라밀, 선정 바라밀, 지혜 바라밀을 말한다.
생멸 수행의 6바라밀이 있고 진여 수행의 6바라밀이 있다.
6바라밀 중 보시, 지계. 인욕 바라밀은 생멸심을 제도하기 위한 수행이다.
선정과 정진바라밀은 각성의 무명적 습성을 제도하기 위한 수행이다.
지혜 바라밀은 대지혜를 성취하기 위한 수행이다.
지혜 바라밀을 통해 성취하는 대지혜는 여섯 가지가 있다. 일체지, 일체종지, 자연지, 무사지, 불지, 여래지가 그것이다. 이 중 일체지는 생멸 수행을 통해 성취된다.
나머지 다섯 가지 지혜는 진여 수행을 통해 성취된다.

생멸 수행의 6바라밀은 중심과 각성, 본성과 밝은성품, 심과 식의 바탕, 본성의 간극과 무념·무심이 방편으로 활용된다.

선정의 단계에 따라서 서로 다른 방편이 쓰인다.
초선정에서 3선정까지는 중심과 유위각이 방편으로 쓰인다. 4선정부터는 본성과 일시적 무위각, 밝은성품이 더해진다.
5선정부터는 본성과 심의 바탕, 일시적 무위각과 밝은성품이 더해진다.
6선정부터는 일시적 무위각과 식의 바탕, 무념, 무심, 밝은성품이 더해진다.
7선정부터는 본각과 본성의 간극이 활용된다.
8선정부터는 본각과 간극, 무념, 무심, 밝은성품이 함께 활용된다.

진여 수행의 6바라밀은 구경각과 진여심이 활용된다.
과위의 성취에 따라서 제도의 방법과 대상이 서로 달라진다.

'바라밀'이란 건너고, 극복한다는 뜻이다.
생멸심을 건너고 각성의 무명적 습성을 극복하고 밝은성품의 자연적 성향을 제도하는 것이 바라밀이다.
생멸 수행과 진여 수행을 통해서 이 세 가지 무명의 원인을 극복하고 대지혜를 체득하는 것이 바라밀을 행하는 목적이다.

"보시 바라밀"
보시는 베푼다는 뜻이다.

생멸 수행을 놓고서 행해지는 보시 바라밀은 세 가지 유형이 있다.
첫 번째 유형은 자비희사로서 행해지는 보시이다.
두 번째 유형은 본성으로 행해지는 보시이다.
세 번째 유형은 간극에 머물러서 행해지는 보시이다.

보시를 행하려면 먼저 이기심을 극복해야 한다.
이기심이란 의식·감정·의지를 충족시키기 위해서 노력하는 마음이다.
이기심에 빠지지 않기 위해서는 의식·감정·의지가 내가 아니라는 것을 알아야 한다. 그런 다음에 지켜볼 줄 아는 마음을 갖추어야 한다.
지켜보는 마음으로 의식·감정·의지를 단속하게 되면 이기심에 빠지지 않게 된다.
그렇게 되면 보시 바라밀을 실천할 수 있는 준비를 갖춘 것이다.

자비희사로써 보시를 행한다.
물질이 필요하면 물질로 보시하고 마음의 위안이 필요하면 마음으로 보시한다.

편안하고 착하고 고요한 마음으로 보듬어 주는 것이 이때의 보시이다.
이것이 첫 번째 유형의 보시이다.

본성을 활용해서 보시를 행한다.
두 가지 경우의 본성 보시가 있다.
첫 번째 경우는 상대가 원하는 것이 없을 때 행해지는 보시이다.
두 번째 경우는 상대가 원하는 것이 있을 때 행해지는 보시이다.

상대가 원하는 것이 없을 때는 상대를 통해서 본성으로 들어간다.
그런 다음 본성에 머물러서 밝은성품을 생성해낸다.
그 밝은성품으로 상대를 감싸준다.
본성을 봄으로써 갖추어지는 모든 공덕을 상대에게 회향한다.

상대가 원하는 것이 있을 때는 그 마음을 본성으로 비춰준다. 그런 다음에 그 원하는 바를 경계로 삼는다.
경계는 한 점이 되고 본성은 바탕이 된다.
그 상태를 유지하면서 경계를 제도한다.
경계의 제도는 존재목적을 성취시켜주는 것이다.
아픈 사람은 아픔을 치료해 주고 소원이 있는 사람은 소원을 성취시켜주는 것이 경계의 제도이다.
경계를 제도할 때는 금강해탈도와 허공해탈도가 함께 활용된다.
본성으로 비춰주면서 관여되지 않는 마음을 유지하는 것이 금강해탈도를 행하는 것이다.
존재목적을 성취시켜주기 위해 사유하는 것이 허공해탈도를 행하는 것이다.
경계를 제도하기 위해서는 모든 경계를 허공해탈의 관점으로 바라봐야 한다.
허공해탈의 관점으로 경계를 바라보는 것이 창조의 시작이다. 중생의 가치는 창조적 행위를 통해 실현된다.
세간에 펼쳐진 수많은 다양성은 그만큼의 허공해탈을 이룰 수 있는 근거가 된다.
음악, 미술, 문학, 기술, 다양한 문화와 문명을 통해 허공해탈이 이루어진다.
부처님의 말씀을 놓고서도 마찬가지이다.
부처님의 말씀을 허공해탈의 관점으로 볼 수 있어야 법을 활용할 수 있는 역량이 갖추어진다.
바람이 불고 새가 울고 비가 온다. 그 모든 현상을 허공해탈의 관점으로 바라본다.
좋은 인연도 허공해탈하고 나쁜 인연도 허공해탈한다.
옳고 그름도 허공해탈하고 더럽고 깨끗한 것도 허공해탈한다. 고난과 역경도 허공해탈하고 슬픔과 기쁨도 허공해탈한다.

본성을 활용하는 것을 체용(體用)이라 하고 경계를 활용하는 것을 상용(相用)이라 한다.
금강해탈뿐만이 아니고 허공해탈적 관점으로도 체용과 상용이 함께 이루어지도록 해야 한다.
그래야만 대적정문과 대자비문이 구족해진다.
이것이 본성으로 행해지는 두 번째 유형의 보시이다.

간극의 적멸상에 머물러서 보시를 행한다.
이때의 보시는 자리이타(自利利他)이다.
자리(自利)란 스스로를 다스리는 것이다.
이타(利他)란 남을 이롭게 하는 것이다.
먼저 자기를 다스린 이후에 남을 이롭게 한다.
간극의 적멸상을 활용해서 자기 안, 이, 비, 설, 신, 의를 제도한다. 이것이 바로 이때에 행해지는 자리행(自利行)이다.

간극을 활용해서 눈을 제도한다.
반개를 하고 위 눈썹과 아래 눈썹을 선으로 인식한다.
그런 다음 그 두 개의 선 사이를 채우고 있는 공간을 들여다본다.
두 개의 선 사이에서 인식되는 빈 공간을 간극으로 삼는다. 그 간극을 통해서 "본다"라는 생명의 느낌을 들여다본다. 맑고 투명한 식의 바탕이 인식되면 보는 작용이 제도된 것이다.
보는 것이 제도되면 이때부터는 이타행(利他行)을 행한다.
보이는 모든 경계를 맑고 투명하게 보는 것이 이때에 행해지는 보시바라밀이다.

간극을 활용해서 귀를 제도한다.
양쪽 어금니를 지긋하게 물었다가 힘을 빼면서 귓속의 변화를 느껴본다.
이 동작을 반복해서 하면서 소리 경로가 열고 닫히는 것을 인식한다.
소리 경로를 따라 귓속으로 들어간다.
양쪽 귓속에서 텅 빈 공간을 인식한다.
그 두 개의 공간이 양쪽에서 서로 마주 보게 한다.
텅 빈 공간을 눈으로 보는 것처럼 감각적으로 들여다본다.
때로는 여러 가지 소리가 들리기도 하고 때로는 모든 소리가 끊어진 적멸처를 인식하게 된다.
벌레 우는 소리, 바람 소리, 속삭이는 소리 등등 여러가지 소리들이 들린다.
그러다가 어느 순간부터 그 소리들이 뚝 끊어진다.
소리가 끊어지면서 적멸처가 나타나면 그 적멸처의 상태를 눈으로 들여다본다.
그런 다음 그때의 공간감과 형질감을 감각으로 인식한다.

귓속의 텅 빈 느낌은 주기적으로 나타났다가 사라진다. 약 2분 30초 간격으로 적멸처가 나타났다가 사라지고 다시 소리가 일어난다. 이는 자율신경이 변화되면서 나타나는 현상이다. 턱관절에 힘이 들어가면 소리가 들리고 힘이 빠지면 적멸처가 드러난다.
숙달되면 턱관절의 힘을 조절하면서 원하는 상태를 만들어 낼 수 있다.
이것이 소리 경로에서 형성되는 첫 번째 간극이다.

양쪽 귓속에 형성된 적멸처를 관하다 보면 두 개의 적멸처가 하나로 합쳐진다. 처음에는 두 개의 적멸처가 좁은 관으로 연결된다. 그러다가 시간이 지나면 전체 공간이 하나로 합쳐진다. 양쪽의 적멸처가 하나로 합쳐지면 중간지점에서 더 큰 적멸처가 형성된다.
그렇게 되면 중간에 형성된 적멸처를 시각과 감각을 활용해서 들여다본다.
이것이 소리 경로에서 세워지는 두 번째 간극이다.

중간 적멸처와 양쪽 적멸처를 함께 인식한다.
그런 다음에 서로 다른 차이를 느껴본다.
중간의 적멸처는 무겁게 느껴지고 양쪽의 적멸처는 가볍게 느껴진다. 그 차이를 지각하면서 중간 적멸처에 머물러서 양쪽 적멸처의 상태를 비추어보고, 양쪽 적멸처에 머물러서 중간 적멸처의 상태를 비추어본다.
소리 경로에서 세워지는 두 개의 간극을 인식하게 되면 듣는 의식이 제도된 것이다.
그 상태에 머물러 밖에서부터 들어오는 소리를 듣는다. 그것이 들음으로써 행하는 보시바라밀이다.

간극을 활용해서 호흡 경로를 제도한다.
코의 간극은 미심과 중황, 중황과 옥침 사이에서 세워진다. 미심과 중황사이에서 인식되는 공간 감각과 중황과 옥침사이에서 인식되는 공간 감각으로 호흡 경로의 간극이 세워진다.

나선 호흡으로 미심에서 옥침까지 숨을 들이쉬면서 미심과 중황, 중황과 옥침 사이의 공간을 들여다 본다.
미심과 중황 사이에서는 텅 빈 공간의 상태를 시각적으로 인식하고 중황과 옥침 사이에서는 가볍게 억제된 느낌을 감각적으로 인식한다.
반복적으로 호흡을 하면서 두 영역이 내포하고 있는 서로 다른 공간 감각을 비교해 본다.
서로 다른 감각이 뚜렷하게 구분되면 두 감각이 서로를 비춰보게 한다.

호흡을 들이쉬면서 미심과 중황 사이에서 느껴지는 들숨의 자극감을 인식한다. 들숨의 자극감이 중황 자리에서 끊어지는 것을 인식한다.
그러면서 중황자리에서 드러나는 맑은 공간을 인식한다.

천천히 호흡을 들이쉬면서 미심과 중황 사이의 텅 빈 공간을 인식하고 중황의 맑은 상태를 인식한다. 중황과 옥침 사이에서 억제된 느낌을 인식한다.
세 영역이 내포하고 있는 서로 다른 공간 감각을 명확하게 구분해서 들여다본다.
중황을 중심으로 삼아서 미심 쪽과 옥침 쪽을 함께 바라본다. 맑은 공간이 텅 빈 공간과 밋밋한 공간을 양쪽으로 마주 보고 있으면 코의 간극이 세워진 것이다.
코의 간극이 세워지면 호흡 경로가 제도된 것이다.

코의 간극을 주시하면서 호흡을 반복한다.
그러면서 인식되는 안팎의 경계를 비춰본다.
이것이 호흡 경로를 통해 보시 바라밀을 행하는 것이다.

간극을 활용해서 언어 경로를 제도한다.
언어 경로의 간극은 호흡과 발성을 통해 세워진다.
나선 호흡으로 백회에서 중황까지 호흡을 들이쉰다.
백회와 중황 사이의 공간에서 뻑뻑하게 억제된 느낌을 인식한다. 마치 기둥이 세워진 느낌이다.

이 기둥을 무념주라 한다.

'ㅈ' 발성으로 시상 3뇌실을 길게 울려준다.
혀의 중간부위를 활용해서 입천장을 지~~~~! 하면서 길게 울려준다.
발성이 끝난 다음에 3뇌실에서 형성되는 텅 빈 공간과 생각이 쉬어진 자리를 함께 인식한다.

호흡을 들이쉬면서 무념주를 인식하고 발성이 끝난 다음에는 텅 빈 공간과 무념을 함께 인식한다.

무념주와 텅 빈 공간, 무념처가 함께 인식되면 언어 경로의 간극이 세워진 것이다.
이렇게 되면 언어 경로가 제도된 것이다.
무념주와 텅 빈 공간, 무념처를 활용해서 안팎으로 접해지는 경계들을 비추어본다.
이것이 언어 경로를 활용해서 보시 바라밀을 행하는 것이다.

간극을 활용해서 몸의 감각을 제도한다.
몸은 안 몸과 바깥 몸으로 이루어져 있다.
안 몸은 뇌와 척수에서 공간 감각으로 인식한다.
바깥 몸은 피부에서 촉감을 통해 인식한다.
안 몸과 바깥 몸 사이에서 몸의 간극을 인식한다.

살갗 수행으로 바깥 몸을 인식한다.
살갗 호흡과 살갗 관법으로 말초신경을 순화하면서 바깥 몸의 텅 빈 감각을 인식한다.

나선 호흡으로 뇌와 척수를 연결하는 안 몸을 인식한다.
나선 호흡으로 백회에서 황정까지 숨을 들이쉰다.
그런 다음 뇌와 척수를 관통하는 무념주의 기둥을 인식한다.

무념주의 기둥과 살갗의 텅 빈 감각이 서로를 마주보게 한다. 무념주와 텅 빈 감각 사이에서 합쳐지지도 않고 동떨어지지도 않는 간극을 인식한다.
간극을 중심으로 삼아서 안 몸의 무념주와 바깥 몸의 텅 빈 감각을 함께 주시한다.
안 몸과 바깥 몸 사이에서 간극이 세워지면 몸의 감각이 제도된 것이다.

안 몸과 바깥 몸, 간극을 활용해서 안팎으로 접해지는 경계들을 비춰본다.
이것이 몸의 감각을 활용해서 보시바라밀을 행하는 것이다.

간극을 활용해서 생각을 제도한다.
호흡과 발성, 뇌척수로 운동법을 활용해서 척수막관을 행한다.

가슴바탕에서 편안한 마음을 인식한 다음, 3지 첫째 마디를 억제하고 나선 호흡으로 백회에서 시상까지 들이쉰다. 중간기둥 'ㅇ' 발성으로 중황과 황정을 전체적으로 울려주고 중황자리에서 텅 빈 감각을 인식한다.

나선 호흡으로 세워진 무념주의 기둥과 발성으로 형성된 텅 빈 감각을 함께 주시한다.

그런 다음에 가슴바탕에서 세워진 편안한 마음을 함께 지켜본다.

백회에서 중황 사이에 세워진 무념주의 기둥이 사마타가 되고 중황의 텅 빈 감각이 간극이 된다.

가슴바탕에 세워진 편안한 마음이 선나가 된다.

손가락의 굴곡 각도와 호흡, 발성으로 각각의 뇌신경핵과 척수분절에서 막을 세워준다. 그런 다음 각각의 막에서 사마타와 선나, 간극을 인식한다.

머리에서 천수 말단까지 43개의 서로 다른 막이 세워진다. 머리에서 12개의 막이 세워지고 경수에서 8개의 막이 세워진다. 척수에서 12개의 막이 세워지고 요수에서 5개의 막이 세워진다. 천수에서 6개의 막이 세워진다.

각각의 막에 머물러서 사마타와 선나, 간극을 인식한다.

이렇게 되면 생각이 제도된다.

선나와 사마타의 간극을 활용해서 안팎의 경계를 비춰본다. 이것이 생각으로 행하는 보시 바라밀이다.

눈, 귀, 코, 입, 몸, 생각을 이와 같이 관찰하고 그렇게 활용한다. 이것이 간극에 머물러서 안, 이, 비, 설, 신, 의로 보시하는 것이다.

진여 수행의 보시 바라밀은 진여식을 주체로 해서 행해진다.

진여식은 9식이다.
9식의 체계는 세 가지로 이루어져 있다.
첫째는 해탈지견이다.
둘째는 암마라식이다.
셋째는 원통식이다.

해탈지견은 의식·감정·의지가 떨어져 나간 뒤에 갖추게 되는 진여식이다. 본성, 각성, 밝은성품으로 이루어진 9식의 체계이다.
각성의 상태와 수행절차에 따라 두 단계의 해탈지견이 갖추어진다.
첫 번째 단계는 본각과 아라한도의 과정에서 갖추어지는 해탈지견이다.
두 번째 단계는 구경각과 보살도 과정에서 갖추어지는 해탈지견이다.

아라한도의 과정에서 갖추어지는 해탈지견은 본각이 주체

가 돼서 밝은성품을 비춰보는 상태이다.
이 상태에서도 지각, 의도, 분별을 행한다.
하지만 비교와 취사(取捨)가 없다.

아라한이 진여출가를 하려고 하면 본각을 구경각으로 전환시켜야 한다. 그러려면 본성과 각성을 서로 분리시켜야 한다. 본성과 각성을 분리시킨 다음 밝은성품의 기쁨에 각성을 집중하게 되면 열반에 들어가게 된다.
이 상태가 보살도 초지 환희지의 상태이다.
보살도 과정에서는 2지 이구지까지 해탈지견이 쓰인다.

암마라식은 분리시켰던 생멸심을 제도하면서 갖추어진다. 제도된 생멸심이 불공여래장으로 전환되면서 갖추어지는 진여식이다.
3지 발광지, 4지 염혜지, 5지 난승지, 6지 현전지에서는 자기 생멸심을 제도하면서 암마라식이 갖추어지고 7지 원행지와 8지 부동지에서는 반연 중생들의 생멸심을 제도하면서 암마라식이 갖추어진다.

원통식은 6근원통을 통해서 갖추어진 진여식이다.
9지 선해지에서 갖추어진다.
원통식은 자기 진여식에 내재되어 있던 무명적 습성을 제도하고 생멸식의 바탕을 제도해서 6근 청정을 이룬 것이다. 10지 법운지에 들어가서 대자비문을 완성하게 되면 등각도에 들어가게 된다.

진여 수행에서 행해지는 보시 바라밀은 9식을 이루고 있는 세 가지 식의 상태와 대상에 따라 서로 다른 관점으로 이루어진다.

진여식은 완성된 식이 아니다.
진여식은 각성의 무명적 습성을 내재하고 있고 밝은성품의 자연적 성향과 생멸심의 장애에서 벗어나지 못한 상태이다. 그런 진여심을 제도하고 등각도로 나아가기 위해 진여 수행의 6바라밀을 행한다.

보살이 보시 바라밀을 행하는 대상은 크게 세 가지이다.
첫 번째 대상은 해탈도의 과정에서 분리시켜 놓았던 자기 생멸심이다.
두 번째 대상은 자기 생멸심에게 생멸 정보를 주었던 모든 존재들이다.
원초신에서 분리된 이후에 육입(六入)과 촉(觸), 수(受), 애(愛), 취(取), 유(有), 생(生), 사(死)를 거치면서 인연되었던 모든 생명들을 제도의 대상으로 삼는다.
세 번째 대상은 생멸문을 이루고 있는 원초신이다.

초지에서부터 현전지까지는 자기 심식의를 이루었던 대상에게 보시를 행한다. 해탈지견과 암마라식이 쓰인다. 원행지와 부동지, 선혜지까지는 자기에게 생멸 정보를 주었던 반연 중생들에게 보시를 행한다. 원행지와 부동지에서는 암마라식이 쓰이고 선혜지에는 원통식이 활용된다.
법운지에서는 생멸문 전체를 대상으로 보시를 행한다. 원통식이 활용된다.

선혜지는 9지 보살이다.
9지 보살은 생멸문 전체를 덮지 못한다.
그래서 반연(攀緣)이 없는 중생들은 제도하지 못한다.
반연은 육입(六入), 촉(觸), 수(受), 애(愛), 취(取), 유(有), 생(生), 사(死)의 과정에서 맺어지는 인연을 말한다.
육입 이전에 진행되는 명색(名色), 식(識), 행(行), 무명(無明)의 과정은 반연이 아니다.
반연이 없는 중생을 제도하려면 역무명색진(亦無名色盡), 역무식진(亦無識盡), 역무행진(亦無行盡), 역무무명진(亦無無明盡)을 행해야 한다.
이 과정이 법운지에서 이루어진다.
역무노사진(亦無老死盡) 내지 역무육입진(亦無六入盡)까지는 아라한도와 선혜지까지의 과정에서 이루어진다.

환희지에서 이루어지는 보시 바라밀은 열반상에서 벗어나

서 생멸심으로부터 전이되는 그리움을 인식하는 것이다. 이것이 자성중생서원도(自性衆生誓願度)의 시작이다. 자성보시라 한다. 해탈지견이 쓰여진다.

이구지에서 행해지는 보시 바라밀은 생멸심과 진여심을 동등하게 바라보는 것이다. 일치된 생멸심을 진여심과 동등하게 바라보고 제도의 대상으로 삼는 것이 이때에 행해지는 보시바라밀이다. 해탈지견이 쓰여진다.

초지 보살과 2지 보살은 아기보살이다.
해탈지견은 9식이지만 아직까지 식근(識根)이 갖추어지지 않은 상태이다. 9식의 식근은 암마라식을 통해 갖추어진다. 암마라식은 자기 생멸심을 제도하면서 갖추어진다.
때문에 초지와 2지에서 자성중생서원도를 일으키지 않으면 암마라식이 갖추어지지 않는다. 열반락을 누릴지언정 안, 이, 비, 설, 신, 의가 없는 일면불로 살아가야 하는 것이다.
떨어트려 놓은 생멸심을 제도한 만큼 암마라식이 갖추어지고 암마라식이 갖추어진 만큼 육근이 생긴다.
5지 난승지를 넘어서서 6지 현전지에 들어가야 비로소 암마라식이 원만해진디.
환희지, 이구지, 발광지, 염해지, 난승지까지는 암마라식이 완전하게 갖추어지지 않는다.

3지 발광지에서 행해지는 보시 바라밀은 진여신의 밝은성품으로 생멸신을 감싸는 것이다.
생멸신이 영혼으로 있으면 영혼을 감싸고 육체를 갖고 있으면 육체를 감싼다.
이 상태가 되면 생멸신의 상태가 그대로 진여심에 전달된다. 심과 식, 몸의 상태가 포괄적으로 일치된다.
본성으로 비춰주고 각성으로 제도한다.
해탈지견이 쓰여진다.

4지 염혜지에서는 진여심의 무념처와 생멸심의 식업을 일치시킨다. 그 상태에서 생멸심의 식업을 제도하면서 보시 바라밀을 행한다.
염혜지에 들어가면 생멸심의 식업이 무념처에 덧씌워진다. 그렇게 되면 진여보살이 생멸식을 갖게 된다.
그때의 생멸식을 무념처와 간극으로 제도해서 원만보신과 법신청정을 이룬다.
이것이 염해지에서 이루어지는 보시 바라밀이다.

5지 난승지에서는 생멸심의 심업을 무심처에 복사하고 생멸심의 식업을 무념처에 복사한다.
이렇게 되면 보살의 진여식 안에 생멸식이 갖추어진다.
이 상태에서는 심과 식의 정보가 무작위로 교류한다.
그러면서 번뇌를 만들어낸다. 이때의 번뇌는 쉽게 다스려지지 않는다. 그래서 난승지라 부른다.
보살이 이때의 번뇌를 다스리지 못하면 다시 반야해탈도의 과정으로 퇴전할 수도 있다.
난승지에서의 보시 바라밀은 일치된 심과 식의 번뇌를 다스리는 것이다.

간극에 각성을 집중하고 무념처와 무심처를 덮고 있는 생멸심을 비춰본다. 그러면서 법신청정행과 원만보신행, 천백억화신행을 함께 행한다.
처음에는 어렵지만 꾸준히 행하다 보면 점차로 힘이 붙게 된다. 제도된 생멸심이 암마라식으로 전환되면서 식근이 생겨난다. 그렇게 되면 번뇌를 다스릴 수 있는 힘을 얻게 된다. 난승지의 한 과정 한 과정이 모두 다 보시행이다.
일치되었던 생멸심이 모두 제도되면 다시 간극과 무념, 무심이 뚜렷하게 현전한다. 그러면서 암마라식이 돈독하게 갖춰진다. 이 상태를 일러 현전지라 한다.

보살이 현전지에 들어가면 분리시켰던 자기 생멸심도 중간 반야해탈에 들어간다.
그렇게 되면 보살의 보살핌이 없어도 생멸심 스스로가 대적정과 대자비를 행한다. 하지만 아직까지 멸진정을 성취한 것이 아니다. 때문에 보살의 관심과 보살핌이 필요하다.
현전지에서 행해지는 보시 바라밀은 암마라식을 돈독하게

갖추는 것이다. 암마라식으로 이루어진 육근을 정비해서 보살의 눈, 귀, 코, 입, 몸, 생각이 원만하게 갖추어지도록 노력하는 것이 이때에 행해지는 보시 바라밀이다.

진여보살이 멸진정의 과정에서 분리시킨 생멸심은 두 가지 성향의 존재 양태를 갖고 있다.
영혼으로 존재하는 것과 육체로 존재하는 것이 그것이다. 육체를 갖고 있을 때 진여심이 분리되면 진여심은 진여보살이 되고 생멸심은 육체를 갖고 살아가게 된다.
열반에 들면서 진여심과 생멸심이 분리되면 진여심은 보살이 되고 생멸심은 영혼으로 남아 있게 된다.
이런 경우에는 초지에서부터 6지까지 앞서 제시했던 방법으로 보시 바라밀을 행한다.

비상비비상처정을 통해 생사의 몸을 여의고 유(有)의 몸을 갖추게 되면 생멸신과 진여신을 분리시키지 않고 보살도에 들어간다. 이런 경우에는 보시바라밀을 행하는 방법과 대상이 달라진다.
초지에서 10지 과정 전체에 걸쳐 십주(十住)의 공법이 함께 쓰여지고, 보시의 대상도 생멸심이 아니고 양신이 된다. 이런 경우는 수능엄삼매의 과정으로 6바라밀이 진행이 된다.

7지 원행지부터는 보시바라밀의 대상과 방법이 달라진다. 원행지에서는 생멸문에서 살아가고 있는 반연 중생들을 제도하는 것이 보시 바라밀이다.
반연중생이란 자기 생멸심에게 생멸정보를 주었던 생명들이다. 자기 생멸심과 반연중생은 업식을 공유하면서 서로 연결되어 있다. 때문에 자기 생멸심이 해탈도를 완성하기 위해서는 반연중생을 제도해야 한다.
그 역할을 진여보살이 담당하면서 원행지가 시작된다.
반연 중생을 제도하는 숫자가 늘어날수록 보살의 암마라식이 원만해진다. 그러면서 불공여래장이 장엄해진다.
보살이 생멸문을 멀리 여행을 하는 것이 원행지이다.
원행지에서는 12연기의 과정을 통해 인연지어진 반연중생들을 제도한다.
먼저 생사의 과정을 통해 맺어진 인연들을 제도한다.
그다음에 유(有)의 과정을 통해 맺어진 인연들을 제도한다.
취(取) 인연, 애(愛) 인연, 수(受) 인연, 촉(觸) 인연, 육입(六入) 인연들을 차례대로 제도한다.
암마라식이 활용되고 삼신구족행으로 제도한다.

8지 부동지의 보시 바라밀은 본제의 부동함으로 불퇴전을 성취하고 암마라식을 완성시키는 것이다.

난승지에 들어가서도 걸림 없고, 일치된 중생의 심과 식이 장애가 되지 않으며, 삼신구족행이 즉각적으로 이루어지고, 본제를 이루는 세 가지 요소가 흐트러지지 않는 상태를 부동지라 한다.
각성의 퇴전이 일어나지 않는다고 해서 불퇴전이라 하고 어떤 중생을 만나더라도 본제의 세 가지 요소가 훼손되지 않는다고 해서 부동지라 한다.

암마라식이 완성되면 진여문의 다른 보살들과 교류할 수 있게 된다. 특히 10지를 성취한 상위 보살들과 교류하게 된다. 이때 10지 보살로부터 가르침을 받게 된다.
지장보살을 만나면 지장보살에게 배우고 문수보살을 만나면 문수보살에게 배운다.
보현보살을 만나면 육근원통법을 배우게 된다.
그러면서 원통식을 갖추게 된다.
암마라식으로 이루어진 육근을 원통수행으로 제도하게 되면 모든 식의 바탕 안에 적멸상이 갖추어진다.
이것을 원통식이라한다.
육근원통의 수행은 부동지에서 시작해서 선혜지에서 완성된다.

9지 선혜지에서 행해지는 보시 바라밀은 역무육입진(亦無六入盡)하는 것이다. 육입의 과정을 통해 인연되어진 모든 중생들을 제도하는 것이 역무육입진이다.

원통식이 활용된다.

원통식이 갖추어지면 6신통이 생겨난다.

천이통, 천안통, 숙명통, 타심통, 신족통, 누진통이 6신통이다.

6신통을 갖춘 진여보살은 생멸문 전체를 관찰할 수 있다. 그러면서 어디든지 마음대로 오고 갈 수도 있다.

9지 보살은 천이통을 활용해서 모든 중생들의 소리를 들을 수 있고 숙명통과 타심통을 활용해서 중생들의 업보와 마음 상태를 알 수 있다.

역무육입진을 통해 모든 반연 중생들을 제도할 수 있는 것이 6신통의 권능 때문이다.

10지 법운지에서 행해지는 보시 바라밀은 생멸문의 본원인 원초신을 제도하는 것이다.

진여보살이 생성해내는 밝은성품으로 생멸문 전체를 덮으면 법운지에 들었다고 말한다.

그 상태에서 역무명색진(亦無名色盡), 역무식진(亦無識盡), 역무행진(亦無行盡), 역무무명진(亦無無明盡)을 행하면서 생멸문 전체를 제도한다.

역무명색진(亦無名色盡)을 통해시는 생멸 정보 간에 이루어지는 인연적 성향을 제도한다.

역무식진(亦無識盡)을 통해서는 원초신의 식의 바탕을 제도한다. 그러면서 불공여래장을 완성시킨다.
역무행진(亦無行盡)을 통해서는 밝은성품의 자연적 성향을 제도한다. 이로써 자연지(自然智)를 성취한다.
역무무명진(亦無無明盡)을 통해서는 각성의 무명적 습성을 제도한다. 이로써 공여래장을 완성시킨다.
이것이 보살도 과정에서 이루어지는 보시 바라밀이다.

"지계 바라밀"

지계란 받아지니고 지키는 것이다.
생멸 수행의 지계 바라밀이 있고 진여 수행의 지계 바라밀이 있다.
생멸 수행의 지계 바라밀은 세 가지로 관점으로 행해진다.
첫 번째 관점은 무아적 관점이다.
의식·감정·의지가 내가 아니라는 것을 믿고 그것을 실천하는 것이다.
두 번째 관점은 밝은성품적 관점이다.
청정함. 착함. 떳떳함을 지키는 것이다.
세 번째 관점은 율법적 관점이다.
5계, 10계, 108계, 250계를 지키는 것이다.

무아적 관점으로 지계 바라밀을 실천하는 세 가지 방법이 있다.

첫 번째 방법은 정(定)의 주체를 세우고 그것에 입각해서 의식·감정·의지를 쓰는 것이다.
무념, 무심, 각성, 본성이 정의 주체이다.

두 번째 방법은 본성·각성·밝은성품에 입각해서 의식·감정·의지를 쓰는 것이다.
중간반야해탈의 단계에서 행해지는 '무아'의 실천이다.
사다함의 경지이다.

세 번째 방법은 본성의 간극에 몰입해서 의식·감정·의지를 인식의 대상으로 삼지 않는 것이다.
종반야해탈의 단계에서 행해지는 무아의 실천이다.
아라한의 경지이다.

머릿골 속의 텅 빈 자리에 입각해서 의식·감정·의지를 쓴다, 무념에 입각해서 '무아'를 실천하는 것이다.

가슴바탕에 세워진 편안한 자리에 입각해서 의식·감정·의지를 쓴다. 무심에 입각해서 '무아'를 실천하는 것이다.

지켜보는 마음으로 의식·감정·의지를 쓴다. 각성에 입각해서 '무아'를 실천하는 것이다.

각성으로 무념과 무심을 비춰보면서 의식·감정·의지를 쓴다. 본성에 입각해서 '무아'를 실천하는 것이다.

이것이 바로 무아로써 지계 바라밀을 행하는 세 가지 요지이다. 무아로써 지계 바라밀이 행해지면 밝은성품으로 이루어지는 지계 바라밀과 율법으로써 행해지는 지계 바라밀은 저절로 성취된다.

진여 수행에 있어서 지계 바라밀을 행하는 두 가지 목적이 있다.
첫 번째 목적은 스스로가 분리시킨 생멸심을 저버리지 않고 제도하는 것이다.
두 번째 목적은 진여심을 훼손시키지 않고 완성시키는 것이다.
10지의 절차에 따라 서로 다른 지계 바라밀이 행해진다.
진여 수행에 있어서 첫 번째 지켜야 할 지계 바라밀은 열반상을 극복하는 것이다. 환희지에서 행해진다.
이구지에서는 스스로가 분리시킨 생멸심을 진여심과 평등하게 바라보는 것이다.
발광지에서는 자성중생서원도의 마음을 저버리지 않는 것이다.
4지 염해지에서는 무념처를 통해서 생멸심의 의식을 일치시켰을 때 그 의식에 관여되지 않고 흔들리지 않는 것이다.

5지 난승지에서는 생멸심이 일으키는 번뇌에 대해 거부하지도 않고 집착하지도 않는 것이다.
6지 현전지에서는 생멸심이 중간반야해탈에 들어갈 수 있도록 보살피는 것이다.
7지 원행지에서는 반연 중생들을 제도해서 현전지의 상태로 만들어가는 것이다.
8지 부동지에서는 진여심을 훼손시키지 않는 불퇴전을 성취하는 것이다.
9지 선혜지에서는 암마라식을 제도해서 육근원통을 성취하는 것이다.
10지 법운지에서는 생멸문 전체를 제도의 대상으로 삼는 것이다.
이와 같이 10지의 절차를 통해서 보시 바라밀과 지계 바라밀이 함께 성취된다.

"인욕 바라밀"

범부의 인욕은 참는 것이다.
의지를 통해서 의식과 감정을 절제하는 것은 범부의 인욕이다.
수행자는 의지를 내세워서 인욕을 행하지 않는다.
의식·감정·의지를 자기라고 생각하지 않기 때문이다.
수행자는 본성과 각성, 밝은성품에 머물러서 인욕을 행한다. 아라한과에 들어서 의식·감정·의지를 인식의 대상으로 삼지 않았을 때가 인욕바라밀이 완성된 것이다.
생멸심을 여의고 진여심을 돈독하게 지켜가는 것이 인욕바라밀이다.
생멸 수행의 인욕은 사다함과에서부터 시작되고 아라한과에서 완성된다.
본성의 간극에 머물러서 의식·감정·의지를 분리시키면 인욕 바라밀이 시작된 것이다.
멸진정에 들어가서 의식·감정·의지를 인식의 대상으로 삼지 않으면 인욕 바라밀이 완성된 것이다.

진여 수행의 인욕은 보살도 전체 과정에서 행해진다.
보시 바라밀과 지계 바라밀을 투철하게 행하면서 일체의 생멸심에 물들지 않는 것이 보살도에서 행해지는 인욕바라밀이다.

"정진 바라밀"

정진은 쉼 없이 나아간다는 뜻이다.
정진 바라밀이 성취되려면 먼저 두 가지 갖춤이 이루어져야 한다.
첫째는 인지법행이 갖추어져야 한다.
나아감의 방향을 알아야 하기 때문이다.

둘째는 편안하고 고요한 마음을 통해서 기쁨을 느낄 수 있어야 한다. 쉼 없이 나아가기 위해서이다.

초선정에서부터 9선정까지, 전체 과정에 대해서 인지법행이 갖추어져야 한다. 그래야만이 생멸 수행의 정진바라밀이 행해질 수 있다.
고요함과 편안함에 대한 기쁨을 얻어야 한다.
대적정처와 대적멸처를 놓고서 그것을 기쁘게 바라볼 수 있으면 애쓰지 않아도 정진 바라밀을 성취하게 된다.

진여 수행을 놓고서 정진 바라밀이 성취되려면 보살도와 등각도에 대한 인지법행이 갖추어져야 한다.
그러면서 상락아정(常樂我淨)을 누릴 수 있어야 한다.
대부분의 초지 보살은 열반상에 머물러서 정진심이 미해진다. 5지 난승지에서도 정진심을 놓아 버릴 수 있는 한계에 부딪친다.
선혜지를 얻었을 때도 원통식에 만족해서 9지 보살로 머물러버리는 경우가 있다.
진여 수행에 있어서 정진 바라밀이 성취되려면 등각도로 나아가야 한다.

"선정 바라밀"

선정(禪定)은 정(定)의 주체를 세워서 점차로 진보시켜가는 것이다. 정(定)의 주체는 두 가지 조건을 통해서 세워진다.
첫 번째 조건은 몸을 도구로 해서 세워지는 자리이다.
두 번째 조건은 마음 상태이다.
정의 주체가 세워지는 자리를 기점이라 한다.
밀교에서는 단(壇)이라 한다.
정의 주체로 세워지는 몸의 기점은 열두 개가 있다.
정의 주체로 세워지는 마음 상태는 열세 가지가 있다.

생멸 수행의 선정 바라밀은 초선정(初禪定)에서부터 시작해서 대적정(大寂定)을 성취하는 것을 목표로 삼는다.
생멸 수행의 선정 바라밀은 아홉 단계로 이루어져 있다.
초선정에서부터 6선정까지는 대적정 이전에 행해지는 선정 바라밀이다.
대적정 이후에 행해지는 선정 바라밀은 크게 세 단계로 나누어진다. 사다함과 아나함과 아라한과가 그것이다.
처음 대적정에 들어간 상태를 수다원이라 한다.

진여 수행의 선정 바라밀은 13단계의 절차가 있다.
보살도 10단계, 등각도 2단계, 묘각도 1단계가 바로 그것이다. 진여심을 제도해서 공여래장을 성취하고 불공여래장과 일심법계를 이루는 것을 목표로 삼는다.

지계, 보시, 인욕 바라밀은 생멸심을 제도하기 위해 행하는 바라밀이고 선정 바라밀과 정진 바라밀은 각성의 무명적 습성을 제도하기 위해 행하는 바라밀이다.

선정 바라밀을 닦으려면 과지법행이 갖추어져야 한다.
생멸 수행의 과지법행을 갖추고 진여 수행의 과지법행이 갖추어져야 선정 바라밀을 성취할 수 있다.

선정 바라밀이 행해지려면 먼저 정(定)의 주체를 세워야 한다. 선정의 단계에 따라서 서로 다른 정의 주체가 쓰여진다.
생멸 수행에서 활용되는 정의 주체는 아홉 가지 마음 상태와 열두 개의 기점이 쓰여진다.
표면적 유위각, 미세적 무위각, 일시적 무위각, 본연적 무위각, 무념, 무심, 본성, 밝은성품, 적멸처가 아홉 가지 마음 상태이다.
중심, 중극, 영대, 미심, 중황, 옥침, 백회, 하단전, 황정, 명문, 회음, 황중이 몸 안에 세워지는 열두 개의 기점이다.
진여 수행에서 활용되는 정(定)의 주체는 여덟 가지 마음 상태와 열두 개의 기점이 쓰여진다.
구경각과 무념, 무심, 적멸처, 밝은성품, 해탈지견, 암마라식, 원통식이 여덟 가지 마음 상태이다.

생멸 수행의 선정 바라밀은 선정의 단계에 따라서 서로 다른 정(定)의 주체가 활용된다.
무심은 중심(가슴바탕)자리에서 세워지는 편안함이다.
무념은 중황(머릿골 속)자리에서 갖추어지는 텅 비워진 자리와 아무렇지 않은 마음이다.
원각경에서는 무심처를 적멸처(寂滅處)라 하고 무념처를 적정처(寂靜處)라 한다.
적멸처를 갖추기 위해서 선나를 행한다.
적정처를 갖추기 위해서 사마타를 행한다.
선나와 사마타로 정(定)의 주체를 세운다.
선나가 중관(中觀)이고 사마타가 공관(空觀)이다.

초선정에서는 중심에서 세워지는 무심(無心)이 정의 주체로 활용된다.
편안함으로 선나를 행하고 아무렇지 않음으로 사마타를 행한다. 표면적 유위각이 쓰여진다.

2선정에서는 중심에서 세워지는 무심과 중황에서 세워지는 무념(無念)이 정의 주체로 활용된다.
중심에서 편안함과 아무렇지 않음이 한자리를 이루고 중황에서는 아무렇지 않은 것과 텅 비워짐이 한 자리를 이룬다. 미세적 유위각이 쓰여진다.

3선정에서는 중심에서 세워지는 철벽과 중극에서 세워지는 무념처가 정의 주체로 활용된다.
중극에서는 무념주와 아무렇지 않음이 하나로 합쳐진 상태가 무념처를 이룬다. 미세적 유위각이 쓰여진다.

4선정의 초입에서는 중심의 텅 비워짐과 중극의 무념처가 정의 주체로 활용된다. 중심의 철벽이 허물어져서 텅 빈자리로 드러나고 중극에서는 무념주와 아무렇지 않음이 하나로 합쳐진 상태이다.
본성을 인식한 후에는 하단전에서 형성된 한 물건과 본성으로 정의 주체를 삼는다.
일시적 무위각이 쓰여진다.

5선정에서는 황정에 형성된 한 물건과 본성으로 정의 주체를 삼는다.
채약으로 욕정을 제도하고 공무변처정으로 감정을 제도한다. 본성을 주체로 해서 금강해탈도와 허공해탈도가 함께 행해진다. 일시적 무위각이 쓰여진다.

6선정에서는 중황에 형성된 한 물건과 본성으로 정의 주체를 삼는다.
환정보뇌와 식무변처정이 행해지고 43단계의 척수막관이 행해진다. 본성을 주체로 해서 금강해탈도와 허공해탈도가 함께 행해진다. 일시적 무위각이 활용된다.

7선정에서는 무념, 무심, 간극이 정의 주체로 활용된다. 각성이 간극에 들어앉아서 본성과 합일을 이룬다.
일시적 무위각이 본연적 무위각으로 전환된다.
7선정을 무소유처정이라 한다.
2단계로 이루어져 있다.
초입반야, 중간반야가 그것이다.
초입반야가 수다원과이다.
중간반야가 사다함과이다.

초입반야에서는 본각이 정(定)의 주체이다.
중간반야에서는 본각과 무념·무심·간극, 밝은성품이 정의 주체이다. 이 과정에서 의식·감정·의지가 진여심과 분리된다. 7선정부터는 무념, 무심, 간극, 밝은성품을 활용한 25가지 원통수행이 이루어진다. 이 수행이 8선정과 9선정까지 이어진다.

종반야에 들어가면 9선정이 된다.
종반야에서는 간극(寂滅處)이 정의 주체가 된다.
적멸처를 정의 주체로 삼은 것을 대적정(大寂定)에 들었다고 말한다.
대적정의 상태에서는 진여심과 생멸심이 완전하게 분리된

다. 때문에 몸도 인식의 대상으로 삼지 않는다.
이 상태에서 몸의 제도를 이루기 위해서는 8선정으로 한 단계 내려와야 한다.

8선정의 선정 바라밀은 비상비비상처정을 통해 이루어진다. 7선정의 과정에서 25원통수행을 통해 9선정으로 직접 들어간 경우에는 아라한과를 먼저 증득하고 나서 나중에 8선정을 이룬다.
8선정은 아나함과에서 이루어지는 수행이다.

8선정은 본성과 밝은성품을 활용해서 자기 제도를 이루는 수행이다. 몸에서 세워진 열두 개의 기점과 본성, 각성, 밝은성품이 정의 주체로 활용된다.
장부순화, 뼈순화, 신경순화, 세포순화가 단계적으로 이루어진다.

8선정을 성취하기 위해서는 발성 수행법과 기공법, 뇌척수로 운동법과 삼관법, 삼해탈법과 막관법이 전체적으로 활용된다.
제도의 대상과 목적에 따라서 초선정에서 8선정까지의 과지법이 단계적으로 활용된다.

8선정의 과정에서는 삼관법 중에서 삼마발제의 관법이 중점적으로 쓰여진다. 삼마발제를 가관(假觀)이라 한다.
환(幻)이며 참이 아닌 것을 관한다고 해서 붙여진 이름이다. 몸을 이루고 있는 모든 구조물은 환(幻)의 소산이다. 생멸심도 환(幻)의 소산이다.
환(幻)의 소산인 거짓된 가(假)를 제도해서 생명의 가치를 증장시키고 불공여래장을 이루는 기틀로 삼는 것이 8선정을 행하는 목적이다.

8선정에서 이루어지는 첫 번째 자기 제도는 장부순화이다.
중심 기점이 활용된다. 표면적 유위각이 쓰여진다.

두 번째 자기 제도는 척추뼈 순화이다.
명문, 중심, 영대, 중극, 황정 기점이 활용된다.
미세적 유위각이 쓰여진다.

세 번째 자기 제도는 갈비뼈 순화이다.
중심, 영대, 중극, 황정, 하단전, 명문 기점이 활용된다.
미세적 유위각이 쓰여진다.

네 번째 자기 제도는 꼬리뼈 순화이다.
중심, 영대, 중극, 황정, 하단전, 회음, 명문 기점이 활용된다.
일시적 무위각이 쓰여진다.

다섯 번째 자기 제도는 욕정의 제도이다.
중심, 영대, 중극, 황정, 하단전, 회음, 명문 기점이 활용된다.
일시적 무위각이 쓰여진다.

여섯 번째 자기 제도는 말초신경 순화이다.
백회, 중황, 중극, 황정, 회음, 옥침, 영대, 명문 기점이 활용된다.
일시적 무위각이 쓰여진다.

일곱 번째 자기 제도는 머리뼈 순화이다.
백회, 중황, 미심, 옥침, 중심, 영대, 중극, 황정, 하단전, 명문, 회음 기점이 쓰여진다. 일시적 무위각이 쓰여진다.

여덟 번째 자기 제도는 육근청정이다.
식의 바탕으로 눈, 귀, 코, 입, 몸, 생각 경로를 제도한다.
일시적 무위각이 쓰여진다.

아홉 번째 자기 제도는 중추신경 순화이다.
백회, 중황, 미심, 옥침, 중심, 영대, 중극, 황정, 하단전, 명문, 회음 기점이 활용되고 43개의 뇌척수분절이 활용된다.
일시적 무위각이 쓰여진다.

열 번째 자기 제도는 세포 순화이다.
백회, 중황, 미심, 옥침, 중심, 영대, 중극, 황정, 하단전, 명문, 회음 기점이 활용되고 뇌척수로 운동법과 살갗관법, 근막관법, 뼈막관법, 골수막관법이 활용된다.
본연적 무위각이 쓰여진다.

진여 수행의 선정 바라밀은 보살도 과정에서 행해지는 것이 있고 등각도 과정에서 행해지는 것이 있다.
보살도 과정에서는 진여식의 상태와 제도의 대상에 따라서 열 단계의 선정 바라밀이 행해지고 등각도 과정에서는 두 단계의 선정 바라밀이 행해진다.

보살도 초지에서는 무념·무심·간극, 밝은성품이 정의 주체로 활용된다. 간극의 적멸처에 머물러서 밝은성품의 기쁨을 누리는 것이 이때에 행해지는 선정 바라밀이다.
해탈지견식과 구경각이 활용된다.

보살도 2지에서도 무념·무심·간극, 밝은성품이 정의 주체로 활용된다. 간극과 밝은성품에 몰입해있던 각성을 생멸심으로 전이시켜서 진여심과 생멸심을 평등하게 바라보는 것이 이때에 행해지는 선정 바라밀이다.
반야해탈도의 과정에서 분리시켰던 자기 생멸심이 제도의 대상이다. 해탈지견식과 구경각이 활용된다.

보살도 3지에서는 무념·무심·간극, 밝은성품이 정의 주체로 활용된다. 밝은성품으로 생멸심을 덮은 다음 진여심과 생멸심을 일치시키는 것이 이때에 행해지는 선정 바라밀이다. 반야해탈도의 과정에서 분리시켰던 자기 생멸심이 제도의 대상이다. 해탈지견식과 구경각이 활용된다.

보살도 4지에서는 무념·무심·간극, 밝은성품이 정의 주체로 활용된다. 진여심의 무념처와 생멸심의 식업을 일치시킨 다음에 간극으로 제도하는 것이 이때에 행해지는 선정 바라밀이다. 반야해탈도의 과정에서 분리시켰던 자기 생멸심이 제도의 대상이다. 해탈지견식과 구경각이 활용된다.

보살도 5지에서는 무념·무심·간극, 밝은성품이 정의 주체로 활용된다. 진여식의 무념처로 생멸식의 식업을 일치시키고 진여식의 무심처로 생멸식의 심업을 일치시킨 다음에 간극으로 제도하는 것이 이때에 행해지는 선정 바라밀이다. 분리시켰던 자기 생멸심이 제도의 대상이다. 해탈지견식이 암마라식으로 전환되고 구경각이 활용된다.

보살도 6지에서는 무념·무심·간극, 밝은성품이 정의 주체로 활용된다. 간극에 미물러서 무념·무심을 돈독하게 껴안고 있는 것이 이때에 행해지는 선정바라밀이다.
제도된 생멸심이 중간반야해탈을 성취한 상태이다.

암마라식과 구경각이 활용된다.

보살도 7지에서는 무념·무심·간극, 밝은성품이 정의 주체로 활용된다. 네 가지 정의 주체를 전체적으로 활용하면서 생멸문의 반연중생들을 제도한다.
구경각과 암마라식이 활용된다.

보살도 8지에서는 무념·무심·간극, 밝은성품이 정의 주체로 활용된다. 부동지를 성취해서 물들지 않는 진여심을 갖추는 것으로 선정 바라밀을 행한다.
구경각과 암마라식이 활용된다.

보살도 9지에서는 무념·무심·간극, 밝은성품이 정의 주체로 활용된다. 암마라식을 제도해서 육근원통을 이루는 것으로 선정 바라밀을 행한다.
구경각과 원통식이 활용된다.

보살도 10지에서는 무념·무심·간극, 밝은성품, 원통식이 정의 주체로 활용된다. 밝은성품으로 생멸문 전체를 덮어서 향하문으로 향해졌던 대자비문을 완성시킨다.
간극에 머물러서 끊임없이 밝은성품을 생성해내는 것이 이때에 행해지는 선정 바라밀이다.
구경각과 원통식이 활용된다.

등각도에 있어서 선정바라밀은 두 단계로 이루어져 있다.
첫 번째 단계는 공여래장과 불공여래장 사이에서 작용하는 그리움을 인식하는 것이다.
불이문을 성취하기 위해 행해지는 선정 바라밀이다.

두 번째 단계는 불이문 안에 내재되어 있는 두 개의 간극을 인식하는 것이다. 불이문의 상태에서는 공여래장의 대적정처에서 하나의 간극이 세워지고 공여래장과 불공여래장 사이에서 또 하나의 간극이 세워진다.
일심법계를 완성시키고 천백억화신을 생성해내기 위해 행해지는 선정 바라밀이다.

"지혜 바라밀"

생멸 지혜와 진여 지혜가 있다.
생멸 지혜는 세 가지로 이루어져 있다.
혜(慧), 해탈(解脫), 해탈지견(解脫知見)이 그것이다.
진여 지혜는 일곱 가지로 이루어져 있다.
해탈지견, 암마라식, 원통식, 일체종지. 자연지, 무사지, 불지, 여래지가 그것이다.
생멸 수행에 있어서 지혜 바라밀을 행하는 것은 혜, 해탈, 해탈지견을 갖추기 위한 것이다.
진여 수행에 있어서 지혜 바라밀을 행하는 것은 해탈지견,

암마라식, 원통식, 일체종지. 자연지, 무사지, 불지, 여래지를 갖추기 위해서이다.

혜(慧)는 본성에 입각해서 의식·감정·의지가 쓰여지는 것이다. 견성오도 이후에 갖추어진다.
해탈(解脫)은 의식·감정·의지에서 벗어난 것을 말한다.
반야해탈도 이후에 갖추어진다.
해탈지견(解脫知見)은 본성, 각성, 밝은성품이 쓰여지는 것이다. 멸진정 이후에 갖추어져서 보살도 5지까지 활용된다.

암마라식은 보살도 6지 현전지에서 갖추어지는 지혜이다.
원통식(圓通識)은 보살도 9지 선혜지에서 갖추어지는 지혜이다.
무사지(無師智)는 보살도 10지부터 갖추어지는 지혜이다.
불공여래장을 완성시키면 무사지가 갖추어진다.
무사지로써 세간의 모든 이치를 알게 된다.
자연지(自然智)는 보살도 10지와 묘각도에서 갖추어지는 지혜이다.
자연지를 갖추게 되면 여래장 연기의 원인과 과정을 알게 된다.
일체종지(一切種智)는 등각도에서 갖추어지는 지혜이다.
대적정문과 대자비문이 불이문을 이루었을 때 갖추어진다.
불지(佛智)는 묘각도에서 갖추어지는 지혜이다.

여래지(如來智)는 묘각도 이후에 정토불사를 행하면서 갖추어지는 지혜이다.

진여 수행에 있어서 6바라밀과 생멸 수행에 있어서 6바라밀은 제도의 목적과 방법에 있어서 큰 차이가 있다.
생멸 수행의 6바라밀은 스스로 갖고 있는 생멸심을 분리시키는 것이 목적이다.
진여 수행의 6바라밀은 스스로가 분리시켜놓은 생멸심을 제도하는 것이 목적이다.

생멸 수행의 전체 과정은 진여심을 이루고 있는 세 가지 요소를 성취하면서 생멸심을 분리시키는 것을 목적으로 삼는다.
진여 수행의 전체 과정은 분리시켰던 생멸심을 끌어안으면서 진여심과 생멸심을 완성시키는 것을 목적으로 삼는다.

"32상과"

32상이란 부처님의 몸이 갖고 있는 32가지 특징을 말한다. 몸의 제도와 깨달음, 다른 생명을 이롭게 했던 공덕으로 갖추어진다.
1. 발바닥이 평평하다.
2. 발바닥에 수레바퀴 문양이 있다.

3. 손가락이 가늘고 길다.
4. 손발이 매우 부드럽다.
5. 손가락 발가락 사이에 얇은 물갈퀴가 있다.
6. 발꿈치가 원만하다.
7. 발등이 높고 원만하다.
8. 장딴지가 사슴 다리 같다.
9. 팔을 늘여뜨리면 손이 무릎 아래까지 내려온다.
10. 남근이 오므라져 숨어있는 것이 말의 양물과 같다.
11. 키가 두 팔을 편 것과 같다.
12. 모공에 새카만 털이 나있다.
13. 몸의 털이 위로 쏠려있다.
14. 온몸이 황금빛이다.
15. 항상 몸에서 솟는 광명이 한 길이나 된다.
16. 살이 부드럽고 매끄럽다.
17. 발바닥, 손바닥, 정수리가 모두 편편하고 둥글며 두껍다.
18. 두 겨드랑이가 편편하다.
19. 몸매가 사자와 같다.
20. 몸이 크고 단정하다.
21. 양 어깨가 둥글고 두툼하다.
22. 치아가 40개이다.
23. 치아가 희고 가지런하며 빽빽하다.
24. 송곳니가 희고 길다.
25. 뺨이 사자와 같다.

26. 목구멍에서 향기로운 진액이 나온다.
27. 혀가 길고 넓다.
28. 목소리가 맑고 멀리 들린다.
29. 눈동자가 검푸르다.
30. 속눈썹이 소의 것과 같다.
31. 두 눈썹 사이에 흰 털이 나있다.
32. 정수리에 살이 불룩하게 나와있다.

32상이 갖추어지려면 32진로 수행을 통해 몸과 마음을 제도해야 한다.
32진로 수행을 하려면 몸의 내부에 12개의 기점을 세워줘야 한다. 12개의 기점을 서로 연결해서 32개의 삼각형을 만들어가는 것이 32진로 수행이다.
몸 안에 기점을 세우는 방법을 단법(壇法)이라 한다.
호흡법(呼吸法)과 발성법(發聲法), 인법(印法)을 활용해서 몸 안에 12개의 단(壇)을 세운다.
앞 기둥 세 기점, 중간 기둥 여섯 기점, 뒷 기둥 세 기점이 세워진다.
몸 안에 세워진 단(壇)은 선정의 주체로도 활용되고 자기 제도의 방편으로도 활용된다.
진여문의 보살들과 일치를 이루는 마음 거울로도 활용한다.
단(壇)을 세우기 위해 활용하는 호흡법은 나선 호흡과 살갗 호흡, 코숨 호흡과 배숨 호흡이다.

발성법(發聲法)은 자음발성법과 모음발성법, 문자발성법이 함께 쓰여진다.
인법(印法)은 단이 세워지는 위치에 따라서 서로 달라진다.

생명과 생명, 공간과 공간이 서로를 연결하는 것이 호흡이다.
호흡을 통해 성취해야 할 목표가 있다.
첫째는 신경 억제를 통한 무념처의 증득이다.
둘째는 교감신경 에너지를 촉발시키는 것이다.
셋째는 외기의 집약이다.
넷째는 서로 다른 생명 에너지를 융합할 수 있는 그릇을 만드는 것이다.

신경 억제를 통한 무념처의 증득은 나선 호흡을 통해 성취한다.
교감신경 에너지를 촉발시키는 것은 코숨 호흡으로 성취한다.
외기를 집약시키는 것은 네 가지 호흡이 전체적으로 쓰여진다.
생명 에너지를 융합할 수 있는 그릇은 부교감신경과 아세틸콜린을 통해 만들어진다.
12개의 기점을 세우고 운용하면서 생명 그릇을 완성해 간다.

* 코숨 호흡

"숨"이라는 말은 '서로 의지해서 존재의 깊숙한 곳에 깃든다'는 뜻이다.
'서로 의지한다.'라는 말속에는 여러 가지 의미가 내포되어 있다.
첫째는 내기(內氣)와 외기(外氣)라는 의미가 있다.
둘째는 육체와 정신이라는 의미가 있다.
셋째는 개체 생명과 세계라는 의미가 있다.
넷째는 나와 상대라는 의미가 있다.

외기와 내기는 세 종류의 에너지로 이루어져 있다.
초양자 에너지, 양자 에너지, 전자기 에너지가 그것이다.
초양자 에너지는 생명의 본성에서 생성된다.
양자 에너지는 초양자 공간에 내재되어 있는 정보로 인해 생성된다.
전자기 에너지는 물질 입자에서 생성된다.
생멸문의 본원인 원초신에서도 세 종류의 에너지가 생성되고 개체 생명들도 세 종류의 에너지를 생성해 낸다. 생명들이 살고 있는 공간은 수많은 개체 생명들이 생성해 내는 생명 에너지와 원초신이 생성해 내는 생명 에너지로 이루어져 있다.
개체 생명들은 호흡을 통해 원초신이 생성해 내는 에너지를 받아들인다. 그러면서 에너지적 동질성을 유지해간다.

육체와 정신이 서로 분리되면 호흡이 끊어진다.
반대로 호흡이 끊어져도 육체와 영혼이 서로 분리된다.
육체와 정신이 서로를 의지해야 호흡이 원활하게 이루어진다.

개체 생명은 스스로가 속해있는 세계와 서로 연결되어 있다. 하늘과 땅, 공기와 물을 공유하면서 생명성을 지켜간다. 개체 생명이 세계를 의지하지 못하면 존재로서 틀을 유지하지 못한다.
세계가 개체 생명을 의지하지 못하면 공간을 지탱시켜주는 에너지를 얻을 수 없게 된다.
마치 세포와 몸의 관계와 같다.
몸의 틀이 없으면 세포 연합체가 형성되지 못하고 세포가 없으면 몸을 유지시키는 에너지를 생성해 내지 못한다.
지구와 나, 우주와 나는 이런 관계로 서로를 의지한다.
호흡을 통해 우주의 에너지를 받아들이고 나의 에너지를 제공해 준다.

개체 생명 간에도 똑같은 교류가 이루어진다.
서로가 생성해 내는 에너지를 주고받으면서 서로를 의지한다. 심지어는 개체 생명끼리 가까워지는 것만으로도 에너지가 생성된다. 막과 막이 대치되면서 생겨나는 에너지이다.
호흡을 통해 받아들이는 외기 중 천기와 지기, 사대의 에너지가 있다. 이는 지구와 별들이 생성해 내는 전자기 에너지이다.
천기는 해와 달, 별들이 만들어내는 에너지이다.
천기는 때와 장소에 따라서 땅으로 내려오는 시간이 서로 다르다.
지구에 가장 큰 영향을 미치는 별들이 화성, 목성, 금성, 토성, 해와 달이다.
이 별들이 생성하는 에너지가 땅으로 내려오는 시간이 있다.
천기를 받아들이려면 그 장소에 어떤 별의 인력이 작용하고 있는지를 알아야 되고 별의 인력이 도래하는 시간을 알아야 한다.
장소에 따라서 천기가 도래하는 주기가 있다.
몇 년에 한 번씩 도래하는 곳도 있고 하루에 한 번씩 도래하는 곳도 있다.
천기를 섭취하려면 살갗 호흡과 코숨 호흡이 함께 병행되어야 한다.

지기는 지구가 생성해 내는 생명 에너지이다.
지기가 표출되는 장소가 있다.
그런 장소를 명당이라 부른다.
지기를 섭취하는 것도 피부 호흡과 코 호흡을 병행한다.

천기나 지기를 얻으려면 자연과 교류할 수 있는 역량이 갖춰져야 한다.

천기와 지기를 보는 법을 알아야 되고 그 자리에서 어떤 형질의 에너지가 응집되어 있는지를 구분할 수 있어야 된다.

사대란 지(地), 수(水), 화(火), 풍(風)을 말한다.
사대 에너지는 사대의 원신과 체백이 서로 합쳐져서 형성된 에너지이다.
바람, 땅, 물, 불은 무정 생명이다.
한 가지 주체의식과 세 종류의 공간 에너지로 원신적 틀을 이룬다.
체백은 공간의 고유 형질을 유지시켜주는 미생물이다.
모든 물질 생명은 체백을 통해 몸의 형질을 유지한다.
사대의 원신들은 서로 다른 종류의 체백을 갖고 있다.
그 원신과 교류하면서 그 원신들이 갖고 있는 체백을 섭취하는 것이 사대 에너지를 섭취하는 방법이다.
사대 에너지는 색깔이 있다.
바람의 에너지는 녹색, 땅의 에너지는 청색, 불의 에너지는 붉은색, 물의 에너지는 백색이다.

* 코숨 호흡의 방법

혀를 아래 이빨 뒤쪽에 살짝 붙인 다음 미심, 중황, 옥침, 영대, 명문 기점을 떠올린다.
그런 다음 천천히 숨을 들이쉬면서 기점들을 연결해 간다.

코로 숨이 들어가는 것을 느낀다.
양쪽 코로 들어가는 바람의 움직임을 관찰한다.
숨이 소용돌이 형태로 들어가서 후각신경을 자극하는 것을 느낀다.
전두동의 텅 빈 공간을 인식한다.
뇌하수체가 자극되고 교감신경이 항진되는 것을 인식한다.
뇌하수체의 빈자리를 들여다본다.
꼬리뼈까지 호흡을 들이쉰 다음 호흡을 멈춘다.
호흡을 멈춘 상태에서 비공의 진동을 느낀다.
천골의 진동을 느낀다.
비공 진동, 천골 진동, 뇌하수체 빈자리를 같이 인식한다.
경추 3번부터 꼬리뼈까지 내려가면서 이다와 핑갈라의 열기를 느낀다.
혀를 입천장에 붙인 다음 천천히 숨을 내쉰다.

코 호흡을 하기 전에 먼저 호흡 경로를 떠올려 봐야 한다. 그런 다음에 숨을 들이쉬어야 한다.
숨이 들어갈 때는 양쪽 코로 들어가는 바람의 양이 똑같아야 한다.
한쪽이 많이 들어가고 다른 쪽이 적게 들어가면 교감신경이 균등하게 자극되지 못한다.
호흡으로 들이쉬는 바람이 후각신경을 자극하는 것을 느껴야 교감신경이 항진된다.

호흡을 멈추고 있다 보면 미심 진동과 꼬리뼈 진동이 저절로 일어난다.
미심 진동과 꼬리뼈 진동을 연결한 뒤에 미심 진동을 호흡 경로로 이끌어간다.
옥침으로 빠져서 척추로 내려갈 때 미심 진동이 함께 내려간다. 그 진동이 등줄기를 타고 꼬리뼈로 내려가는 것을 느낀다. 그 과정에서 이다와 핑갈라의 열기가 느껴진다.

* 배숨 호흡

배숨 호흡은 아랫배를 활용해서 숨을 쉬는 방법이다.
코로 숨을 들이쉬는 것이 아니고 배로 숨을 빨아들이는 것이다.
배숨 호흡을 할 때는 코 호흡의 느낌이 끊어져야 한다.
연습을 할 때는 공복에 하는 것이 좋다.
깃털을 코앞에 두고도 흔들리지 않을 만큼의 속도로 천천히 숨을 빨아들인다.
코로 숨을 들이쉬지 말고 배의 유격으로 숨을 빨아들인다.
이때 후각신경이 자극되지 않아야 한다.
교감신경이 자극받지 않아야 되고 이다와 핑갈라가 촉발되지 않아야 한다.
하단전에 집중하고 부교감신경을 항진시킨다.
하단전 부위에 분포된 미주신경의 말단과 천골 부교감신경의 말단을 함께 재생시키는 효과가 있다.
최소량의 호흡으로 미토콘트라아의 기능을 극대화한다. 세포 내 ATP 생성이 촉진되고 아세틸콜린이 활성화된다. 인체 자기장의 폭이 넓어진다.

* 나선 호흡

나선 호흡은 뇌와 척수를 연결하는 생명 경로를 자극하는 호흡법이다.
나선 호흡을 하는 두 가지 목적이 있다.
첫 번째 목적은 원하는 기점까지 신경을 억제시키는 것이다.
두 번째 목적은 무념을 증득하는 것이다.

나선 호흡의 도구로 활용되는 것이 뇌와 척수이다.
뇌는 대뇌, 소뇌, 간뇌, 중뇌, 교뇌, 연수로 이루어져 있다. 중뇌, 교뇌, 연수를 뇌줄기라 한다.
척수는 경수, 흉수, 요수로 이루어져 있다. 요수 아래로는 천수라 한다.
육체 생명의 주체가 뇌와 척수이다.

부념의 증득은 신경 억제를 통해 이루어진다.
중간 기둥 경로가 억제되면서 무념이 증득된다.
나선 호흡으로 두정부피질이 자극되면 가바가 분비되면서

신경이 억제된다.
가바의 분비 범위를 들숨으로 조절하면서 무념을 증득한다.
나선 호흡이 이루어지려면 먼저 백회 기점을 열어야 한다.
백회 기점을 열 때는 엄지손가락의 굴곡과 코 호흡의 감각, 백회의 살갗 감각을 함께 활용해야 한다.
엄지손가락을 굴곡시키면 후각신경과 상악신경이 함께 반응하고 미심과 두정부 피질이 함께 반응한다.
엄지손가락을 새끼손가락 쪽으로 최대한 구부린 상태에서 미심의 느낌을 관찰한다.
미심의 느낌과 백회의 상태를 함께 느낀다.
백회에서 일어나는 자극감을 느낀다.
코숨 호흡과 배숨 호흡을 동시에 병행하면서 후각신경과 두정부피질의 자극을 함께 인식한다.
두정부피질에서 생겨나는 나선의 회오리를 인식한다.
여기까지 이루어지면 백회 기점이 열린 것이다.

미심과 두정부피질은 살갗 경로로 연결되어 있다.
엄지손가락을 구부리면 그 경로가 함께 자극된다.
백회가 열리면 나선 호흡으로 피질 경로 전체를 억제시킨다. 그런 다음 그 경로에서 무념을 인식한다.

백회의 나선 회오리를 머릿속으로 빨아들여서 시상까지 끌어내린다.

이때는 백회 부위가 진공상태가 되었다고 생각한다.
백회에 진공이 생겨서 그 공간으로 나선 회오리가 빨려 들어간다고 생각한다.
이 과정을 반복해서 연습하다 보면 백회에서 시상까지 기둥이 세워진 것 같은 느낌이 생긴다. 그렇게 되면 신경 억제가 효율적으로 이루어진 것이다.

대뇌피질 경로는 깔때기 형태로 모아져서 시상으로 내려온다. 백회로 나선 호흡을 하게 되면 이 경로가 자극되면서 신경 억제물질이 분비된다. 그러면서 무념이 생겨난다. 나선 호흡을 길게 들이쉬면서 신경이 억제된 느낌을 척수 말단까지 끌어내린다.
뇌와 척수를 연결하고 있는 억제된 느낌을 주시한다.
나선 호흡이 익숙해지면 호흡법 만으로도 12개의 기점들을 세울 수 있게 된다.

나선 호흡을 하려면 코숨 호흡, 배숨 호흡, 살갗 호흡이 익숙하게 이루어져야 한다. 살갗 감각이 깨어난 사람일수록 나선 감각을 명확하게 인식한다.

숨을 쉼으로써 내가 생성해 내는 밝은성품 에너지와 우주가 생성해 내는 밝은성품 에너지가 서로 교류한다.
나의 선천기와 공간의 선천기가 서로 교류한다.

숨을 쉼으로써 천지만물이 서로 공명한다.
나와 자연 사이에서 이루어지는 호흡,
나와 진여문, 나와 생멸문의 사이에서 이루어지는 호흡,
나와 여래장 사이에서 이루어지는 호흡,
숨을 쉼으로써 개체와 전체가 동체를 이룬다.

* 살갗 호흡

피부의 감각을 활용해서 외기를 집약하는 방법이다.
나선 호흡과 배 호흡을 기본으로 한다.
나선 호흡을 통해 12개의 기점을 세웠을 경우에는 그 기점들을 운용하면서 살갗 호흡을 한다.
들숨에 외기를 집약하고 날숨에 신경을 씻어낸다.

배 호흡으로 들이쉬면서 백회, 옥침, 영대, 명문, 미심, 중심, 하단전 기점으로 외기를 빨아들인다.
각 기점에서 나선 터널이 형성되도록 한다.
외기의 집약은 중간 기둥에서 이루어진다.
먼저 백회 기점을 가동하고 그다음에 다른 기점들은 한꺼번에 가동한다.
나선 호흡으로 백회에서 중황까지 들이쉬면서 다른 기점들도 함께 주시한다.
무념주 기둥이 중황까지 세워지면 들숨을 중극까지 끌어내

린다.
숨을 들이쉴 때 호흡의 감각을 백회에서 느낀다.
숨이 빨려 들어갈 때 백회가 조여드는 듯한 느낌이 들면 감각이 열린 것이다.
백회의 들숨 감각이 명확하게 인식되면 조여드는 느낌을 나선 형태로 만든다.
백회의 표면에서 형성된 나선 느낌을 시상까지 끌어들인다. 숨을 들이쉬는 속도와 나선의 느낌을 일치시킨 상태에서 천천히 들이쉬어야 한다.
나선 느낌이 시상까지 내려오면 의식이 몽롱한 상태가 된다. 시상이 가바로 인해 억제되면서 세타파 상태가 된다.
나선 느낌으로 시상 억제가 능숙하게 이루어지면 숨을 끌어들이는 범위를 중극까지 확장시킨다. 백회에서 중극까지 밋밋한 기둥이 세워진 느낌이 들면 성취된 것이다.

여기서부터는 날숨을 수련한다.
중극까지 들이쉰 숨을 좌, 우로 나누어서 얼굴 쪽을 향해 내쉰다.
그러면서 전체 뇌신경의 자극을 느껴 본다.
눈, 귀, 코, 입, 얼굴의 자극을 느끼면서 좌우 감각의 균형을 살펴본다. 좌우 감각의 균형이 깨어져 있으면 복구될 때까지 반복한다.
들숨으로 억제하고 날숨으로 활성화시킨다.

이 과정을 꾸준하게 수련하면 뇌신경의 좌우 균형이 회복된다. 나아가서 머리부 체감각계도 교정된다.
뇌신경의 균형이 잡힌 상태에서 머리부 체감각을 인식해 본다. 눈, 귀, 코, 입, 얼굴, 두정부피질의 네 모서리가 균형을 유지하고 있으면 머리부 체감각계가 교정된 것이다.

뇌신경 교정이 이루어졌으면 다음 단계 호흡으로 수련을 심화 시킨다.
백회에서 끌어들인 나선의 느낌을 꼬리뼈 끝까지 이끌어 간다. 천천히 호흡을 들이쉬면서 중극까지 내려왔던 나선의 느낌을 꼬리뼈 끝까지 끌고 간다. 그러면서 앞 기둥과 뒷 기둥의 여섯 기점을 함께 인식한다.
경수부와 흉수부를 지날 때 느낌이 살아 있는지 관찰하고 요수부와 천수부를 지날 때도 느낌의 상태를 관찰한다. 나선의 감각이 꼬리뼈 쪽으로 내려갈 때는 뻑뻑하게 억제된 느낌이 척수 전반에 걸쳐서 형성된다. 그러면서 몸 전체가 조여드는 느낌이 형성된다.
반복해서 수련하면 이 느낌이 더 커진다.
억제된 느낌이 명확해지면 날숨 수련을 한다.
날숨 수련은 네 단계로 나누어서 진행한다.
첫 번째 단계가 경수부 날숨이다.
경수부의 목신경은 8개 분절로 이루어져 있다. 3번 분절부터 팔 신경과 연결된다.

꼬리뼈까지 숨을 들이쉬고 경수부를 억제시킨다.
그러면서 앞 기둥의 세 기점과 뒷 기둥의 세 기점을 함께 가동한다.
천천히 숨을 내쉬면서 양쪽 팔 쪽으로 호흡의 느낌을 유도한다.
목 어깨를 거쳐서 손가락 끝까지 느낌이 전달되면 제대로 된 것이다.
양쪽 팔로 내려가는 느낌이 균등하면 목 신경과 팔 신경이 교정된 것이다.
처음에는 저르르하는 느낌이 팔을 타고 내려간다.
그러다가 수련이 깊어지면 뻑뻑하고 뜨거운 느낌이 팔을 타고 내려가서 손바닥에 모여 있다.
이런 방법으로 신경을 씻어 내는 것을 '세수'라 한다.
살갗 수행의 호흡법은 그 자체가 '세수법'이다.
목 신경과 팔 신경을 세수할 때는 손가락에 힘을 빼고 자연스럽게 펴 주어야 한다.

경수부 세수가 끝났으면 흉수부를 씻어 준다.
꼬리뼈까지 숨을 들이쉰다. 마찬가지로 앞 기둥과 뒷 기둥 기점을 함께 가동한다.
흉수부는 12개의 가슴 신경과 2개의 요수 신경으로 이루어져 있다.
요수 2번은 배꼽 반대쪽에 위치 한 척추 부위이다. 명문혈이라 부른다.
날숨에 갈비뼈를 타고 호흡의 느낌을 배 쪽으로 끌고 온다. 뻑뻑한 느낌이 배 쪽을 감싸면 제대로 되는 것이다.
반복해서 수련하면 흉부와 배부가 두툼한 에너지로 감싸진다. 갑옷을 입은 것처럼 든든해지는데 이렇게 되면 흉수부 세수가 성취된 것이다.
흉수부 세수가 진행되면서는 다리 쪽으로도 자극이 내려간다. 이는 요수 1, 2번이 씻어지면서 나타나는 현상이다.

다음 단계는 요수부 세수이다.
요수부는 5개의 신경으로 이루어져 있다.
이 중 1, 2번은 흉수와 함께 연동된다.
앞 기둥 기점과 뒷 기둥 기점을 함께 가동하면서 꼬리뼈까지 나선 호흡을 들이쉰다.
신경이 억제되면 천천히 숨을 내쉰다.
이때 양쪽 요수를 통해 호흡의 느낌을 양쪽 발로 내려보낸다.
호흡의 느낌이 고관절을 지나갈 때 두두둥 하는 진동이 생길 수 있다. 때로는 엄청난 냉기가 발 쪽으로 빠져나간다. 이런 증상이 생기면 요수부 순화가 제대로 이루어지는 것이다. 당황하지 말고 따뜻한 기운이 발 쪽을 감쌀 때까지 반복한다.
요수부가 세수되면 발바닥이 따뜻해지면서 용천혈 부위에

압력이 형성된다.
에너지가 발 쪽에 모이면서 나타나는 증상이다.

다음은 천수부 세수이다.
천수부는 6개의 신경으로 이루어져 있다.
꼬리뼈 끝부분이 천수부 말단이다.
앞 기둥 기점과 뒷 기둥 기점을 가동하면서 백회에서 들이쉰 나선 호흡을 꼬리뼈 끝까지 끌고 온다.
신경이 억제되면 숨을 내쉬면서 천수신경을 자극한다.
천천히 숨을 내쉬면서 신경이 자극되는 부위를 느껴본다.
꼬리뼈 끝이 시리고 아랫배 쪽에서 냉기가 느껴지고 싸늘한 냉기가 등줄기를 타고 머리 쪽으로 올라온다. 어떤 경우는 오한이 생겨서 부들 부들 떨기도 한다.
그야말로 냉기의 폭탄을 맞은 듯 온몸이 아우성친다.
천수부에는 엄청난 냉기가 내장되어 있다. 부교감신경이 과도하게 항진된 사람은 이 증상을 더 심하게 겪는다.
천골에 냉기가 모여 있는 것은 몇 가지 원인이 있다.
그중 가장 큰 원인이 방광이다.
반복해서 수련하면 냉증이 해소된다.
따뜻한 기운이 천골을 감싸면 천수부 세수가 끝난 것이다.
이렇게 해서 머리부와 흉부, 천골부의 세수가 이루어지면 한 번의 들숨과 날숨으로 전체 영역을 씻어낸다. 그러려면 충분한 호흡량이 확보되어야 한다.

호흡을 통해 전체 체신경이 세수되면 말초신경의 미세 감각이 다시 살아난다.

* 12개의 단(壇) 세우기

12개의 단(壇) 중에서 처음 세워지는 자리가 중심(中心)이다. 중심은 명치 위 1cm, 속으로 5cm 들어간 자리에서 세워진다. 선나의 주체이다.
중심이 세워지면 조견(照見)이 이루어지고 삼관이 행해진다.
또한 오장의 순화가 이루어지고 감정의 추업이 제도된다.
중심은 나머지 열한 개의 기점들과 모두 연결되어 있다.
앞기둥의 세 기점 중에 첫 번째 기점이다.
검지손가락을 둘째 마디까지 굴곡시키고 배숨 호흡을 길게 들이쉰다. 그런다음 오~~~~ㅁ! 하고 길게 발성하면서 중심 자리를 울려준다. 중심 자리에서 시작된 소리의 진동으로 몸 전체를 씻어준다.
중심 자리에 편안함이 세워지면 단(壇)이 형성된 것이다.
중심이 세워지면 초선정에 들어간 것이다.
이때부터는 중심을 마음 거울로 삼아서 안팎으로 접해지는 일체의 경계들을 조견(照見)한다.
중심에서 갖추어진 편안한 마음을 첫 번째 무심(無心)이라고 한다.

두 번째로 세워지는 단(壇)이 중황(中黃)이다.
머릿골 속 시상의 중심부에서 세워진다.
3뇌실에서 슈슘나에너지가 생성되면 중황에 저장되었다가 자율신경과 중추신경에 공급된다.
중황은 7식으로 들어가는 문이다.
사마타의 시작점이다.
중간 기둥의 여섯 기점 중에 두 번째 기점이다.
3지 첫째 마디를 굴곡시킨 다음에 나선 호흡으로 백회에서 중황 기점까지 숨을 들이쉰다.
그런 다음 지~~~! 하고 길게 발성하면서 3뇌실을 울려준다. 텅 빈 감각이 세워지고 의식이 몽롱해지면 단(壇)이 세워진 것이다. 중황에서 인식되는 텅 비워진 자리가 무념(無念)이다.
무념처가 세워지면 중심의 무심처와 서로 비춰보도록 한다. 무념으로 무심을 비춰보고 무심으로 무념을 비추어보면서 식(識)과 심(心)의 습성을 제도한다.
2선정에 들어간 것이다.
무념처는 식의 바탕이고 무심처는 심의 바탕이다.
중황이 세워지면 식업이 다스려지고 중심이 세워지면 심업이 다스려진다. 중황과 중심이 서로를 비추다 보면 두 자리가 하나의 괸(管)으로 연결된다.
이런 상태가 되면 세 번째 단(壇)을 세운다.

세 번째로 세워지는 단(壇)이 중극(中極)이다.
중극은 흉수 5번 신경이 시작되는 척수의 배쪽 면에서 세워진다. 중간 기둥의 세 번째 기점이다.
심장으로 영입되는 교감신경이 시작되는 자리이고 4선정의 사마타가 성취되는 자리이다.
3지, 4지를 엄지손가락으로 굴곡시킨 다음 나선 호흡으로 백회에서 흉수 5번까지 숨을 들이쉰다.
호흡 경로에서 뻑뻑하게 억제된 느낌을 인식한다.
그런 다음 모음 발성 히!이~~~! 발성으로 중극 기점을 자극한다. 후끈한 열기가 일어나면 중극이 자극된 것이다.
중극은 이다와 핑갈라, 슈슘나 에너지가 합쳐지고 밝은성품이 생성되는 자리이다. 갈비뼈 순화와 반신소주천이 시작되는 기점이다.
중극은 색계 1천인 대범천과 연결되는 자리이다.
중심과 중극 사이에서 2선정과 3선정, 4선정이 성취되고 견성오도가 이루어진다.

네 번째로 세워지는 단(壇)이 영대(靈臺)이다.
흉추 넷째 마디와 다섯째 마디 사이에서 세워진다.
옥침, 명문과 함께 뒷 기둥을 이루는 중심 기점이다.
중심, 중극과 연결돼서 흉부 교감신경의 기능을 보완해 주고 심장, 폐, 간, 비장에 이다와 핑갈라 에너지를 공급해 준다.

인체의 앞뒤 자기장을 유지시키는 기둥 역할을 하면서 등 쪽 체감각을 보호해 준다.
중극과 영대는 같은 막단에서 세워지는 기점이다.
엄지손가락으로 3지, 4지를 억제하고 코숨 호흡의 경로를 따라서 흉추 5번째 마디까지 숨을 들이쉰다.
그런 다음에 옴자 발성으로 중심을 울려서 영대를 자극한다. 흉추 5번 부위가 배 쪽으로 함몰된 느낌이 들면서 불편해지면 영대 壇이 세워진 것이다.
그 상태에서 배 쪽으로 중극과 중심 기점을 함께 인식한다. 세 기점이 비스듬한 각도로 나열되면 중극 기점이 간극으로 활용된다. 그렇게 되면 중극에서 밝은성품이 생성된다.

다섯 번째로 세워지는 단(壇)이 백회 기점이다.
중간 기둥의 첫 번째 기점이다.
내기(內氣)가 표출되고 외기(外氣)가 유입되는 자리이다.
백회로 표출되는 내기는 자기장(磁氣場)이다.
유입되는 외기는 초양자 에너지이다.
두정부피질의 중추점이고 중간 기둥을 억제하는 나선 호흡의 시작점이다. 충맥의 종지(終止)이다.
엄지손가락 끝으로 3지 끝을 살짝 눌러주면 백회 기점이 활성화된다. 'ㅊ' 발성으로 강하게 자극해주고 오호~~~! 발성으로 부드럽게 열어준다. 호흡을 들이쉴 때 백회 기점에서 나선으로 움직이는 감각이 느껴지면 단(壇)이 세워진 것이다.
양신(陽身)이 출신하는 경로이고 진여신(眞如身)이 내왕하는 경로이다.

여섯 번째로 세워지는 단(壇)이 미심 기점이다.
양쪽 눈썹 사이에 세워진다.
옥침의 송과체와 연결되어 있고 뇌하수체와 입천장, 천골과도 연결되어 있다.
전두엽피질의 파동이 표출되는 자리이다.
내관(內觀)을 행하고 염력(念力)을 표출시키는 통로이다.
엄지손가락을 천천히 구부리면서 미심의 느낌을 관찰한다.
엄지손가락을 손바닥 끝 쪽으로 최대한 굴곡시킨다. 그런 다음 미심의 상태를 관찰한다. 미심이 조여드는 느낌이 느껴지면 코숨 호흡으로 숨을 들이쉬면서 미심과 중황 사이의 공간을 지켜본다. 혀 끝으로 입천장을 울려서 길게 니~~~!하고 발성하면서 미심과 중황을 함께 울려준다. 미심을 시각적으로 바라본다.
백색의 밝은 빛이 인식되면 미심 단(壇)이 세워진 것이다.

일곱 번째로 세워지는 壇이 옥침 기점이다.
시각피질과 송과체의 중추점이다.
앞쪽의 미심과 연결되어 있고 천골과 연결되어 있다.

송과체와 미심을 연결해서 함께 운용하면 7식의 눈을 활용할 수 있게 된다.
엄지손가락을 새끼손가락이 시작되는 지점까지 굴곡시킨다음 코숨 호흡으로 미심에서 옥침까지 숨을 들이쉰다.
혀끝으로 입천장을 울려서 니~~~!하고 길게 발성한다.
그런 다음 미심의 울림을 옥침까지 끌고 온다.
옥침단의 안쪽에서 밋밋한 판자때기가 느껴지면 단(壇)이 세워진 것이다.

여덟 번째로 세워지는 단(壇)이 명문 기점이다.
요추 2번과 3번 사이에서 세워지는 기점이다.
쿤달리니 에너지가 내장된 자리이다.
오장과는 충맥을 통해 연결되어 있고 머리와는 독맥을 통해 연결되어 있다.
쿤달리니 에너지는 본성에서 생성되는 밝은성품과 선천혼이 생성해내는 선천기, 육체의 자율신경이 생성해 내는 에너지가 하나로 합쳐진 것이다.
세포의 텔로미어를 충전시켜주고 오장의 진기를 보강해 주는 기능을 한다. 쿤달리니가 소진되면 육체 생명의 수명이 다하게 된다.
미심 단과 옥침 단을 세웠던 호흡법과 발성법을 활용해서 명문 기점을 자극해 준다.
코숨 호흡으로 미심, 중황, 옥침을 거쳐 척추를 타고 요추

2번 끝까지 내려온다. 그런 다음 혀끝으로 입천장을 자극해서 미심을 울려준다. 미심이 진동하면 그 진동을 꼬리뼈에서 느껴본다. 꼬리뼈가 진동하면 그 진동을 명문에서 느껴본다.
명문에서 후끈한 열기가 느껴지면 단(壇)이 세워진 것이다. 중심 기점과 연결해서 후천기를 받아들이게 되면 쿤달리니 에너지가 활성화된다. 중심과 연결할 때는 옴자 발성법이 활용된다.

아홉 번째로 세워지는 단(壇)이 하단전 기점이다.
배꼽 아래 세치 지점(약5cm)이다.
연수에서 시작된 미주신경이 종지하는 자리이고 천골에서 시작된 부교감신경이 종지하는 자리이다.
하단전 기점이 세워지면 머리 쪽과 천골 쪽으로 분리되어 있던 부교감신경이 하나로 통합된다.
그러면서 임독양맥이 소통되고 앞 기둥과 뒷 기둥이 서로 연결된다.
검지손가락 끝을 손바닥에 닿도록 한 상태에서 나선 호흡으로 백회에서 '중황까지 들이쉰다.
그런 다음 혀끝을 아랫이빨 뒤쪽에 살짝 대고 기~~~!하고 길게 발성한다.
턱 떨림이 턱관절을 울리도록 하고 턱관절의 떨림으로 뒤통수를 울려준다. 뒤통수의 떨림을 시상 3뇌실로 끌고 와서 3뇌실과 대뇌변연계를 함께 울려준다.
의식이 몽롱해지면 발성의 진동을 중뇌, 교뇌, 연수로 내린다. 연수에서 미주신경을 타고 목 옆선, 쇄골, 식도를 거쳐서 중심을 울려준 다음 하단전까지 끌고 내려간다.
하단전에서 후끈한 열기가 생겨나고 그 열기가 명문과 이어지면 단(壇)이 세워진 것이다.
4선정에서 한물건이 형성되는 자리이고 육부 순화의 중추점이다.

열 번째로 세워지는 단(壇)이 황정 기점이다.
요수 2번과 3번 사이에 세워지는 기점이다.
중추신경이 최초로 형성된 자리이고 최초의 식업이 내장된 자리이다.
천골신경과 다리신경이 시작되고 명문과 연계되어서 선천 원기를 내장하고 있다.
꼬리뼈 순화와 채약이 이루어지는 자리이고 5선정이 행해지는 중추점이다.
엄지손가락으로 3지, 4지를 강하게 눌러준다.
나선 호흡으로 백회에서 황정까지 길게 들이쉰다.
혀 중간부위로 입천장을 자극하면서 이~~~!하고 길게 발성한다. 중횡을 올려주고 그 울림으로 중간 기둥 전체를 자극해 준다. 뇌줄기를 거쳐서 중극을 울려주고 황정까지 내려온다.

후끈한 열감이 느껴지면 단(壇)이 세워진 것이다.
중황, 중극, 황정이 하나로 연결되면 선천영과 유전영, 습득영의 정보가 하나로 통합된다.
그렇게 되면 수많은 생을 통해 체득한 지식들을 활용할 수 있게 된다.
세 기점의 단(壇)이 활성화되면 중추신경 전체에 세포재생이 비약적으로 증가하고 면역력도 극대화된다.

열한 번째로 세워지는 단(壇)이 회음 기점이다.
항문과 음낭 뒤 모서리를 연결하는 선의 중점에 위치한다.
임맥과 독맥, 충맥이 교차하는 자리이다.
임맥의 종지이고 독맥의 시작점이며 충맥으로는 백회 기점과 연결되어 있다.
전립선의 치료점이고 성선신경총을 활성화시켜주는 자리이다. 남성호르몬 분비와 관련이 있고 뇌혈관의 수축과 팽창에 관여한다.
엄지발가락 경로와 검지 손가락 경로로 연결되어 있고 백회 아래쪽에서 피질 경로와 연결되어 있다.
백회에서 표출된 자기장이 다시 유입되는 자리이다.
눈 밑 쪽 상악골과 공명을 이루고 가로막신경과 부교감신경의 수축으로 기능이 저하된다.
엄지손가락으로 3지와 4지를 억제시킨 상태에서 중간기둥 'ㅇ' 발성으로 중황과 백회를 함께 울려준다.

그런 다음 발성의 진동을 중극, 황정을 거쳐서 회음까지 끌고 내려온다. 백회와 회음이 함께 자극되면서 회음 자리가 얼음장처럼 차갑게 느껴지면 냉기가 없어질 때까지 발성을 반복한다.
회음 기점이 따뜻하게 느껴지면 단(壇)이 세워진 것이다.

열두 번째로 세워지는 단(壇)이 황중 기점이다.
황정과 중극 사이 척수 10번 분절 배 쪽에 세워진다.
한물건이 형성된 이후에 중극과 황정 사이에서 내호흡을 하면서 세워지기도 하고 비상비비상처해탈 과정에서 흉수 10번 막관을 하면서 세워지기도 한다.
수인법은 3지, 4지 억제이다.
황중이 세워지면 열두 개의 단(壇)이 하나로 통합된다.
황중기점이 세워지지 않으면 서른두 개의 삼각형이 갖춰지지 않는다. 그렇게 되면 삼십이진로 수행이 완성되지 않는다. 세포를 제도하는 중추점이고 양신이 포태되는 자리이다. 황중이 세워지기 이전에는 열한 개의 단(壇)을 운용하면서 32진로 수행을 한다.

* 32진로 운용하기

32진로 수행은 세 개의 단(壇)이 세워진 이후부터 행해진다. 선정의 성취가 먼저 갖추어진 뒤에 할 수도 있고 32

진로수행을 하는 과정에서 선정을 성취할 수도 있다.

32진로 수행의 첫 번째 운용 경로는 중심, 영대, 명문이다. 이 라인을 가동하면서 후천기를 집약시키고 명문의 쿤달리니를 일깨운다. 척추 순화의 시작이다.
옴자 발성을 하면서 중심 단에 후천기를 집약시킨다.
그런 다음 발성의 진동으로 명문과 영대를 함께 울려준다.
영대가 자극되면 교감신경 에너지가 촉발되고 명문이 자극되면 쿤달리니 에너지가 깨어난다.
그렇게 되면 오장의 선천기도 함께 표출된다.
평범한 사람들은 오장의 선천기가 깊은 숙면 상태에서 표출된다. 하루에 5분 정도 표출되는데 이때 충맥을 통해 명문으로 이동한다. 오장의 선천기가 명문으로 이동하면 쿤달리니 에너지와 하나로 합쳐진다. 그러면서 쿤달리니가 충전된다.
쿤달리니가 충전되면 잠에서 깨어나게 된다.
쿤달리니 에너지가 소모되면 다시 잠이 온다.
5장의 선천기는 음식을 통해 보강된다.
중심과 영대, 명문 기점을 연결해서 운용하게 되면 오장과 명문 간에 이루어지는 에너지의 교류가 수시로 일어난다.
그러면서 생체기능이 비약적으로 증가한다.
70대 노인이 30대 청년처럼 바뀌게 된다.

오장과 명문, 중심은 경락과 혈관으로 서로 연결되어 있다. 오장과 명문은 충맥을 통해서 연결되어 있고 중심과 오장은 혈관을 통해서 연결되어 있다.
중심과 명문, 영대가 서로 연결되면 7식이 발현된다.
그 과정에서 말하고 보는 기능이 원만해진다.
32상 80종호 중에 입과 눈의 형상은 첫 번째 삼각형을 운용하면서 갖추어진다.

중심에서 영대로 숨을 들이쉬고 영대에서 명문으로 숨을 내쉰다. 이때 중심과 명문을 함께 주시한다.
그렇게 하다 보면 등줄기에서 열감이 일어난다. 영대와 명문이 열감으로 이어지고 중심과 명문도 열감으로 이어진다.
삼각형을 세울 때는 기점의 연결이 정확하게 이루어져야 하고 반듯하게 서야 된다.
손가락으로 수인을 잡아주면 기울어졌던 삼각형이 반듯하게 세워진다.
양쪽 3지, 4지 셋째 마디를 직각으로 굴곡시키고 그 상태에서 둘째 마디도 직각으로 굴곡시킨다. 그런 다음 둘째 마디를 서로 맞닿게 한다. 양쪽 5지와 엄지 검지는 세워서 붙인다. 손가락 수인을 이런 모양으로 지어주면 검지와 5지에서 두 개의 삼각형이 만들어진다.
중심 높이로 수인을 들고 두 개의 삼각형을 내려다본다.
이때 시선은 반개를 한다.

그 상태에서 중심, 영대, 명문을 연결한 삼각형을 주시한다. 삼각형이 반듯하게 서 있는 상태로 인식되면 눈을 감는다. 눈을 감은 상태에서 중심, 영대, 명문을 연결하는 삼각형을 주시한다.
그 상태에서 옴자 발성으로 중심, 영대, 명문 기점을 울려준다. 발성이 끝나면 삼각형을 주시한다. 그러다가 삼각형의 느낌이 희미해지면 다시 옴자 발성을 해준다.

두 번째 운용 경로는 중심, 중극, 명문 라인이다.
옴자 발성으로 운용한다.
이 라인을 운용하면서 갈비뼈 순화를 한다.
2선정 3선정의 과정이다.
이 과정에서 중심분리가 이루어진다.
중심이 표면과 이면으로 분리되고 7식이 발현된다.

옴자 발성으로 중심, 중극, 명문을 동시에 울려준다.
중심에서 시작된 발성의 진동이 명문과 중심을 동시에 울리도록 하면서 세 기점을 서로 연결한다.
중심과 명문을 연결하는 사선을 지켜보면서 중심과 중극, 중극과 명문을 연결하는 양쪽 경로를 함께 주시한다.
세 기점을 연결하는 경로를 경대(鏡臺)로 삼고, 세 기점이 연결되면서 생겨난 삼각 공간을 거울로 삼는다.
그런 다음 안팎으로 접해지는 일체의 경계들을 거울로 비춰본다.

일치되는 현상들도 삼각 거울로 비춰보고 습성이 발현될 때도 삼각 거울로 비춰본다.

의식·감정·의지로 접해지는 모든 경계들을 삼각 거울로 비춰본다.

삼각 거울로 조견을 하게 되면 어떤 경계에도 흔들리지 않는다. 이것이 중심, 중극, 명문 경로를 운용하면서 갖추게 되는 부동심이다.

두 번째로 세워지는 삼각형은 네 종류 에너지가 합쳐진 것이다. 중심에서 집약되는 후천기와 명문의 쿤달리니 에너지, 교감신경 에너지, 척수액의 파동으로 생성되는 슈슘나 에너지가 하나로 합쳐져있다.

하나의 삼각형이 만들어지면 삼각형 자체가 중심과 같은 역할을 한다. 삼각형의 내부 공간은 마음 거울로 쓰여진다. 중심분리를 통해 세워진 이면이 삼각형 전체로 확장된다. 두 번째 삼각형을 운용해서 흉부의 상(像)이 갖추어진다.

세 번째 운용 경로는 중심, 중극, 하단전 라인이다.
이 라인의 운용을 통해 한물건을 형성한다.

한물건은 후천기와 선천기, 밝은성품이 합쳐진 것이다. 밝은성품은 본성을 자각했을 때 인식할 수 있는 에너지이다. 때문에 세 번째 삼각형은 견성오도 이후에 운용하는 경로이다.

가슴바탕의 철벽이 허물어지면서 본성을 인식하게 되면 중극에서부터 밝은성품이 생성된다.
반신소주천을 하면서 갈비뼈 순화가 이루어지면 몸통 전체가 텅 비워진다. 마치 텅 빈 항아리와 같다.
그 상태에서 밝은성품이 생성되면 빈 공간을 채우게 된다. 그러면서 하단전으로 내려온다.
그때의 형상이 있다.
연기 같은 형태의 백색 에너지가 꼬물꼬물 내려오면서 하단전에 응결된다.
하단전에 응결된 에너지는 세 종류의 에너지가 합쳐진 것이다. 중심의 후천기와 중극의 선천기, 본성에서 생성되는 밝은성품이 합쳐진 것이다.
세 종류 에너지가 하단전에서 합쳐지면 푸른색의 빛무리가 맺혀진다. 이 빛무리를 한물건이라 부른다.
한물건이 맺혀지면 하단전을 중심으로 삼아서 중심과 중극을 삼각형으로 연결한다.

손가락으로 수인을 짓는다.
그런 다음에 중심과 하단전을 수직으로 연결하고 중극과 하단전을 사선으로 연결한다.
이 라인은 연결해서 떠올리는 것만으로도 에너지의 집약이 강력하게 이루어진다.

중심에서 중극으로 숨을 들이쉰다.
숨을 내쉬면서 중극에서 하단전, 중심에서 하단전으로 동시에 내려간다.
세 기점을 삼각형으로 연결한 다음 한물건에 집중한다. 한물건에 머물러서 중심과 중극을 연결하고 있는 삼각형의 내부 공간을 들여다본다.
간, 비장, 담, 췌장이 함께 순화된다.
세 번째 삼각형을 운용해서 배꼽과 하복부의 상(像)이 갖추어진다.

네 번째 운용 경로는 하단전, 명문, 중극 경로이다.
명문의 쿤달리니 에너지와 중극의 교감신경 에너지, 척수액의 슈슘나 에너지, 하단전의 부교감신경 에너지를 운용하는 경로이다. 자율신경계를 순화하는 기능이 있다.

32진로 수행을 통해 권능을 갖추게 된다.
하나의 경로가 열릴 때마다 거기에 따른 권능이 생겨난다.
몇 개의 삼각형을 운용하느냐에 따라서 식의 발현이나 자기 활용의 범위가 달라진다.
중생이 부처님의 형상을 갖추기 위해서는 반드시 거쳐가야 할 수행이다.

수인을 짓는다.

옴자 발성으로 하단전과 명문, 중극을 함께 울려준다.
중극의 교감신경 에너지가 명문의 쿤달리니 에너지와 합쳐지고 하단전과 명문 사이에 열기로 이루어진 터널이 생겨난다. 명문의 쿤달리니가 하단전의 한물건과 서로 반응하고 한물건이 명문으로 이동한다. 명문에 머물러서 꼬리뼈 순화를 행한다. 투쟁심과 경쟁심을 제도한다.
한물건에 집중한 상태에서 명문과 중극을 연결하고 있는 삼각형을 올려다본다.
삼각형의 내부 공간을 마음 거울로 삼아서 안팎으로 접해지는 경계들을 비추어본다.
이 경로의 운용을 통해 허리부의 상(像)이 갖추어진다.

다섯 번째 경로는 황정. 명문. 회음 라인이다.
이 라인을 통해서는 꼬리뼈 순화를 마무리하고 채약을 이룬다. 한물건이 하단전과 명문 사이를 내왕하다 보면 어느 지점에서부터 툭툭 걸리는 느낌이 생겨난다.
그러다가 어느 때부터 신장과 한물건 사이에서 서로 당기는 느낌이 생겨난다. 툭툭 걸리던 자리에 한물건을 안착시키면 신장으로부터 선천가 표출된다.
신장의 선천기와 한물건이 합쳐지면 한물건이 뜨겁게 달아오른다. 그 자리가 황정이다.
황정이 세워지면 명문과 회음을 삼각형으로 연결한다.

수인을 짓는다.

황정, 명문, 회음을 연결하는 삼각형을 인식한다.

명문과 회음 라인을 주시하면서 꼬리뼈에서 일어나는 증상들을 지켜본다. 엄청난 냉기가 표출되고 경쟁심이나 투쟁심, 욕정이 일어난다. 삼각형으로 비춰준다.

꼬리뼈에 내장되었던 업식들이 제도되면 황정과 회음 경로를 연결해놓고 삼각형의 내부 공간을 주시한다.

양기가 동하면 그 느낌을 삼각형으로 비춰주고 욕정이 일어나지 않도록 한다. 그러다 보면 회음부에서부터 찌르릉하는 자극감이 생겨난다.

회음부가 자극되면서 황홀감에 빠지게 된다.

이때의 황홀감은 전립선과 두정부피질이 반응하면서 생기는 현상이다.

시각적으로도 특이 증상이 나타난다.

시야가 온통 백색 빛으로 채워지기도 하고 꽃잎이 휘날리는 듯한 현상을 보기도 한다.

이 현상은 시상 내섬유막이 자극되면서 생기는 것이다.

이런 현상들도 삼각형의 내면으로 비춰준다.

회음부에서 올라온 자극감이 황정과 합쳐지면 황정이 또다시 뜨거워진다.

그 상태도 삼각형으로 비춰본다.

삼각형의 내면으로 황정을 비춰주면 반신소주천을 행하지

않아도 열감이 다스려진다.
이것이 다섯 번째 경로를 운용하면서 채약을 하는 방법이다. 채약이 세 번 정도 이루어지면 다음 과정으로 넘어간다. 이 경로의 운용으로 마음장상(馬陰藏相)이 갖추어진다.

여섯 번째 경로는 황정, 명문, 영대 라인이다.
명문의 쿤달리니를 영대로 올려서 가슴바탕을 철벽으로 만들고 벽관을 하는 방법이다.
수인을 짓는다.
황정과 명문, 영대를 삼각형으로 연결한다.
삼각형의 내부공간을 주시하면서 쿤달리니 에너지를 영대로 올린다. 쿤달리니가 영대로 올라가면 등줄기 전체가 땀으로 젖는다.
영대로 올라온 쿤달리니 에너지로 갈비뼈를 순화한다.
그러면서 가슴바탕에 철벽을 형성시킨다.
가슴바탕에 세워진 철벽을 삼각형의 내면으로 비춰본다.
이것이 5선정에서 이루어지는 벽관이다.
공무변처해탈과 무소구행을 하는 최고의 방법이다.
이 상태에서는 일치되던 모든 현상들도 차단되고 감정도 일어나지 않는다.
이 경로의 운용으로 등 쪽 상(像)이 갖추어진다.

일곱 번째 경로는 영대, 중심, 하단전 라인이다.

이 라인을 통해 반신소주천을 행한다.
5선정에서 이루어지는 반신소주천이다.
5선정의 과정은 세 단계로 진행된다.
첫 번째 단계는 채약을 이루고 욕정을 제도하는 것이다.
이 과정은 황정, 명문, 회음 라인을 운용하면서 성취한다.
두 번째 단계는 혼의식을 제도하고 공무변처정을 성취하는 것이다. 황정, 명문, 영대 라인을 통해 성취한다.
세 번째 단계는 반신소주천을 하면서 밝은성품의 자연적 성향을 제도하는 것이다. 영대, 중심, 하단전 라인을 통해 성취한다.

수인을 짓는다.
영대에 각성을 두고 중심과 하단전을 함께 비춰본다.
영대와 중심, 하단전을 연결해서 삼각형을 만들고 삼각형의 내부 공간을 주시한다.
그 상태에서 영대-중극-중심-하단전-황정-명문-영대를 연결해서 반신소주천을 행한다.
반신소주천을 하면서 드러나는 경계들을 삼각형으로 비춰본다.
호흡과 각성을 활용해서 생명 에너지를 운용하고 밝은성품의 자연직 성향과 몸의 업식을 제도한다.
이 경로의 운용으로 흉부, 배부, 등부, 허리부의 상(像)을 공고히 한다.

여덟 번째 라인은 하단전 명문, 영대 라인이다.
이 또한 반신 소주천의 라인이다.
수인을 짓는다.
하단전, 명문, 영대를 삼각형으로 연결하고 내부 공간을 비추어본다.
그 상태에서 반신소주천을 반복한다.

아홉 번째 라인은 중극, 황정, 중심 라인이다.
이 라인을 통해 공무변처정을 행한다.
수인을 짓는다.
중극, 황정, 중심을 연결한 다음에 삼각형의 내부 공간을 비추어본다.
그 상태에 머물러서 삼각형의 내부 공간을 시각적으로 들여다본다. 공간의 형질을 느껴보고 그 상태를 심의 바탕으로 삼는다. 심의 바탕을 주체로 해서 오장의 상태를 비추어본다. 먼저 심장을 비추어본다.
그런 다음에 비장-폐-신장-간을 차례대로 비추어본다.
오장을 비춰보면서 일어나는 감정들을 살펴본다.
감정이 일어나면 심의 바탕으로 비춰준다.
오장의 혼의식이 제도되면서 감정의 세업이 함께 제도된다. 삼각형의 내부 공간을 중심으로 해서 오장을 함께 연결한다. 그 상태에 머물러서 심의 바탕과 미묘한 설레임을 함께 음미한다.

열 번째 경로는 중극, 황정, 명문 라인이다.
이 라인을 운용하면서 흉수 5번과 요수 2번 사이의 척수를 순화한다. 공무변처정을 마무리하고 식무변처정으로 나아간다.
수인을 짓는다.
중극, 황정, 명문 기점을 서로 연결한다.
황정에 각성을 두고 삼각형의 내부 공간을 주시한다.
한물건과 쿤달리니 사이에서 작용하는 인력을 느껴본다.
혀를 입천장에 붙이고 천천히 숨을 들이쉬면서 한물건을 중극으로 끌어올린다.
숨을 내쉬면서, 중극에서 황정과 명문을 함께 내려다본다.
좁게 형성된 삼각형의 내부면을 지켜보면서 척추뼈의 감각과 척수 공간을 함께 느껴본다.
숨을 들이쉬면서 명문의 쿤달리니를 영대로 끌어올린다.
중극의 한물건과 영대의 쿤달리니 사이에서 작용하는 인력을 지켜본다. 그러면서 중극과 영대 사이에서 형성되어 있는 간극을 주시한다.
삼각형의 내부 공간과 간극의 형질을 비교해 본다.
똑같이 느껴지면 그 상태에 머물러서 쿤달리니와 한물건을 함께 비춰준다. 쿤달리니의 열감이 누그러들면 한물건과 쿤딜리니를 중황으로 끌어올린다.
이 경로의 운용을 통해 척수 순화를 이룬다.
안 몸과 바깥 몸 사이에 간극이 세워지고 법념처관을 할 수 있는 기틀이 갖추어진다.

열한 번째 경로는 중극, 영대, 중황 라인이다.
이 라인을 운용하면서 식무변처정의 초입에 들어간다.
수인을 짓는다.
중극, 영대, 중황을 연결시키고 삼각형을 세워준다.
중황에 각성을 두고 중극과 영대 기점을 내려다본다.
삼각형의 내부를 인식하면서 흉수 5번과 흉수 1번 사이의 척수 감각을 들여다본다.
중황의 한물건과 척수 감각을 서로 연결시킨다.
천천히 유동하는 척수의 움직임을 관찰한다.
경수 1번에서 시작된 척수의 요동이 흉수를 타고 요수로 내려가서 천수로 이어지는 것을 지켜본다.
척수의 요동에 장부가 반응하는 것을 함께 느껴본다.
척수 전체를 안 몸으로 삼고 중황 기점을 올려다본다.
머리뼈 순화가 이루어지면서 드러나는 식업들을 지켜보고 안 몸의 상태를 함께 주시한다.
이 경로의 운용을 통해 두부(頭部)의 상(像)이 갖추어진다.

열두 번째 경로는 중황, 미심, 백회 라인이다.
머리뼈 순화의 장애를 극복하고 전두엽피질과 시각 경로를 제도한다.
수인을 짓는다.

중황의 한물건과 미심, 백회 경로를 삼각형으로 연결한다.
삼각형의 내면 상태를 주시한다.
머리뼈 순화가 이루어지면서 나타나는 다양한 현상들을 삼각형의 내면으로 비춰본다.
머리뼈가 변형되면서 생겨나는 통증도 비춰보고 오관으로 빠져나가는 냉기도 지켜본다.
증상이 해소되면 백회와 미심을 이어주는 사선에 집중한다. 사선에 각성을 두고 시각(視覺)을 일치시킨다.
사선에서 미심과 중황 사이의 공간을 내려다본다.
텅 빈 공간감과 보는 식의 작용을 함께 인식한다.
전두엽피질이 활성화되고 시각 경로가 제도된다.
백회와 중황 경로에서는 무념주를 인식한다.
이 경로의 운용을 통해서 두정부의 상(像)과 이마부의 상(像)이 갖추어진다.

열세 번째 경로는 중황, 백회, 옥침 라인이다.
이 라인을 운용해서 머리뼈 순화의 장애를 극복하고 시각피질을 제도 한다.
중황의 한물건을 주시하면서 수인을 짓는다.
나선 호흡으로 백회에서 중황까지 숨을 들이쉰다.
백회와 중황 사이에 세워진 무념주를 인식한다.
중황에서 옥침으로 숨을 내쉰다.
옥침판의 자극을 인식한다.

옥침판으로 무심처를 삼는다.
백회, 중황, 옥침을 삼각형으로 연결한다.
삼각형의 내면을 들여다본다.
머리뼈 순화가 일어나면서 생겨나는 현상들을 삼각형의 내면으로 비추어본다.
백회와 옥침을 연결하는 사선을 주시한다.
사선에 시각(視覺)을 일치시키고 무념주와 무심판을 함께 지켜본다. 시각피질이 활성화되고 보는 경로의 업식이 제도된다.
이 경로의 운용을 통해 두정부의 상(像)과 뒤통수의 상(像)이 갖추어진다.

열네 번째 경로는 중황, 중극, 중심 라인이다.
이 라인의 운용을 통해 식의 확장을 이룬다.
중황의 한물건을 중극으로 내린 다음 수인을 짓는다.
중심, 중극, 중황을 삼각형으로 연결시킨다.
나선 호흡으로 백회에서 중극까지 들이쉬고 중극에서 중심으로 숨을 내쉰다.
잠시 멈추어서 중심과 중황을 연결하는 사선을 바라본다.
사선에다 시각을 두고 삼각형의 내면을 들여다본다.
맑고 투명한 내면을 심의 바탕으로 삼는다.
심의 바탕으로 중황을 올려다본다.
중황의 텅 빈 상태를 식의 바탕으로 삼는다.

심의 바탕으로 식의 바탕을 비추어본다.
식의 바탕에서 밝은성품의 느낌을 함께 인식한다.
밝은성품으로 연꽃의 봉우리를 만든다.
꽃잎이 벌어지기 직전의 꽃봉오리 형상을 만들어놓고 그 상태를 지켜본다. 머릿속을 가득 채우고 있는 기쁨을 음미한다.
중황기점에서 연꽃을 개화시킨다.
처음에는 한 겹의 꽃잎을 개화시킨다.
그 모습을 심의 바탕으로 비추어 본다.
그다음에는 두 겹과 세 겹을 개화시킨다.
그 상태를 심의 바탕으로 비추어 본다.
네 겹, 다섯 겹, 여섯 겹을 차례대로 개화시키고 그 상태을 심의 바탕으로 비추어본다.
이와 같은 방법으로 연꽃잎의 개화를 무한하게 확장시킨다. 확장이 멈춰지면 연꽃의 중심을 들여다본다.
백색의 빛무리로 덮여있는 넓은 씨방을 본다.
그 자리를 불단(佛壇)으로 삼아서 부처님과 보살님들을 안치시킨다.
먼저 생멸문의 어머니인 준제보살을 안치시킨다.
- 현재의 생멸문을 껴안고 있는 진여문이 준제보살이다.
준제보살은 본연이 변화된 존재이다.
자시무명에 빠졌던 본연이 생멸문을 낳고 나서 다시 본각을 회복하면 진여문으로 변화된다.

진여문으로 변화된 다음에는 스스로가 생산한 생멸문을 끌어안고 일법계를 이룬다.
생멸문의 모든 생명은 준제보살의 자식이다.
자식이 중황 자리에 연꽃 보좌를 만들면 그 자리에 어머니인 준제보살이 강림하게 된다.
- 백색의 빛무리로 덮여있는 씨방 위에 텅 빈 공간을 주시한다.
텅 빈 공간 속에서 식의 바탕을 인식한다.
심의 바탕으로 식의 바탕을 비춰본다.
그 상태에서 준제보살에 대한 그리움을 일으킨다.
이때 생멸문을 끌어안고 있는 어머니의 모습을 함께 떠올린다. 그러면서 '람'자 발성을 함께 운용한다.
자음 발성으로 'ㄹ' 발성 경로를 운용하고, 모음 발성으로 '이~~~히~~~!' '히!이~~~!' '아~~~!' 발성 경로를 운용한다.
그런 다음 자음 발성으로 '미~~~음!' 발성 경로를 운용한다.
발성을 하면서 준제보살에 대한 관상이 이루어지면 그 모습을 연꽃 보좌에 안치시킨다.
준제보살의 눈을 통해 꽃잎이 펼쳐진 세계를 들여다본다.
이 경로의 운용을 통해서 정수리의 상(像)이 갖추어진다.

열다섯 번째 경로는 미심, 옥침, 명문 라인이다.
이 라인을 통해 교감신경과 호흡 경로를 순화한다.
한물건을 황정으로 내린 다음 수인을 짓는다.

코숨 호흡으로 숨을 들이쉬면서 미심-옥침-명문을 자극해 준다. 호흡이 척추를 따라서 명문으로 내려갈 때 교감신경이 반응하는 것을 인식한다. 열기가 일어나면 명문으로 내린다. 명문과 미심을 연결하는 사선을 인식한다.

사선에 시각을 두고 옥침에서 명문까지 이어진 호흡 경로를 들여다 본다. 삼각형의 내면을 인식한다.

머리부, 목부, 흉부, 배부로 나누어서 삼각형의 내면을 인식한다. 네 영역의 서로 다른 느낌을 비교해 본다.

코숨 호흡으로 미심에서 명문까지 들이쉰다.

좌우로 나누어서 숨을 내쉬면서 열두 개의 뇌신경을 세수하고 여덟 개의 목신경, 열두 개의 흉신경, 다섯 개의 요수신경을 세수한다. 세수의 끝점을 사선으로 삼는다.

사선을 중심선으로 해서 네 영역의 말초신경을 하나로 통합시킨다. 네 영역의 내면 감각이 똑같이 느껴지면 다음 과정으로 넘어간다.

이 경로의 운용으로 등 쪽 골격의 상(像)이 갖추어진다.

열여섯 번째 경로는 미심, 옥침, 하단전 라인이다.
미주신경을 순화하는 라인이다.
한물건을 황정에 두고 미심에서 하단전을 내려다본다.
미심과 하난전에서 일어나는 심장의 박동을 인식한다.
미심과 하단전에서 일어나는 박동을 옥침 기점으로 응집시킨다. 옥침의 박동과 하단전의 박동을 사선으로 연결하고 사선의 상태를 들여다본다.
사선에서 삼각형의 내면을 들여다본다.
머리부, 목부, 흉부, 배부의 느낌을 비교해 본다.
배숨 호흡으로 숨을 들이쉬면서 미심과 하단전을 연결하는 선을 인식한다.
숨을 내쉬면서 옥침과 하단전을 연결하는 사선을 인식한다. 네 영역의 내부감각이 똑같아질 때까지 호흡을 반복한다. 이 경로의 운용으로 미주신경의 불균형을 바로잡는다.

열일곱 번째 경로는 하단전, 명문, 회음 라인이다.
천골의 자율신경을 순화하는 경로이다.
한물건을 황정에 두고 수인을 짓는다.
하단전과 명문, 회음을 연결하는 삼각형을 인식한다.
명문의 쿤달리니와 황정의 한물건 사이에서 작용하는 인력을 주시한다.
삼각형의 내면을 들여다본다.
황정의 한물건과 회음 사이에 작용하는 미세한 요동을 인식한다.
코숨 호흡으로 꼬리뼈 끝까지 숨을 들이쉰다.
척추를 따라 내려오면서 교감신경의 열기를 느끼고 쿤달리니의 열기와 하나로 합쳐준다. 천골이 뜨거워지면 호흡을 내쉬면서 천골신경 전체를 세수해준다.
하단전에 열기가 모이면 회음 기점에 시각을 둔다.

회음에 머물러서 하단전, 황정, 명문 기점을 올려다본다.
세 기점의 열기와 삼각형의 내면을 함께 인식한다.
이 경로의 운용을 통해서 천골부 자율신경과 성선신경총을 순화한다.

열여덟 번째 경로는 중심, 중황, 황정 라인이다.
한물건과 심식(心識)의 바탕을 통합시키고 척수막관을 행한다. 오장의 진액을 채취하는 라인이다.
한물건을 황정에 두고 수인을 짓는다.
중심, 중황, 황정 기점을 연결해서 삼각형을 만든다.
삼각형의 내면을 들여다본다.
중황 기점에서 식의 바탕을 인식하고 중심 기점에서 심의 바탕을 인식한다. 황정 기점에서 한물건의 형질을 관찰한다.
혀끝을 입천장에 붙인 다음 호흡을 들이쉬면서 한물건을 중황으로 올린다.
중황에 머물러서 5식의 바탕을 제도하고 장부 순화를 행한다.
전두엽피질에 시각을 둔다.
중황의 한물건을 내려다보면서 단계적으로 척수막관을 행한다, 황정까지 서른 네 단계의 척수막관을 하면서 33천과 교류하고 오장의 진액을 채취한다. 한물건을 황정에 머물게 하고 열한 개의 기점을 전체적으로 활성화시킨다.
이 경로의 운용을 통해 한물건을 진보시킨다.

열아홉 번째 경로는 중극, 황정, 영대 라인이다.
이 라인을 통해 황중(黃中)을 세운다.
황정에 한물건을 머물게 하고 수인을 짓는다.
중극과 영대, 황정 사이에 삼각형을 형성시킨다.
삼각형의 내면을 주시하면서 중극과 황정 사이의 척수 공간을 인식해 본다.
내호흡을 하면서 한물건을 중극과 황정 사이를 내왕시킨다. 한물건이 오르내릴 때 명문의 쿤달리니도 함께 내왕시킨다.
영대 기점과 중극 기점에서 한물건과 쿤달리니 사이에 간극을 인식한다. 그 간극을 아래로 확장시킨다.
황정과 명문, 중극과 영대 사이의 공간에서 인식된 간극으로 뒷기둥과 중간기둥 사이에 경계를 세운다.
중간 기둥을 통해서는 한물건이 내왕하고 뒷 기둥을 통해서는 쿤달리니가 내왕한다.
흉수 10번 자리에 한물건을 머물게 한다.
그 상태에서 쿤달리니와 간극을 함께 인식한다.
오장에서 요동이 일어나고 한물건과 서로 반응한다.
그 자리가 황중이다.
황중이 세워지면 열한 개의 기점이 한물건과 서로 연결된다.
쿤달리니-간극-황중의 상태를 주시하면서 그 자리에 머무른다.
이 경로의 운용을 통해 열두 번째 기점을 세우고 생명나무를 완성시킨다.

스무 번째 경로는 황중, 중극, 중심 라인이다.
이 라인을 운용하면서 양신을 배양한다.
한물건을 황중에 머물게 하고 수인을 짓는다.
중심, 중극, 황중을 연결하는 삼각형에 집중한다.
삼각형의 내면을 주시한다.
삼각형의 내면을 심의 바탕으로 삼는다.
황중을 주시한다.
황중의 한물건과 쿤달리니 사이에 간극을 인식한다.
간극과 심의 바탕이 서로를 비춰보게 한다.
그 상태에서 한물건에 대한 지극함을 일으킨다.
한물건의 앞쪽으로 심의 바탕을 세워주고 뒤쪽으로 간극을 세워준다. 전두엽피질에 시각을 두고 그 상태를 내려다본다. 한물건에서 밝은 백색 빛이 인식되면 그 상태에 머무른다.

스물한 번째 경로는 황중, 황정, 명문 라인이다.
양신 배양 라인이다.
수인을 짓는다.
황중의 상태를 유지하면서 황정과 명문 라인을 서로 연결한다. 황중과 황정, 명문을 삼각형으로 연결한다.
삼각형의 내면을 인식한다.

이때 중심, 중극, 황중의 삼각형도 함께 유지한다.

스물두 번째 경로는 황중, 황정, 하단전 라인이다.
양신배양 라인이다.
수인을 짓는다.
황중, 중심, 중극 삼각형과 황중, 황정, 명문 삼각형을 유지한 채로 황중, 황정, 하단전을 연결하는 삼각형을 세운다.
그런 다음에 삼각형의 내면을 인식한다.
황중과 쿤달리니 사이에서 형성된 간극과 세 개의 내면이 서로 비춰보도록 한다.

스물세 번째 경로는 황중, 중심, 하단전 라인이다.
양신배양 라인이다.
수인을 짓는다.
중심과 하단전을 연결하고 황중과 연결시켜서 또 하나의 삼각형을 만든다.
삼각형의 내면을 들여다본다.
간극과 네 개의 삼각형이 서로 비춰보도록 한다.
네 개의 삼각형이 갖고 있는 내면과 간극이 서로를 비춰보도록 한다.

스물네 번째 경로는 황중, 중극, 영대 라인이다.
양신배양 경로이다.

수인을 짓는다.
중극과 영대를 연결하고 영대와 황중을 연결한다.
세 기점 사이에 삼각형을 인식하고 내면을 주시한다.
황중을 기점으로 연결된 다섯 개의 삼각형과 간극이 서로를 비춰보도록 한다.
다섯 개의 내면과 간극이 서로를 비춰보도록 한다.

스물다섯 번째 경로는 황중, 영대, 명문 라인이다.
양신배양 경로이다.
수인을 짓는다.
영대와 명문을 연결하고 황중과 연결한다.
세 기점을 연결하는 삼각형을 주시하면서 내면을 인식한다. 영대와 명문 사이의 경로와 중극과 황정 사이의 경로에서 뒷 기둥과 중간 기둥 사이의 간극을 인식한다.
그 간극으로 황중과 연결된 여섯 개의 삼각형을 비추어본다. 여섯 개 삼각형의 내면과 간극이 서로를 비춰보게 하면서 황중을 내려다본다.
이때 시각은 전두엽피질에 머물러있다.
이 상태를 10개월 동안 유지한다.
이 과정에서 사대의 형질을 제도해야 한다.
사대의 형질을 제도하기 위해서는 사대의 체백과 교류해야 한다. 사륜삼매를 익히고 인연지(因緣地)에 머물러서 사대의 형질을 제도한다.

스물여섯 번째 경로는 황중, 중황, 미심 라인이다.
이 라인을 통해, 양신이 출신할 수 있는 조짐을 얻는다.
한물건을 황중에 안치시키고 중극, 황정, 중심, 하단전, 영대, 명문을 연결시켜 주면 여섯 기점으로부터 소약 에너지를 제공받는다. 이 과정을 통해 한물건이 양신으로 변화된다. 여섯 개의 삼각형은 양신의 식(識)이 되고 뒷 기둥과 중간 기둥, 두 기둥 사이의 간극은 양신의 본성이 된다.
본성과 식의 바탕이 갖춰진 양신은 생명성을 갖게 된다.
열 달 동안 황중에서 배양되면 아기와 같은 형상을 갖추게 된다. 양신의 몸은 밝은성품과 오장의 선천기, 후천기, 생체에너지, 슈슘나 에너지, 교감신경 에너지. 오장의 진액, 사대의 에너지가 합쳐진 것이다.
양신을 배양하는 것은 밝은성품의 자연적 성향을 제도하기 위해서다. 양신이 성장하면 몸밖으로 출태를 시킨다.
출태의 경로는 백회이다.
성장이 끝난 양신은 밝은성품을 생성해낸다.
양신이 생성해 내는 밝은성품의 양이 점점 많아지면서 출태의 조짐이 생겨난다.
출태의 조짐은 중황에서 시작된다.
양신이 생성하는 밝은성품이 중황으로 올라온다.
밝은성품이 식의 바탕을 채우게 되면 황홀감이 생겨난다.
그러면서 백색의 빛무리가 머릿속을 가득 채운다.
이 상태가 되면 황중, 중황, 미심 기점을 삼각형으로 연결한다.

수인을 짓는다.
미심에 시각을 두고 중황과 황중을 함께 주시한다.
황중에서 올라오는 은은한 요동이 중간 기둥을 자극하는 것을 인식한다.
그 요동으로 밝은성품이 일으키는 변화를 관찰한다.
식의 바탕에서 밝은성품의 요동이 일어나면 시야가 온통 빛무리로 채워진다.
그러다가 수많은 꽃잎이 흩날리는 것을 보게 된다.
이것이 바로 출신의 조짐이다.

스물일곱 번째 경로는 황중, 중황, 백회 라인이다.
양신 출신 라인이다.
출신의 조짐이 일어나면 황중의 양신을 중황으로 이끌어온다. 밝은성품의 경로를 따라 천천히 유도해와서 중황에 안착시킨다. 중황에 머물러서 백회 기점을 올려다본다.
먼저 밝은성품을 백회로 내보내고 뒤 따라서 양신을 내보낸다. 백회를 빠져나온 양신을 머리 위에 머물도록 한다.
그 상태에서 열두 개의 기점으로 양신을 비춰준다.
양신의 몸에 열두 개의 기점을 세워주고 본성의 상태를 점검한다. 무념·무심·간극의 상태를 일치시켜주고 현전지에 들어간다. 양신을 교육할 때는 십주(十住)의 공법과 십지

(十地)의 절차가 함께 쓰여진다.

스물여덟 번째 경로는 황중, 중황, 중심 라인이다.
양신 교육 라인이다.
머리 위에 머물러있던 양신이 현전지에 들어가면 이때부터 원행지에 들어간다. 양신으로 하여금 생멸문의 다른 세계를 둘러보도록 하는 것이 원행지의 과정이다.
처음에는 가까운 세계를 넘나들게 하고 익숙해지면 멀리 있는 세계로 원행을 시킨다.
현전지를 체득한 양신의 식은 암마라식이다.
때문에 의식·감정·의지가 없다.
하지만 생멸심과 일치가 되면 물듦이 생긴다.
본신이 부동지에 들어가 있으면 양신도 물들지 않지만 그렇지 않으면 언제라도 오염이 된다.
양신은 만행을 하면서 생멸심을 접하게 된다.
그때마다 본성으로 비추어서 물듦이 없도록 해야 하는데 그것이 잘 안되는 경우가 있다.
그런 상황에 처해진 양신을 제도하기 위해서 활용하는 경로가 황중, 중황, 중심 라인이다.

수인을 짓는다.
황중을 기점으로 중황과 중심을 서로 연결시킨다.
중황의 무심처로 양신의 식업을 일치시키고 중심의 무심처로 양신의 심업을 일치시킨다.
그런 다음에 간극으로 비춰준다.
양신의 심식이 제도되면 그 상태에 머물러서 대적정에 들어간다.

스물아홉 번째 경로는 황중, 백회, 미심 라인이다.
양신을 분신시키는 경로이다.
원행지를 통해 생멸문을 만행하고 있는 원신이, 일곱 종류 생명들의 성품을 섭렵하게 되면 다시 본신으로 불러들인다. 백회 기점 위쪽에 원신을 안치시킨다.
그런 다음 백회, 황중, 미심 기점을 서로 연결시킨다.
미심에 시각을 두고 백회와 황중, 양신을 동시에 바라본다. 나선 호흡으로 양신이 생성해 내는 밝은성품을 백회로 빨아들인다. 중황, 중극을 거쳐서 황중에 안착시킨다.
황중이 뿌듯하게 차오르면 밝은성품을 백회로 밀어 올린다. 이때 양신과 백회 사이에서 형성되는 압력을 주시한다. 밝은성품이 서로 부딪치면서 생겨나는 압력을 주시하면서 백회와 양신 사이의 간극을 주시한다.
세 기점을 연결한 삼각형의 내면과 간극의 형질을 함께 비춰본다.
본신의 본성과 양신의 본성을 일치시킨다.
무념처와 무심처 간극을 일치시키고 양쪽에서 생성되는 밝은성품을 지켜본다.

본신에서 생성되는 밝은성품을 백회 기점으로 올리고 양신에서 생성되는 밝은성품은 백회 쪽으로 내린다.
두 종류의 밝은성품이 백회 간극에서 만나게 되면 두 명의 양신이 동시에 출현한다.
본신과 양신 사이에서 형성된 백회 간극에서 새로운 양신들이 만들어진다.
처음에는 두 명의 양신이 동시에 만들어지고 그다음에는 아홉 명의 양신이 만들어진다. 세 번째 과정에서는 81명의 양신이 만들어지고 네 번째 과정에서는 6,561명의 양신이 만들어진다.
다섯 번째 과정에서는 43,046,721명의 양신이 만들어진다. 이와 같은 과정으로 여섯 번을 분열하면 천백억화신이 만들어진다. 여섯 번을 분열시키고 나면 양신과 일치되었던 본성을 분리시킨다. 그런 다음 백회의 간극도 해제시킨다.
미심, 백회, 황정을 연결하는 삼각형의 내면을 들여다본다. 내면 공간을 무한하게 확장시킨다.
그 공간 안으로 천백억화신들을 끌어들인다.
미심에다 시각을 두고 삼각형의 내면을 비추어본다.

서른 번째 경로는 미심, 옥침, 황중 라인이다.
이 경로는 면벽 라인이다.
백회 기점을 닫고 옥침 기점을 작동시킨다.
백회 기점에 두었던 각성을 옥침 기점으로 옮긴다.

그런 다음에 미심, 옥침, 황중 기점을 함께 주시한다.
삼각형의 내부 공간에서 천백억화신들을 비추어 본다.
옥침 기점에서 미심 기점을 바라보면서 천백억화신을 함께 비춰본다. 송과체에서 표출되는 광명을 인식한다. 그 광명으로 천백억화신들을 비추어준다.
세 기점을 광명으로 연결하고 천백억화신들을 비추어준다.
그 상태에 머물러서 면벽에 들어간다.

서른한 번째 경로는 미심, 중황, 옥침 라인이다.
이 경로는 백호광 라인이다.
서른 번째 경로에서 충분하게 면벽이 이루어지면 천백억화신이 빛으로 변화된다.
한 명의 화신이 한가닥의 빛으로 화현되어서 천백억 가닥의 빛줄기가 만들어진다. 천백억 가닥의 빛줄기가 하나로 뭉쳐지면 작은 공만한 크기가 된다.
미심, 옥침, 황중을 연결하는 삼각형의 내부에서 밝은 빛이 응결되면 황중 기점을 거두어 들이고 중황 기점을 세워준다. 중황 기점에서 빛의 공을 안착시킨다.
그런 다음에 미심과 옥침 사이를 내왕시킨다.
그러다가 미심으로 빛을 표출시킨다.
이것을 미심 백호광이라 한다.
미심 백호광은 본신의 의도에 따라 표출되는 가닥수가 조절이 된다.

서른두 번째 경로는 미심, 중황, 옥침, 백회 라인이다.
정수리광 라인이다.
중황에 머물러있던 빛의 공을 백회를 통해 밖으로 내보낸다. 이것을 정수리광이라 한다.
정수리로 빠져나온 광명은 다시 화신의 모습으로 변화될 수 있다. 변화된 화신은 본신을 떠나서 다른 생멸문에 정착할 수도 있고 특정한 존재목적을 부여받고 그 역할을 수행할 수도 있다.

양신을 배양하고, 화신을 분열시키고, 미심백호광과 정수리광을 성취하는 모든 과정을 '수능엄삼매'라 한다.
'수능엄삼매경'에서는 수능엄삼매를 성취할 수 있는 네 가지 절차에 대해 말씀하신다.
첫째가 범부삼매이다.
사념처관법을 활용한 수행법이다.
'선비요법경'에 구체적인 방법이 제시되어 있다.
둘째가 향음삼매이다.
발성법을 활용한 수행법이다.
현겁경과 문수사리문경에 요지가 설명되어 있고 밀교 경전에 구체적인 방법이 제시되어 있다.
단법(壇法), 인법, 발성법, 관법의 체계로 이루어져 있다.
셋째가 부동삼매이다.
보살도 8지 부동지를 말한다.

십주와 십지 수행을 통해 성취한다.
넷째가 6바라밀의 성취이다.
무상무위(無相無爲)로써 이루어지는 6바라밀을 말한다.
보살도 9지와 10지에서 행해지는 6바라밀이다.
십주, 십회향, 십지의 과정이 함께 쓰여진다.
각성의 무명적 습성을 제도하고 밝은성품의 자연적 성향을 제도하며 생멸문 전체를 제도하는 방법이다.
역무육입진(亦無六入盡), 역무명색진(亦無名色盡), 역무식진(亦無識盡), 역무행진(亦無行盡), 역무무명진(亦無無明盡)의 과지법이 활용된다.

"80가지 잘생긴 모양"

80종호를 말한다. 수상 호상 등으로 불리기도 한다.
부처님의 골격과 외형뿐만이 아니라 성격, 음성, 행동에 대한 특징을 세분화한 것이다.
32상과 80종호는 수행의 성취와 천지만물의 호응으로 갖추어진다.

1. 정수리가 보이지 않음. (無見頂)
2. 코가 높고 곧으며 김. (鼻直高好孔不現)
3. 눈썹이 초승달 같고 짙푸른 유리색임. (眉如初生月紺琉璃色)

4. 귓바퀴가 쳐짐. (耳輪成)

5. 몸이 견실함. (身堅實如那羅延)

6. 뼈끝이 갈고리 같음. (骨際如鉤鎖)

7. 몸을 한 번 돌리면 코끼리 왕과 같음. (身一時回如象王)

8. 발걸음이 4촌임. (行時足去地四寸而印文現)

9. 손톱은 적동색이며 얇고 윤택함. (瓜如赤銅色薄而潤澤)

10. 무릎 뼈는 단단하고 원만함. (膝骨堅箸圓好)

11. 몸이 깨끗함. (身淨潔)

12. 몸이 유연함. (身柔軟)

13. 몸이 곧음. (身不曲)

14. 손가락이 길고 섬세함. (指長纖圓)

15. 손금이 장엄함. (指文莊嚴)

16. 맥이 깊음. (脈深)

17. 복사뼈가 보이지 않음. (不現)

18. 몸이 윤택함. (身潤澤)

19. 스스로 몸을 지탱함. (身自持不委陀)

20. 몸이 만족하게 갖추어져 있음. (身滿足)

21. 식이 만족하게 갖추어져 있음. (識滿足)

22. 위의(威儀)도 구족함. (容儀備足)

23. 있는 곳이 평안함. (住處生意和悅輿語)

24. 위엄스러움. (威震一切)

25. 즐겁게 봄. (一切樂觀)

26. 얼굴 크기가 적당함. (面不大長)

27. 용모가 단정함. (正容貌不撓色)
28. 얼굴이 구족함. (面具足滿)
29. 입술이 붉음. (盾赤如보婆果色)
30. 목소리가 깊음. (音響深)
31. 배꼽이 둥글고 깊음. (臍深圓好)
32. 터럭이 오른쪽으로 선회함. (毛右回)
33. 손발이 있음. (手足滿)
34. 손발을 마음대로 함. (手足如意)
35. 손금이 분명하고 곧음. (手文明直)
36. 손금이 김. (手文長)
37. 손금이 연속됨. (手文不斷)
38. 보면 즐거워짐. (一切惡心衆生見者知悅)
39. 넓고 둥근 얼굴. (面廣姝)
40. 달과 같은 얼굴. (面淨滿如月)
41. 중생의 뜻에 따라 기뻐함. (隨衆生意和悅與語)
42. 터럭 구멍에서 향기가 남. (毛孔出香氣)
43. 입에서 향기가 남. (口出無上香)
44. 사자 같은 모습. (儀容如師子)
45. 나아가고 물러남이 코끼리 같음. (進止如象王)
46. 행동이 거위 같음. (行法如鵝王)
47. 머리는 마나라 열매와 같음. (頭如摩陀羅果)
48. 음성이 구족함. (一切聲分具足)
49. 예리한 어금니. (牙利)

50. 붉은 혀. (舌色赤)
51. 얇은 혀, (舌薄)
52. 붉은 터럭. (毛紅色)
53. 깨끗한 터럭. (毛潔淨)
54. 넓고 긴 눈. (廣長眼)
55. 구멍이 구족함. (孔門相具足)
56. 손발이 붉고 흼. (手足赤白如蓮華色)
57. 배꼽이 나오지 않음. (臍不出)
58. 배가 나오지 않음. (腹不現)
59. 가는 배. (細腹)
60. 기울지 않은 신체. (身不傾動)
61. 신체가 묵중함. (身持重)
62. 신체가 큼직함. (身分大)
63. 신체가 장대함. (身長)
64. 손발이 정결함. (手足淨潔軟澤)
65. 신체 주위에 빛이 비침. (邊光各一丈)
66. 빛이 몸에 비침. (光照身而行)
67. 중생을 평등하게 봄. (等視衆生)
68. 중생을 가볍게 보지 않음. (不輕衆生)
69. 중생에 따라 소리를 냄. (隨衆生音聲不過不感)
70. 설법에 차이가 없음. (說法不差)
71. 중생에 맞는 설법을 함. (隨衆生語言而爲說法)
72. 중생의 언어로 대답함. (一發音報衆聲)

73. 차례로 인연에 따라 설법함. (次第有因緣說法)
74. 다 볼 수 없음. (一切衆生不能盡觀)
75. 보는 이가 싫증을 안 느낌. (觀者無厭足)
76. 긴 머리칼. (髮長好)
77. 머리카락이 고름. (髮不亂)
78. 머리카락을 잘 틀어 올림. (髮示好)
79. 푸른 구슬 같은 머리칼. (髮色好如靑珠相)
80. 덕스러운 손발 모습. (手足有德相)

80종호는 복력으로 갖추어진다. 다른 생명을 이롭게 한 공덕으로 갖추어진다.

"자줏빛 황금색과"

부처님의 몸에서 발산되는 광명의 색깔을 말한다.

"열 가지 힘과"

부처님 만이 갖추고 계시는 열 가지 힘을 말한다.
①처비처지력. (處非處智力)
②업이숙지력. (業異熟智力)
③정려해탈등지등지지력. (靜慮解脫等持等至智力)
④근상하지력. (根上下智力)

⑤종종승해지력. (種種勝解智力)
⑥종종계지력. (種種界智力)
⑦변취행지력. (遍趣行智力)
⑧숙주수념지력. (宿住隨念智力)
⑨사생지력. (死生智力)
⑩누진지력. (漏盡智力)

"네 가지 두려움 없음"

부처님이 갖고 계신 네 가지 걸림 없는 면모이다.
정등각무외(正等覺無畏), 누영진무외(漏永盡無畏) 설장법무외(說障法無畏), 설출도무외(說出道無畏)가 그것이다.
정등각무외는 최상 최고의 깨달음을 얻었기 때문에 깨달음의 법을 설하는 것에 걸림이 없다는 말이다.
누영진무외는 번뇌의 원인을 제도했기 때문에 일체의 번뇌가 생기지 않는다는 말이다.
설장법무외는 어떤 법을 설해도 막힘이 없다는 말이다.
설출도무외는 깨달음에 대한 확신이 있기 때문에 출가를 권유함에 있어서 거리낌이 없다는 말이다.

"네 가지 붙들어 주는 법"

사섭법을 말한다.

① 보시(布施): 진리를 가르쳐 주고(法施), 재물을 기꺼이 베풀어 주는 일(財施).
② 애어(愛語): 사람들에게 항상 따뜻한 얼굴로 대하고 부드러운 말을 하는 일.
③ 이행(利行): 신체의 행위(身業), 언어 행위(口業), 정신행동(意業)의 3업에 의한 선행으로 사람들에게 이익을 주는 일.
④ 동사(同事): 자타(自他)가 일심동체가 되어 협력하는 일.

사섭을 실천하기 위해서는 갖추어야 할 면모가 있다.
'보시'를 행하기 위해서는 이기심을 버려야 한다.
자비희사로써 베풂을 행한다.
'애어'는 단순히 부드러운 말이 아니다. 따뜻한 말이다.
생명에 대한 애틋함과 따뜻함이 갖추어져야 애어가 이루어진다.
'이행'을 하기 위해서도 인과를 볼 줄 알아야 한다.
과보를 알고 조화를 성취할 수 있어야 보시와 이행이 이루어진다.
'동사'를 할 때는 겸손하고 겸허해야 한다.
그러면서 책임감과 참여의식이 있어야 한다.

사섭법은 대중이 함께 수행할 때 쓰이는 방편이다.
동사섭 수행이라고 한다.
탁마를 통해 상대적 진보를 이루기 위해 동사섭을 행한다.

동사섭 수행을 하기 위해 갖추어야 하는 네 가지 마음이 사섭법이다.

"18 불공법"

부처님만이 갖고 계시는 18가지 공덕을 말한다.
10력(十力), 사무소외(四無所畏), 삼념주(三念住), 대비심(大悲心)을 말한다.

"삼념주"

제일 염주(第一念住),
제이 염주(第二念住),
제삼 염주(第三念住)를 말한다.
중생을 제도하면서 중생의 습기에 물들지 않는 세 가지 면모를 말한다.
부처님의 삼념주는 정지(正止)와 정념(正念)으로 갖추어진다.
정지(正止)는 바르게 머무르는 것이다.
본성을 이루고 있는 세 가지 요소가 정지의 대상이다.
무념에 머무르고(無念止), 무심에 머무르고(無心止), 간극에 머무른다(間隙止).
정념(正念)은 바르게 지켜보는 것이다.
관행(觀行)이 곧 정념이다.

간극지(間隙止)에 머물러있는 것을 대적정에 들었다고 말한다. 부처님은 항상 간극지에 머물러서 무념지와 무심지를 오르내린다. 그러다가 경계가 도래하면 정념을 행한다.
때문에 어떤 중생을 만나더라도 본성을 이루는 세 가지 요소가 훼손되지 않는다.
부처님을 믿는 중생을 만나도 그 상태를 유지하고 부처님을 비방하는 중생을 만나도 그 상태를 유지한다.
믿고 안 믿는 중생이 섞여 있더라도 그 상태를 유지한다.
무념지, 무심지, 간극지를 하면서 마음 챙김이 지속적으로 이루어지기 때문에 삼념주라 한다.

"대자비"

부처님의 대자비와 보살의 대자비는 목적과 대상이 서로 다르다.
10지 보살까지는 대자비의 대상이 중생이다.
생멸문의 중생들을 제도해서 불공여래장을 완성시키는 것이 대자비를 행하는 목적이다.

등각보살이 되면 대자비의 대상이 달라진다.
등각보살은 부처님에게 향해지는 그리움으로 대자비를 행한다. 이것을 억불(憶佛)이라 한다.
묘각을 이루기 위한 절차이다.

부처님의 대자비는 그 대상이 세 가지이다.
첫 번째 대상은 불세계의 다른 부처님들이다.
불지를 체득하기 위해서 행해지는 대자비이다.
두 번째 대상은 본원본제이다.
정토불사를 완성하기 위해서 행해지는 대자비이다.
세 번째 대상은 생멸문의 중생들이다.
일대사인연을 만들기 위해 행해지는 대자비이다.

32상과 80종호는 전륜성왕도 갖출 수 있지만 18불공은 오로지 부처님만이 갖추신다.
그것이 갖추어지기 이전에는 부처가 아니다.

본문

成等正覺廣度衆生。皆因提婆達多善知識故。告諸四衆。
성등정각광도중생. 개인제바달다선지식고. 고제사중.
提婆達多。却後過無量劫。當得成佛。號曰天王如來應供
제바달다. 각후과무량겁. 당득성불. 호왈천왕여래응공
正遍知明行足善逝世間解無上士調御丈夫天人師佛世尊。
정변지명행족선서세간해무상사조어장부천인사불세존.
世界名天道。時天王佛。住世二十中劫。廣爲衆生說於妙
세계명천도. 시천왕불. 주세이십중겁. 광위중생설어묘
法。恒河沙衆生得阿羅漢果。無量衆生發緣覺心。恒河沙

법. 항하사중생득아라한과. 무량중생발연각심. 항하사

眾生發無上道心。得無生忍至不退轉。時天王佛般涅槃後。
중생발무상도심. 득무생인지불퇴전. 시천왕불반열반후.

正法住世二十中劫。全身舍利起七寶塔。高六十由旬。縱
정법주세이십중겁. 전신사리기칠보탑. 고육십유순. 종

廣四十由旬。諸天人民悉以雜華末香燒香塗香衣服瓔珞幢
광사십유순. 제천인민실이잡화말향소향도향의복영락당

幡寶蓋伎樂歌頌。禮拜供養七寶妙塔。無量眾生得阿羅漢
번보개기악가송. 예배공양칠보묘탑. 무량중생득아라한

果。無量眾生悟辟支佛。不可思議眾生發菩提心至不退轉。
과. 무량중생오벽지불. 불가사의중생발보리심지불퇴전.

佛告諸比丘。未來世中。若有善男子善女人。聞妙法華經
불고제비구. 미래세중. 약유선남자선여인. 문묘법화경

提婆達多品。淨心信敬不生疑惑者。不墮地獄餓鬼畜生。
제바달다품 정심신경 불생의혹자. 불타지옥아귀축생.

生十方佛前。所生之處常聞此經。若生人天中受勝妙樂。
생시방불전. 소생지처상문차경. 약생인천중수승묘락.

若在佛前蓮華化生。
약재불전연화화생.

등징각을 이루어 중생을 널리 제도하게 하였음도, 이것이 모두 제바달다 선지식을 말미암은 연고이니라.
여러 4부 대중에게 이르노니, 제바달다는 이 뒤에 한량없는 겁을 지내고서 부처를 이루리니, 이름을 천왕여래, 응공, 정변지, 명행족, 선서, 세간해, 무상사, 조어장부, 천인사, 불세존이요, 그 세계의 이름은 천도라 하리라.

이때 천왕불은 20중겁을 세상에 머물러 널리 중생들을 위하여 묘한 법을 설하리니, 항하사 중생들이 아라한과를 얻고, 한량없는 중생들이 연각의 마음을 내며, 항하사 중생들이 위없는 도의 마음을 일으켜 무생법인을 얻어 물러가지 않는 자리에 이르리라.

그때 천왕불이 열반에 드신 뒤, 정법은 20중겁 동안 세상에 머물러 있을 것이요, 전신 사리로 7보탑을 세우리니, 높이는 60유순, 가로와 세로는 40유순이리니, 여러 하늘과 사람들이 모두 다 여러 가지 꽃과 가루향, 사르는 향, 바르는 향과 의복과 영락과 당기, 번기와 일산과 풍류와 노래로 7보탑에 예배하고 공양하리라.

한량없는 중생이 아라한과를 얻고, 한량없는 중생이 벽지불을 깨달으며, 불가사의한 중생이 보리심을 내어 물러가지 않는 자리에 이르리라."

부처님이 비구들에게 말씀하셨다. "오는 세상에 선남자, 선여인이 이 묘법연화경의 제바달다품을 듣고 깨끗한 마음으로 믿고 공경하여 의심을 내지 아니하면, 지옥, 아귀, 축생의 길에 떨어지지 아니하고 시방 부처님의 앞에 왕생하여, 나는 곳마다 항상 이 경전을 들으리라.

만일 인간에나 천상에 나면 가장 훌륭하고 묘한 낙을 받고,

부처님 앞에 나면 연꽃 위에 화생하리라."

강설

"등정각을 이루어 중생을 널리 제도하게 하였음도"

등정각이란 묘각을 말한다.

"제바달다 선지식"

제바달다는 석가모니 부처님보다 먼저 묘법연화경을 알았다. 그런데 왜 나중에 부처가 되는 것일까?
수기를 받지 못했기 때문이다.

제바달다 선지식은 석존 출생 시에 아시타 선인으로 환생해 있었다. 그러다가 석존의 성불을 보지 못하고 열반에 들었다. 가전연 존자의 외삼촌이었는데 가전연으로 하여금 출가하도록 안배를 해놓고 열반에 들었다.
부처님께서 제바달다 선지식에게 수기를 주시는 것은 죽은 영혼을 대상으로 하는 것이다.
지금까지는 살아있는 사람이나 보살들을 대상으로 수기를 주셨는데 제바달다의 경우는 영혼으로 존재하는 상태에서 수기를 주신 것이다.

영혼으로 존재하면서도 수기를 받을 수 있다는 사례를 보여주신 것이 제바달다품이다.

본문

於時下方多寶世尊所從菩薩。名曰智積。白多寶佛。當還
어시하방다보세존소종보살. 명왈지적. 백다보불. 당환
本土。釋迦牟尼佛告智積曰。善男子。且待須臾。此有菩
본토. 석가모니불고지적왈. 선남자. 차대수유. 차유보
薩。名文殊師利。可與相見論說妙法可還本土。
살. 명문수사리. 가여상견논설묘법가환본토.

이때 하방의 다보여래를 따라온 보살이 있었으니, 그 이름은 지적이다.
다보 부처님께 "본국으로 돌아가사이다."라고 여쭈었다.
석가모니불이 지적보살에게 말씀하셨다.
"선남자여, 잠깐만 기다려라. 여기 한 보살이 있으니, 그 이름은 문수사리라 하느니라.
이 보살을 보시고 묘한 법을 의논하신 다음, 본국으로 돌아가시게 하라."

강설

문수보살을 만나 뵙고 묘한 법을 의논하신 후에 돌아가시라고 말씀하신다.
'묘한 법을 의논한다'라는 이 말씀에 묘법연화경의 요지가 내포되어 있다.
다보여래 부처님을 대상으로 석가모니 부처님이 묘한 법을 의논하자고 말씀하시는 것이다.
부처님과 부처님 사이에서 오고 가는 묘한 법.
이것을 아는 것이 묘법연화경을 아는 것이다.
석가모니 부처님이 다보여래와 어떤 법을 의논하실까?
그 열쇠를 문수보살이 쥐고 있다.

문수보살은 복잡한 내력을 갖고 있는 보살님이다.
성불해서 용종상 부처님으로 계시다가 수능엄삼매를 통해서 다시 10지 보살로 화현한 존재이다.
일월등명여래의 여덟 아들들과 대통지승여래의 열여섯 아들들을 모두 성불시킨 부처님들의 스승이다.
그런 내력을 갖고 있는 문수보살이 묘한 법을 의논할 수 있는 열쇠를 쥐고 있다.
과연 문수보살이 알고 있는 법은 어떤 법일까?

다보여래도 묘한 부처님이다. 열반에 드신지 수많은 세월이 지났는데도 아직도 육신을 갖고 계신다.
다보여래와 문수보살 사이에는 수능엄삼매라는 공통점이

있다. 그렇다면 수능엄삼매에 대한 말씀을 나누시려는 것일까? 눈여겨볼 대목이다.

수능엄삼매경에서는 세 종류의 부처님에 대해 말씀하신다.
첫 번째 부처님은 여래장계 생멸문의 정토불사를 하는 부처님이다.
두 번째 부처님은 본원본제의 향하문적 습성을 제도하는 부처님이다.
세 번째 부처님은 본원본제의 향하문적 습성도 제도하지 않고 여래장계의 정토불사도 하지 않는 부처님이다.
대통지승여래와 열여섯 아들들은 첫 번째 유형의 부처님들이다. 그중 석가모니 부처님은 두 번째 유형도 함께 갖추고 계신다. 그렇다면 다보여래는 어떤 유형의 부처님일까? 이 또한 궁금한 부분이다.
문수보살 같은 경우도 독특한 부처님이다.
스스로 정토불사를 하지 않고 새로운 부처님을 출현시켜서 정토불사를 하고 계신다.
부처님들이 이와 같이 다양한 존재목적을 갖고 계시는 이유가 무엇인가? 이런 의문점들을 전제로 두고 뒷부분의 내용들을 살펴보기로 하자.

본문

爾時文殊師利。坐千葉蓮華大如車輪。俱來菩薩亦坐寶蓮
이시문수사리. 좌천엽연화대여거륜. 구래보살역좌보련
華。從於大海娑竭羅龍宮自然踊出。住虛空中詣靈鷲山。
화. 종어대해사갈라용궁자연용출. 주허공중예영축산.
從蓮華下至於佛所。頭面敬禮二世尊足。修敬已畢。往智
종연화하지어불소. 두면경례이세존족. 수경이필. 왕지
積所共相慰問。却坐一面。智積菩薩問文殊師利。仁往龍
적소공상위문. 각좌일면. 지적보살문문수사리. 인왕용
宮所化眾生。其數幾何。文殊師利言。其數無量不可稱計。
궁소화중생. 기수기하. 문수사리언. 기수무량불가칭계.
非口所宣非心所測。且待須臾。自當有證。所言未竟。
비구소선비심소측. 차대수유. 자당유증. 소언미경.
無數菩薩坐寶蓮華從海踊出。詣靈鷲山住在虛空。
무수보살좌보연화종해용출. 예영축산주재허공.

이때, 문수사리 보살이 수레바퀴같이 큰 천 잎 연꽃 위에 앉았고, 함께 오는 보살들도 다 보배 연꽃에 앉아서, 큰 바닷속 사가라 용궁으로부터 저절로 솟아 올라오더니 공중에 머물러서 영취산에 이르고, 다시 연꽃에서 내려와 부처님 앞에 나아가 머리를 조아려 두 세존의 발에 예경하였다.
예경을 마치고 지석 보살의 처소에 가서 서로 위로하고 한쪽에 물러가 앉았다.
지적 보살이 문수사리 보살에게 물었다.

"당신께서 용궁에 가서 교화한 중생이 얼마나 되나이까."
문수보살이 말하였다. "그 수효가 한량이 없고 계산할 수 없고, 입으로 말할 수 없으며, 마음으로도 헤아릴 수 없나니, 잠깐만 기다리면 스스로 증명하여 알게 되리이다."
말을 다 끝내기도 전에 무수한 보살들이 보배 연꽃에 앉아 바다로부터 솟아올라와 영취산에 나아가 허공에 머물렀다.

강설

문수보살은 바닷속 사가라 용궁에서 수많은 용들을 교화하고 있었다.
얼마만큼의 시간 동안 교화했는지 모르지만 헤아릴 수 없는 수많은 용들을 제도하였다.

본문

此諸菩薩皆是文殊師利之所化度。具菩薩行皆共論說六波
차제보살개시문수사리지소화도. 구보살행개공론설육바
羅蜜。本聲聞人在虛空中說聲聞行。今皆修行大乘空義。
라밀. 본성문인재허공중설성문행. 금개수행대승공의.
文殊師利謂智積曰。於海教化其事如是。爾時智積菩薩。
문수사리위지적왈. 어해교화기사여시. 이시지적보살.
以偈讚曰。

이게찬왈.

이 보살들이 모두 문수사리 보살이 교화한 이들이니, 보살행을 갖춘 이는 함께 6바라밀다를 말하고, 본래의 성문들은 허공중에서 성문행을 말하다가, 지금은 모두 대승의 공한 이치를 수행하는 이들이다.
문수사리 보살이 지적 보살에게 말하였다. "바다에서 교화한 일이 이러합니다."
그때 지적 보살이 게송으로 찬탄하였다.

강설

"이 보살들이 모두 문수사리 보살이 교화한 이들이니, 보살행을 갖춘 이는 함께 6바라밀다를 말하고"

진여 수행의 6바라밀을 말하는 것이다.

"본래의 성문들은 허공중에서 성문행을 말하다가, 지금은 모두 대승의 공한 이치를 수행하는 이들이다."

'본래의 성문'이란 소승의 견성오도를 수행하던 이들이다.
'대승의 공한이치'란 삼무상도(三無相道를) 말한다.
공무상(空無相), 중무상(中無相), 가무상(假無相)으로 대적정과 대자비를 성취하는 것이다.

본문

大智德勇健	化度無量衆	今此諸大會	及我皆已見
대지덕용건	**화도무량중**	**금차제대회**	**급아개이견**
演暢實相義	開闡一乘法	廣導諸衆生	令速成菩提
연창실상의	**개천일승법**	**광도제중생**	**영속성보리**

크신지혜 크신위덕 위대하신 용맹으로
만생명을 구제하심 나와대중 보았나니
실상의뜻 연설하고 일승법을 열어주어
인도하신 많은생명 보리이뤄 주셨도다.

강설

'실상의 뜻'이란 본제(本際)의 이치를 말한다.

본문

文殊師利言。我於海中唯常宣說妙法華經。智積問文殊師
문수사리언. 아어해중유상선설묘법화경. 지적문문수사
利言。此經甚深微妙。諸經中寶世所希有。頗有衆生勤加

리언. 차경심심미묘. 제경중보세소희유. 파유중생근가
精進修行此經速得佛不. 文殊師利言. 有娑竭羅龍王女.
정진수행차경속득불불. 문수사리언. 유사갈라용왕녀.
年始八歲. 智慧利根善知衆生諸根行業. 得陀羅尼. 諸佛
년시팔세. 지혜리근선지중생제근행업. 득다라니. 제불
所說甚深祕藏悉能受持. 深入禪定了達諸法. 於刹那頃發
소설심심비장실능수지. 심입선정요달제법. 어찰나경발
菩提心. 得不退轉辯才無礙. 慈念衆生猶如赤子. 功德具
보리심. 득불퇴전변재무애. 자념중생유여적자. 공덕구
足心念口演. 微妙廣大慈悲仁讓. 志意和雅能至菩提.
족심념구연. 미묘광대자비인양. 지의화아능지보리.

문수사리 보살이 말하였다.
"나는 바다 가운데서 항상 묘법연화경만 연설하였나이다."
지적 보살이 문수사리 보살에게 물었다. "이 경은 매우 깊고 미묘하여 여러 경전 중에서 보배이오며, 세상에 있기 어려운 것이외다.
중생들이 부지런히 정진하여 이 경을 닦아 행하면 빨리 부처가 될 수 있나이까."
문수사리 보살이 말하였다. "그러하외다. 사가라 용왕에게 딸이 있어 나이 여덟 살인데, 지혜 있고 총명하여 중생들의 신·구의 3업을 잘 알고, 다라니를 얻었으며, 여러 부처님이 말씀하신 깊고 비밀한 법장을 다 받아지니었으며, 선정에 깊이 들어가 모든 법을 분명히 알고, 찰나 동안에 보리심을 일으켜 물러가지 않는 자리(不退轉)를 얻었나이다.
변재가 걸림이 없고, 중생들을 어여삐 생각하기를 갓난 자식 같이 하며, 공덕이 구족하여 마음으로 생각하고 입으로 연설함이 미묘하고 광대하며, 인자하고 겸양하며, 마음이 화평하여 능히 보리에 이르렀나이다."

강설

"그러하외다. 사가라 용왕에게 딸이 있어 나이 여덟 살인데, 지혜 있고 총명하여 중생들의 신·구·의 3업을 잘 알고"

중생들의 신·구·의 3업을 잘 안다는 것은 3업이 생긴 원인과 현재 갖고 있는 3업의 상태를 잘 안다는 말이다.
3업이 생긴 원인이 여래장연기와 생멸연기이다.
본원본제에서 본연(本然)과 자연(自然), 인연(因緣)이 생겨나는 것이 여래장연기이다.
각성의 무명적 습성과 밝은성품의 자연적 성향, 근본 정보와 생멸 정보간에 일어나는 인연적 성향으로 인해 생멸연기가 일어난다.
여덟살 짜리 용녀가 이 과정을 안다는 말이다.

중생들이 갖고 있는 현재의 3업에 대해 알기 위해서는 숙명통과 타심통, 누진통을 얻어야 한다.
여덟 살짜리 용녀가 육신통을 갖추었다는 말이다.

"다라니를 얻었으며"

다라니를 얻었다는 말은 향음(響音) 수행을 통해 불보살님들과 동법계(同法界)를 이룰 수 있다는 말이다.
불보살님들과 동법계가 이루어지면 억불(憶佛)의 대상이 되는 불보살님과 일치를 이룬 상태에서 진여 수행이 이루어진다.

"여러 부처님이 말씀하신 깊고 비밀한 법장을 다 받아 지니었으며"

비밀한 법장을 밀장(密藏)이라 한다.
밀장을 얻기 위해서는 다라니 수행을 통해 직접 일치를 이루어서 법을 전수 받든지 아니면 밀법을 수호하는 테르젠들을 만나야 한다. 때로는 밀장이 자신의 유전자 속에 기록되어 있는 경우도 있다.
용녀의 경우는 세 가지 인연이 모두 갖추어진 것 같다.
문수보살이 최고의 테르젠이며 일체의 다라니를 가르치는 본사(本師)이기 때문이다.
이쯤 되면 용녀의 유전적 내력이 궁금해진다.

"선정에 깊이 들어가 모든 법을 분명히 알고"

보살도 9지와 10지에서 이루어지는 선정 바라밀을 성취했다는 말이다.

"찰나 동안에 보리심을 일으켜 물러가지 않는 자리(不退轉)를 얻었나이다."

찰나 동안에 보살도 8지에 들어갔다는 말이다.
이런 성취를 이루려면 태어나기 이전부터 이미 8지 이상을 증득하고 있어야 한다. 용녀는 전생에 8지 이상의 깨달음을 증득한 보살이다.

"변재가 걸림이 없고, 중생들을 어여삐 생각하기를 갓난 자식같이 하며"

변재무애와 대자비가 갖추어져 있다는 말이다.
변재무애는 설근원통으로 갖추어진다.
9지 선혜지를 성취하고 육근원통을 이루었다는 말이다.

"공덕이 구족하여 마음으로 생각하고 입으로 연설함이 미묘하고 광대하며"

공덕이 구족하다는 말은 천지만물의 호응을 받고 있다는 말이다. 정토불사의 공덕이 있어야 천지만물의 호응을 얻는다. 용녀는 정토불사에 참여했던 내력을 갖고 있는 보살이었다.

"인자하고 겸양하며, 마음이 화평하여 능히 보리에 이르렀나이다."

타고난 성품이 그러하다는 말이다.
참으로 대단한 내력을 갖고 있는 용녀 보살이다.

본문

智積菩薩言。我見釋迦如來。於無量劫難行苦行。積功累
지적보살언. 아견석가여래. 어무량겁난행고행. 적공누
德求菩提道。未曾止息。觀三千大千世界。乃至無有如芥
덕구보리도. 미증지식. 관삼천대천세계. 내지무유여개
子許非是菩薩捨身命處。為眾生故。然後乃得成菩提道。
자허비시보살사신명처. 위중생고. 연후내득성보리도.
不信此女於須臾頃便成正覺。言論未訖。時龍王女忽現於
불신차녀어수유경변성정각. 언론미흘. 시용왕녀홀현어
前。頭面禮敬却住一面。以偈讚曰。
전. 두면예경각주일면. 이게찬왈.

지적 보살이 말하였다.

"내가 보니, 석가여래께서는 한량없는 겁 동안에 어려운 고행을 행하시고 공덕을 쌓아 보리의 도를 구하심에 잠깐도 쉬지 아니하셨나이다. 삼천대천세계를 보아도, 겨자씨만한 곳에라도 보살의 몸과 생명을 버리지 않은 곳이 없나이다. 다 중생을 위한 연고이옵니다.

그러한 후에야 보리의 도를 이루셨는데, 이 용녀가 잠깐 동안에 정각을 이루었다는 말은 믿을 수 없나이다."

말을 마치기도 전에, 용녀가 문득 앞에 나타나서 머리를 조아려 예경하고 한쪽에 물러가 앉아서 게송으로 찬탄하였다.

강설

석가모니 부처님은 한량없는 세월 동안 정토불사에 동참해서 천지만물로부터 호응을 얻고, 그런 다음에 부처가 되었는데 용녀가 어느 세월에 그와 같은 공덕을 쌓았냐는 말이다.

본문

深達罪福相	偏照於十方	微妙淨法身	具相三十二
심달죄복상	**변조어시방**	**미묘정법신**	**구상삼십이**
以八十種好	用莊嚴法身	天人所戴仰	龍神咸恭敬

이팔십종호	**용장엄법신**	**천인소대앙**	**용신함공경**
一切衆生類	無不宗奉者	又聞成菩提	唯佛當證知
일체중생류	**무불종봉자**	**우문성보리**	**유불당증지**
我闡大乘教	度脫苦衆生		
아천대승교	**도탈고중생**		

죄와복을	통달하여	시방세계	두루비친
미묘하온	청정법신	삼십이상	갖췄으며
팔십가지	좋은모양	그법신을	장엄하니
하늘인간	다받들고	용과귀신	공경하네
모든세간	중생들이	한결같이	받드나니
듣고보리	이루는일	부처님만	아시나니
나도이제	대승교법	이세상에	펼치어서
괴로움에	빠진중생	모두모두	건지리라

강설

이미 용녀가 32상 80종호를 갖추었다는 말이다.
용녀는 이미 10지 보살을 넘어서 등각도를 성취한 상태이다.
한 명의 존재가 등각도를 이루기 위해서는 하나의 생멸문을 제도해서 불공여래장을 성취해야 한다.
이 과정에서 수 많은 불보살들을 만나게 된다.

때문에 본원본제의 여래장계 안에서 등각보살이 출현하면 그가 누구인지 대부분의 불보살들은 모두 다 알고 있다.
지적 보살은 다보여래를 모시고있는 협시 보살이다.
그 또한 10지 보살이다.
그런 그가 용녀의 내력을 알지 못한다.
도대체 용녀는 어디에서 보살도를 수행했고 어떤 생멸문에서 등각도를 성취했다는 말인가?
이 질문에 석가모니 부처님이 다보여래와 상의하고자 하시는 '묘한 법의 이치'가 내포되어 있다.

용녀는 생멸연기를 통해 생겨난 존재가 아니다.
용녀는 중생의 과정을 거치지 않은 새로운 생명이다.
용녀가 살았던 세계는 본원본제의 여래장계가 아니다.
본원본제의 여래장계를 벗어난 새로운 세계이다.
그 세계는 어떤 세계이고 용녀는 어떻게 해서 생겨나게 되었을까?
석가모니 부처님께서는 용녀의 일을 놓고 이 말씀을 하시고자 하는 것이다.

여래장연기나 생멸연기를 거치지 않고 생겨나는 존재들이 화신불(化神佛)이다.
두 종류의 화신불이 있다.
첫 번째 화신불은 일심법계 부처님이 만들어내는 화신불

이다. 수능엄삼매로 나투어진다.

석가모니 부처님은 8천만억의 화신불을 분신하셨다.

두 번째 화신불은 일심법계 부처님과 본원본제가 동법계를 이루어서 만들어내는 화신불이다.

이 화신불에 대해서는 다른 경전에서는 언급하지 않으셨다.

여기까지의 내용을 놓고 추측해 보면 용녀 보살은 두 번째 화신불일 가능성이 높다.

앞의 내용에서 보았듯이 분신 화신불들은 본신 부처님과 동격을 이루고 있다. 때문에 또 다른 수행을 통해 깨달음을 구하지 않는다. 더군다나 이미 정해진 생멸문에서 정토불사를 하고있기 때문에 윤회에 들지 않는다.

하지만 용녀의 경우는 용으로 태어나서 윤회에 들었다.

그러면서도 등각을 이루고 묘각을 이루기 위해 기다리고 있다. 이것이 용녀가 첫 번째 화신불이 아니라고 생각하는 이유이다.

그렇다면 두 번째 화신불은 어떤 과정을 통해 생겨나고 어떤 상태로 생겨나는 것일까?

이 부분에 대해서 어떻게 말씀하시는지 세심하게 들여다 봐야 한다.

본문

時舍利弗語龍女言。汝謂不久得無上道。是事難信。所以

시사리불어용녀언. 여위불구득무상도. 시사난신. 소이
者何。女身垢穢非是法器。云何能得無上菩提。佛道懸曠
자하. 여신구예비시법기. 운하능득무상보리. 불도현광
經無量劫。勤苦積行具修諸度。然後乃成。又女人身猶有
경무량겁. 근고적행구수제도. 연후내성. 우여인신유유
五障。一者不得作梵天王。二者帝釋。三者魔王。四者轉
오장. 일자부득작범천왕. 이자제석. 삼자마왕. 사자전
輪聖王。五者佛身。云何女身速得成佛。
륜성왕. 오자불신. 운하여신속득성불.

이때 사리불이 용녀에게 말하였다.
"그대는 오래지 않아 위없는 도를 얻으리라 생각하나, 나는 그 일을 믿기 어렵노라. 그 까닭을 말하면, 여자의 몸은 때묻고 더러워서 법의 그릇이 아니거늘, 어떻게 위없는 보리를 얻겠는가.
부처 되는 길은 멀고 멀어서, 한량없는 겁을 지나면서 애써 수행을 쌓으며, 여러 가지 바라밀다를 구족하게 닦고서야 이루는 것이 아닌가. 또, 여자의 몸에는 다섯 가지 장애가 있나니 첫째 범천왕이 되지 못하고, 둘째 제석천왕이 되지 못하며, 셋째 마왕이 되지 못하고, 넷째 전륜성왕이 되지 못하며, 다섯째 부처가 되지 못하는 것이 그것이니라. 어떻게 여자의 몸으로 빨리 성불할 수 있겠느냐."

강설

여자의 몸으로 되지 못하는 다섯 가지 장애.
부처님과 전륜성왕과 마왕천왕, 그리고 범천왕과 제석천왕 사이에는 어떤 공감대가 있어서 여자의 몸으로는 이룰 수 없는 것일까?
이분들이 갖고 있는 공통된 부분이 영토 확장의 책무이다. 제석천왕은 욕계의 천상세계를 확장시켜야 할 책무가 있다. 범천왕은 색계의 천상세계를 확장시켜야 하는 책무가 있다. 전륜성왕은 인간세계의 영토를 확장시켜야 하는 책무가 있다.
마왕은 아수라계를 확장시켜야 하는 책무가 있다.
부처님은 여래장계의 정토불사를 마무리해야 하는 책무가 있다.
세계의 영토를 보존하고 확장시키는 역할을 하는 존재들은 당기는 힘을 갖추고 있어야 한다. 당기는 힘은 공간의 결속력을 공고하게 해주는 기능이 있고 미는 힘은 공간을 분열시키는 기능이 있다.
남자는 당기는 힘을 더 많이 갖고 있고 여자는 미는 힘을 더 많이 갖추고 있다.

남자와 여자는 개체 생명이 출현하고부터 생겨났다.
생멸연기가 진행되는 명색(名色)의 과정에서 남자와 여자의 원신이 생겨났다.
본성의 면모는 남자와 여자가 다르지 않다.
생멸심의 성향과 에너지적 성향이 서로 다를 뿐이다.
여자의 경우, 생멸심의 성향은 긍정성보다 부정성이 더 강하다. 능동성보다 수동성이 더 많다.
의식·감정·의지를 놓고서는 감정적 성향이 더 강하다.
에너지적 성향은 미는 힘이 더 강하다.
명색을 통해 개체 생명이 분열될 때 이와 같은 성향을 갖고 있는 원신들이 여성성을 갖게 되었다.
남자는 여자와 반대되는 성향을 갖추고 있다.
생멸심의 성향은 긍정성이 더 강하고 능동적이다. 의식적 성향이 더 많다.
남녀의 성은 고정된 것이 아니다.
윤회를 하면서 식의 성향과 에너지적 성향이 변화되면 언제라도 바뀌게 된다.

부처님은 본원본제와 동법계를 이루어서 정토불사를 마무리해야 한다.
본원본제는 여성성을 갖고 있다.
본원본제의 여성성은 미는 힘으로 생겨난 것이다.
부처님이 본원본제와 동법계를 이루려면 당기는 힘을 갖추고 있어야 한다. 때문에 남자라야 한다.

본원본제를 "옴"이라고 부른다.
반면에 부처님을 "훔"이라고 부른다.
"옴"에서 생겨난 여래장계를 "마"라 하고 천지만물을 "니"라 한다.
견성오도와 해탈도를 이루어서 생멸 수행을 마친 존재를 "반"이라 한다. 진여문에 들어가서 진여 수행을 하는 존재를 "메"라 한다.
"옴"에서 비롯되서 "마"를 거치고 "니"가 되었기에 "옴마니"이다. 그래서 중생은 자기를 낳아 준 존재를 "오마니"라고 부른다. '나는 당신에게서 비롯되었습니다'라는 뜻이다.
"니"가 "반"과 "메"를 마치고 "훔"이 되면 다시 "옴"에게로 되돌아간다.
"훔"이 "옴"에게로 되돌아가는 것은 정토불사를 마무리하고자 하는 목적도 있지만 생명이 갖고 있는 회귀적 본능이다.
"훔"이 "옴"에게로 되돌아가려면 공간적으로 일치를 이루어야 한다. 본원본제의 체(體)와 일심법계의 체(體)가 동법계(同法界)를 이루려면 에너지 기반이 서로 달라야 한다.
"옴"의 공간은 미는 힘으로 이루어져 있다.
"훔"의 공간이 "옴"의 공간과 합체를 이루려면 당기는 힘으로 이루어져 있어야 한다.

마왕이 남자어야 하는 이유가 있다.
마왕은 마왕천을 넓혀가야 하는 책무가 있다.

때문에 미는 힘을 생성해 내면 안된다.
마왕천은 밖의 중생들이 생성해 내는 미는 힘을 받아들여서 세계를 유지해 간다. 때문에 미는 힘들을 받아들이려면 당기는 힘으로 이루어진 중심이 있어야 한다.
중심의 역할을 마왕이 한다.

제석천과 대범천은 마왕천이 넓어지는 것을 극도로 꺼려한다. 마왕천이 넓어지면 하늘세계가 좁아지기 때문이다.
제석천왕과 대범천왕은 중생들이 미는 힘을 생성해내지 못하도록 권선하고 제도한다. 선근을 쌓고 신앙심을 갖는 것은 제석천의 법과 대범천의 법을 따르는 것이다.

부처님이 행하시는 정토불사도 여래장계가 미는 힘으로 채워져서 공간이 분열되는 것을 막기 위해서이다.
본원본제가 생성해내는 밝은성품이 미는 힘으로 변화되면서 여래장 공간이 분리되었다. 그 결과로 생겨난 것이 본연 공간이다. 이렇게 생겨난 본연 공간이 최초의 환(幻)이다. 본연 공간 안에서 생멸연기가 일어나면 본연 공간이 또다시 분리된다. 그 결과로 생겨나는 것이 생멸문이다. 생멸문이 출현하면 두 번째 환(幻)이 생겨난 것이다. 생멸문이 분열돼서 천지만물이 되는 것도 생멸 공간이 분열된 것이다. 천지만물은 세 번째로 생겨난 환(幻)이다. 환(幻)에서 비롯된 환(幻)의 중생이 부정성과 거부의식, 두려움과 번뇌에 빠지면서 미는 힘을 생성해낸다.
그렇게 생성된 미는 힘이 마왕천을 확장시키고 여래장 공간을 오염시킨다. 이로 인해 세간이 어둠에 휩싸이고 공간이 분열된다.
부처님과 제석천왕, 대범천왕은 공통의 존재목적을 갖고 계신 분들이다.

본문

爾時龍女有一寶珠。價直三千大千世界。持以上佛。
이시용녀유일보주. 가치삼천대천세계. 지이상불.
佛即受之。龍女謂智積菩薩尊者舍利弗言。我獻寶珠世
불즉수지. 용녀위지적보살존자사리불언. 아헌보주세
尊納受。是事疾不。答言甚疾。女言。以汝神力觀我成佛。
존납수. 시사질부. 답언심질. 여언. 이여신력관아성불.
復速於此。
부속어차.

그때 용녀에게 한 보배 구슬이 있으니, 값이 삼천대천세계에 상당하였다.
그것을 부처님께 바치니, 부처님이 곧 받으셨다.
용녀가 지적 보살과 사리불에게 말하였다.
"내가 보배 구슬 바치는 것을 세존께서 받으시니, 그 일이 빠르옵니까, 빠르지 않습니까."
대답하되, "매우 빠르니라."라고 하였다. 용녀가 말하였다.
"당신들의 신통한 힘으로 나의 성불하는 것을 보십시오, 그보다도 더 빠를 것입니다."

강설

용녀에게 있는 보배 구슬의 값이 삼천대천세계에 상당했다는 것은 용녀가 갖고 있는 복력이 삼천대천세계 전체를 합친 것과 같다는 의미이다.
등각 보살의 복력과 같다는 말씀이시다.
등각 보살은 진여문과 생멸문을 하나로 합친 존재이다.
업력의 관점으로 보면 생멸문과 진여문으로 나누어지기 이전의 본연 상태와 같다.
다만 등각 보살은 실제를 체득한 상태이고 본연은 첫 번째 환(幻)에 머물러 있는 상태이다.
본원본제와 일심법계가 동법계를 이룬 상태에서 출현한 화신불이 본연과 같은 업력을 갖고 있는 등각 보살이라는 의미이다.

"그것을 부처님께 바치니, 부처님이 곧 받으셨다."

부처님께서 보배 구슬을 받으신 것은 용녀의 깨달음을 인정하신 것이다. 용녀는 이 순간에 성불 수기를 받은 것이다.

"내가 보배 구슬 바치는 것을 세존께서 받으시니, 그 일이 빠르옵니까, 빠르지 않습니까."

그 일이란 곧 깨달음을 인정하고 성불 수기를 주신 것이다.

"당신들의 신통한 힘으로 나의 성불하는 것을 보십시오, 그보다도 더 빠를 것입니다."

부처님과 마음을 주고받는 것보다 더 빠르게 성불하겠다는 말이다. 참으로 대단한 존재이다.

본문

當時衆會皆見龍女。忽然之間變成男子。具菩薩行。即往
당시중회개견용녀. 홀연지간변성남자. 구보살행. 즉왕
南方無垢世界。坐寶蓮華成等正覺。三十二相八十種好。
남방무구세계. 좌보련화성등정각. 삼십이상팔십종호.
普爲十方一切衆生演說妙法。
보위시방일체중생연실묘법.

그때 여러 모인 이들이 보니, 용녀가 잠깐 동안에 남자로 변하여서 보살의 행을 갖추고, 곧 남방의 무구(無垢) 세계에 가서 보배로운 연꽃에 앉아 등정각을 이루고, 32가지 훌륭한 몸매와 80가지 원만한 모양을 갖추고, 시방의 모든 중생을 위하여 미묘한 법을 연설하였다.

강설

여자는 성불을 하지 못한다 하니 잠깐 동안에 남자로 변해서 성불을 했다는 말씀이시다.
참으로 대단한 위신력이다.
본원본제와 동법계를 이룬 상태에서 출현한 화신불은 대단한 능력을 가지고 있다.
출현할 때부터 이미 밝은성품이 일으키는 자연적 변화가 없고 각성의 무명적 습성도 갖고 있지 않다. 생멸심을 갖고 있지 않으면서도 모든 중생들의 마음을 알고 있으니 그야말로 연기를 거치지 않는 새로운 생명이 출현한 것이다.
석가모니 부처님은 다보여래에게 새로운 생명이 출현했음을 보여주고 계신 것이다.

본문

爾時娑婆世界菩薩聲聞天龍八部人與非人。皆遙見彼龍女
이시사바세계보살성문천룡팔부인여비인. 개요견피용녀

成佛。普爲時會人天說法。心大歡喜悉遙敬禮。無量衆生
성불. 보위시회인천설법. 심대환희실요경례. 무량중생
聞法解悟得不退轉。無量衆生得受道記。無垢世界六反震
문법해오득불퇴전. 무량중생득수도기. 무구세계육반진
動。娑婆世界三千衆生住不退地。三千衆生發菩提心而得
동. 사바세계삼천중생주불퇴지. 삼천중생발보리심이득
受記。智積菩薩及舍利弗。一切衆會默然信受。
수기. 지적보살급사리불. 일체중회묵연신수.

이때, 사바 세계의 보살과 성문과 천룡 8부와 사람과 사람 아닌 이들이, 용녀가 성불하여 모인 대중의 천상, 인간들을 위하여 법을 설하는 것을 멀리서 보고, 마음이 크게 환희하여 멀리 바라보며 예경하였다.
한량없는 중생은 법을 듣고 깨달아 물러가지 않는 자리를 얻었고, 한량없는 중생은 도(道)의 수기(授記)를 받았으며, 무구세계는 여섯 가지로 진동하고, 사바세계의 3천 중생은 물러가지 않는 지위에 머무르고, 3천 중생은 보리심을 일으켜 수기를 받으니, 지적 보살과 사리불과 모든 대중들이 잠자코 믿어 마음 깊이 받아들였다.

강설

문수보살이 용궁에 가서 교화를 시작한 것이 영산회상 당시의 시간적 관점으로 보면 잠깐 사이의 일이었다.

그 잠깐 사이에 이렇게 많은 용들을 제도를 했다는 것이 놀라운 일이다.

시공을 조절해서 그렇다 하더라도 묘법연화경을 듣고 이해한 것만으로 즉신성불을 한다는 것은 연기를 거쳐온 생명들에게는 일어날 수 없는 일이다.

만약 용녀가 본원본제와 동법계를 이룬 상태에서 출현한 화신불이라면 그런 일이 일어날 수도 있다.

그 화신불이 용의 딸로 태어났다면 묘법연화경을 한 번만 듣고도 즉신성불을 할 수가 있다. 출현할 때 이미 등각을 이룬 상태이기 때문이다.

그런데 왜 딸로 태어났을까? 처음부터 아들로 태어났으면 번거로움이 없었을 텐데 왜 딸로 태어나서 변신의 과정을 거쳐야 했을까? 이 또한 생각해 볼 문제이다.

일심법계와 본원본제가 동법계를 이루었을 때 출현하는 모든 화신불들은 여자인가? 그럴 수도 있다.

왜냐하면 본원본제도 여성성을 갖고 있고 본원본제에서 분리된 본연도 여성성을 갖고 있기 때문이다.

앞서 말씀드렸듯이 여성성의 원인은 에너지적 성향과 생멸심의 성향으로 만들어진다.

본원본제와 본연은 생멸심이 없기 때문에 에너지적 성향만으로 여성성을 갖게 된다.

일심법계와 본원본제가 동법계를 이룬 상태에서 만들어

지는 화신불은 본원본제의 밝은성품과 일심법계의 밝은성품이 합쳐져서 생겨난 존재이다. 때문에 밝은성품 간에 작용하는 미는 힘으로 체성(體性)을 이루고 있다.

본원본제의 밝은성품 공간에서 분리된 본연도 마찬가지이다. 밝은성품 간에 작용하는 미는 힘과 고유진동수의 차이로 인해 여래장 공간에서 분리되었다. 때문에 본연도 여성성을 갖고 있다.

본연이 생멸문을 분리시키고 나면 생멸문 자체도 여성성을 갖게 된다. 생멸문부터는 생멸심의 성향과 에너지적 성향으로 여성성이 생겨난다.

생멸문을 분리시킨 본연이 진여문으로 돌아가면 그 진여문도 여성성을 갖게 된다.

남성성은 식의 틀이 생겨난 후에 의지가 긍정성과 부정성을 갖게 되면서 생겨나게 되었다.

본원본제의 관점에서 보면 본연이 자식이고 진여문과 생멸문은 손녀이다. 천지만물은 증손인데 증손에서 최초의 손자가 생겨난 것이다.

본원본제 혼자서는 본연을 낳고 일심법계와 동법계를 이룬 상태에서는 등각화신불을 낳는다.

그때 태어난 자식도 딸이라는 말이다.

정토불사의 여정은 증손자가 일심법계를 이루어서 증조할머니에게 돌아가는 과정이다.

여래장계의 모든 천지만물은 본원본제의 자손이다.

"옴"에서 비롯된 "니"인 것이다.
일심법계 부처님이 본원본제의 향하문적 성향을 제도한다는 것은 본연의 일어남을 차단시킨다는 말이다.
본연의 일어남이 차단되고 나서 생겨나는 것이 용녀와 같은 등각화신불이다.
다보여래는 수능엄삼매를 이루어서 이미 무한한 수명을 얻었다. 하지만 본원본제와 동법계를 이루지는 못했다.
때문에 등각화신불의 일을 알지 못한다.
만약 다보여래가 등각화신불의 일을 알고 있었다면 처음 석가모니불을 만났을 때 분신불 뿐만이 아니고 등각화신불까지 모아 달라고 했을 것이다.
그렇게 하지 않은 것은 그 일에 대해 몰랐기 때문이다.
석가모니 부처님이 다보여래와 상의하고자 하는 일은 본원본제의 일이다.

용녀의 일을 놓고서는 또 한가지 의문이 남는다.
용녀로 태어나기 전에는 어디에 있었을까?
등각화신불로 생겨나자마자 용녀로 태어났을까?
아니면 여래장계의 불보살들도 알지 못하는 새로운 공간이 있는 것일까?
당시에 다보여래도 똑같은 의문을 갖고 있었을 것이다.

소승 쪽으로 치중해있는 사람들은 법화경을 위경이라고 한다. 법화경을 신성시하고 경전 이름만 외워도 기적이 나타난다고 하니까 오히려 더 외도스럽게 본다.
필자 또한 마찬가지였다.
법화경은 아예 쳐다보지도 않았다.
하지만 법화경의 내용을 들여다보니 여기에는 놀라운 말씀들이 수록되어 있었다.
묘각을 이루는 방법과 정토불사를 해야 하는 이유, 본원본제와 동법계를 이루고 본원본제를 제도하는 방법, 제도 이후에 일어나는 결과에 대해서 상세하게 설명되어 있었다.
법화경이야말로 부처님의 마지막 말씀이고 불법의 정수라는 것을 그제서야 알게 되었다.
그때부터 이 경전의 한 글자 한 글자를 세심하게 뜯어보기 시작했다. 그러면서 부처님께서 이 경전을 말씀하신 이유를 알게 되었다.
용녀에 대한 말씀도 그냥 가볍게 지나갈 수도 있었다.
'용왕의 딸이 그렇게 즉신성불을 했구나. 묘법연화경이 그와 같은 효과가 있구나.' 이런 정도로만 생각하고 그냥 지나갈 수도 있었다. 하지만 그렇게 할 수가 없었다.
제도된 본원본제의 일.
본원본제의 향하문적 성향이 제도되면 그 이후에는 어떤 일이 생겨날까? 이 문제를 사유하다 보니끼 지연스럽게 등각화신불을 생각하게 되었다.
'일심법계 부처님이 천백억 화신을 만들어내듯이 본원본제가 만들어냈던 본연이 화신불로 바뀌어서 등각화신불이 되는구나.' 이런 생각을 하던차에 용녀의 말씀을 접하게 되니 '그렇게 만들어진 등각화신불 중 하나가 용녀구나.'라고 생각하게 된 것이다.

'제바달다품에서 용녀 말씀을 하시는데 왜 용녀를 등장시켰을까? 가려고 하는 다보여래를 붙잡아놓고 왜 용녀를 등장시킨 것일까? 여기에는 부처님들만이 의논할 수 있는 무언가가 있구나. 중생들은 모르지만 부처님들만이 알고 있는 무언가가 있구나.' 그런 생각을 하게 된 것이다.

제바달다품도 수기품의 연장이다.
죽은 존재에게도 수기를 줄 수 있다는 것이 제바달다품을 말씀하신 이유이다.
용녀의 경우는 환생한 등각화신불은 즉신성불을 할 수 있다는 사례를 보여주신 것이다.
수기를 받든지 받지 않든지 부처님으로부터 깨달음만 인정받으면 그 즉시 성불할 수 있다는 사례를 보여주신 것이다.

여래장연기와 생멸연기를 거쳐온 존재는 인간으로 태어나서 성불을 한다.
화신이 아닌 본신인 경우에는 반드시 인간으로 태어난 이후에 부처가 된다.

신의 상태에서는 부처가 안된다.

10지 보살도 본신은 인간으로 태어나서 다시 등각을 이루어야 부처가 된다. 대자비문을 성취해서 불공여래장을 이루어야 하기 때문이다.

인간이 되지 못하면 그 과정을 거치지 못한다.

세간의 끝에서 세간의 마지막을 경험한 존재가 인간이고, 그러면서도 감정과 이성을 균등하게 갖고 있는 유일한 존재가 인간이기 때문이다.

사리불이 얘기하듯이 석가모니 부처도 성불할 때는 삼천대천세계에 겨자씨만한 틈도 없이 공덕을 쌓았다.

연기를 거쳐온 생명들은 그와 같은 공덕을 쌓아야 성불할 수 있다.

용녀 같은 경우는 그런 절차가 없이 성불했기 때문에 여래장연기나 생멸연기를 거쳐온 생명이 아니다.

《묘법연화경 권지품 勸持品 第十三》

본문

爾時藥王菩薩摩訶薩。及大樂說菩薩摩訶薩。與二萬菩薩
이시약왕보살마하살. 급대요설보살마하살. 여이만보살
眷屬俱。皆於佛前作是誓言。唯願世尊不以爲慮。我等於
권속구. 개어불전작시서언. 유원세존불이위려. 아등어
佛滅後。當奉持讀誦說此經典。後惡世衆生。善根轉少多
불멸후. 당봉지독송설차경전. 후악세중생. 선근전소다
增上慢。貪利供養增不善根。遠離解脫雖難可教化。我等
증상만. 탐리공양증불선근. 원리해탈수난가교화. 아등
當起大忍力讀誦此經。持說書寫種種供養不惜身命。爾時
당기대인력독송차경. 지설서사종종공양불석신명. 이시
衆中五百阿羅漢得受記者白佛言。世尊。我等亦自誓願。
중중오백아라한득수기자백불언. 세존. 아등역자서원.
於異國土廣說此經。復有學無學八千人得受記者。
어이국토광설차경. 부유학무학팔천인득수기자.
從座而起合掌向佛。作是誓言。世尊。我等亦當於他國土
종좌이기합장향불. 작시서언. 세존. 아등역당어타국토
廣說此經。所以者何。是娑婆國中人多弊惡。懷增上慢功
광설차경. 소이자하. 시사바국중인다폐악. 회증상만공
德淺薄。瞋濁諂曲心不實故。
덕천박. 진탁첨곡심불실고.

덕천박. 진탁첨곡심불실고.

그때 약왕보살마하살과 대요설보살마하살이 2만 보살 권속과 함께 부처님 앞에서 다음과 같이 서원하는 말을 하였다.
"바라옵건대, 세존이시여. 염려하지 마시옵소서.
저희들이 부처님 열반하신 뒤에 이 경전을 받들어지니고 읽고 외며 해설하겠나이다.
후세의 나쁜 세상 중생들이 선근은 적어지고 뛰어난 체하는 마음이 많아, 재물의 공양만을 탐내며, 착하지 못한 뿌리를 증장하고 해탈을 멀리 여의어 교화하기 어렵사오나, 저희들이 마땅히 크게 참는 힘으로 이 경전을 읽고 외고 받아지니고 해설하고 쓰며, 갖가지로 공양하여 몸과 목숨을 아끼지 않겠나이다."
이때 대중 가운데 있던 5백 아라한으로서 수기 받은 이들이 부처님께 사뢰었다.
"세존이시여, 저희들도 서원코 다른 국토에서 이 경을 널리 연설하겠나이다."
또 학, 무학의 8천 명의 수기를 받은 이들이 자리에서 일어나 합장하고 부처님을 향하여 이렇게 서원하였다.
"세존이시여, 저희들도 다른 국토에서 이 경전을 널리 연설하겠나이다. 왜냐하면, 이 사바세계 사람들은 못된 이들이 많고 뛰어난 체하는 생각을 품었으며, 공덕이 천박하고, 성 잘 내고 아첨하는 마음이 많아 진실하지 못한 연고입니다."

강설

약왕 보살과 대요설 보살은 어떤 어려움이 있어도 후세에 묘법연화경을 전하시겠다고 서원하신다.
하지만 수기 받은 오백 아라한과 8천의 학·무학의 제자들은 이 생멸문이 아닌 다른 국토에서 묘법연화경을 전하겠다고 한다. 왜냐하면, 이 사바세계 사람들은 못된 이들이 많고 뛰어난 체하는 생각을 품었으며, 공덕이 천박하고, 성 잘 내고 아첨하는 마음이 많아 진실하지 못하기 때문이다.

본문

爾時佛姨母摩訶波闍波提比丘尼。與學無學比丘尼六千人
이시불이모마하파사파제비구니. 여학무학비구니육천인
俱。從座而起一心合掌。瞻仰尊顏目不暫捨。於時世尊告
구. 종좌이기일심합장. 첨앙존안목불잠사. 어시세존고
憍曇彌。何故憂色而視如來。汝心將無謂我不說汝名授阿
교담미. 하고우색이시여래. 여심장무위아불설여명수아
耨多羅三藐三菩提記耶。憍曇彌。我先總說一切聲聞皆已
녹다라삼먁삼보리기야. 교담미. 아선총설일체성문개이
授記。今汝欲知記者。將來之世當於六萬八千億諸佛法中
수기. 금여욕지기자. 장래지세당어육만팔천억제불법중

爲大法師。及六千學無學比丘尼俱爲法師。汝如是漸漸具
위대법사. 급육천학무학비구니구위법사. 여여시점점구
菩薩道。當得作佛。號一切衆生喜見如來應供正遍知明行
보살도. 당득작불. 호일체중생희견여래응공정변지명행
足善逝世間解無上士調御丈夫天人師佛世尊。憍曇彌。是
족선서세간해무상사조어장부천인사불세존. 교담미. 시
一切衆生喜見佛。及六千菩薩。轉次授記得阿耨多羅三藐
일체중생희견불. 급육천보살. 전차수기득아뇩다라삼먁
三菩提。爾時羅睺羅母耶輸陀羅比丘尼作是念。世尊於授
삼보리. 이시라후라모야수다라비구니작시념. 세존어수
記中獨不說我名。佛告耶輸陀羅。汝於來世百千萬億諸佛
기중독불설아명. 불고야수다라. 여어래세백천만억제불
法中。修菩薩行爲大法師漸具佛道。於善國中當得作佛。
법중. 수보살행위대법사점구불도. 어선국중당득작불.
號具足千萬光相如來應供正遍知明行足善逝世間解無上士
호구족천만광상여래응공정변지명행족선서세간해무상사
調御丈夫天人師佛世尊。佛壽無量阿僧祇劫。爾時摩訶波
조어장부천인사불세존. 불수무량아승지겁. 이시마하파
闍波提比丘尼。及耶輸陀羅比丘尼。并其眷屬。皆大歡喜
사파제비구니. 급야수다라비구니. 병기권속. 개대환희
得未曾有。即於佛前。而說偈言。
득미증유. 즉어불전. 이설게언.

이때 부처님의 이모이신 마하파사파제 비구니가 학, 무학의 6천 비구니와 함께 자리에서 일어나 일심으로 합장하고 부처님을 우러러보며 잠깐도 한눈팔지 아니하였다.
이때 세존께서 마하파사파제에게 말씀하셨다.
"어찌하여 근심하는 얼굴로 여래를 보는가. 네 마음에 생각하기를, 내가 네 이름을 불러서 아뇩다라삼먁삼보리의 수기를 주지 않는다고 함이 아닌가.
마하파사파제여 내가 먼저 모든 성문들을 한꺼번에 들어서 수기를 주었느니라.
이제 네가 네 수기를 알려거든, 오는 세상에 6만 8천억 부처님의 법 가운데서 대법사가 되고, 학·무학의 6천 비구니들도 모두 법사가 될 것이니라.
너는 이리하여 점점 보살의 도를 구족하여 마땅히 부처를 이루리니, 이름이 일체중생희견여래, 응공, 정변지, 명행족, 선서, 세간해, 무상사, 조어장부, 천인사, 불세존이라 하리라.
마하파사파제여, 이 일체중생희견불과 6천 보살이 차례차례 수기를 주면서 아뇩다라삼먁삼보리를 얻으리라."
이때 라후라의 어머니인 야수다라 비구니는 이렇게 생각하였다. '세존께서 수기를 주시는 가운데 홀로 내 이름만을 말하지 않으시는구나.'
부처님이 야수다라에게 말씀하셨다.
"너는 오는 세상에서 백천만억 부처님의 법 가운데서 보살의 행을 닦아 대법사가 되었다가, 점점 부처의 도를 갖추고 좋은

국토에서 마땅히 부처를 이루리니, 이름이 구족천만광상여래, 응공, 정변지, 명행족, 선서, 세간해, 무상사, 조어장부, 천인사, 불세존이라 하리니, 그 부처님의 수명은 무량 아승기겁이니라."
이때 마하파사파제 비구니와 야수다라 비구니가 그 권속들과 함께 크게 환희하여 미증유함을 얻고, 부처님 앞에서 게송을 읊었다.

강설

이모와 비구니들도 수기 받기를 원하신다.
부처님께서는 그분들도 후세에 성불하실 것이라고 수기를 주신다.

"오는 세상에 6만 8천억 부처님의 법 가운데서 대법사가 되고, 학·무학의 6천 비구니들도 모두 법사가 될 것이니라. 너는 이리하여 점점 보살의 도를 구족하여 마땅히 부처를 이루리니, 이름이 일체중생희견여래, 응공, 정변지, 명행족, 선서, 세간해, 무상사, 조어장부, 천인사, 불세존이라 하리라."

먼저 6만 8천억 부처님 법 가운데에서 대법사가 되고 점점 보살도를 이루어서 부처가 된다고 말씀하신다.

비록 현재에는 여자이지만 법을 요달하고 보살도를 닦게 되면 나중에는 부처가 될 수 있다는 말씀이다.
부인이셨던 야수다라비구니도 똑같은 절차를 통해 성불하실 것이라고 수기를 주신다.

본문

| 世尊導士 | 安隱天人 | 我等聞記 | 心安具足 |
| **세존도사** | **안은천인** | **아등문기** | **심안구족** |

| 도사이신 | 세존께서 | 하늘인간 | 편케하니 |
| 저희들도 | 수기듣고 | 마음편안 | 하옵니다 |

諸比丘尼說是偈已白佛言. 世尊. 我等亦能於他方國土廣
제비구니설시게이백불언. 세존. 아등역능어타방국토광
宣此經. 爾時世尊. 視八十萬億那由他諸菩薩摩訶薩. 是
선차경. 이시세존. 시팔십만억나유타제보살마하살. 시
諸菩薩. 皆是阿惟越致. 轉不退法輪. 得諸陀羅尼. 卽從
제보살. 개시아비발치. 전불퇴법륜. 득제다라니. 즉종
座起至於佛前. 一心合掌而作是念. 若世尊告勅我等持說
좌기지어불전. 일심합장이작시념. 약세존고칙아등지설
此經者. 當如佛教廣宣斯法. 復作是念. 佛今默然不見告
차경자. 당여불교광선사법. 부작시념. 불금묵연불견고

勅. 我當云何. 時諸菩薩敬順佛意. 幷欲自滿本願. 便於
칙. 아당운하. 시제보살경순불의. 병욕자만본원. 변어
佛前作師子吼. 而發誓言. 世尊. 我等於如來滅後. 周旋
불전작사자후. 이발서언. 세존. 아등어여래멸후. 주선
往返十方世界. 能令眾生書寫此經受持讀誦解說其義如法
왕반시방세계. 능령중생서사차경수지독송해설기의여법
修行正憶念. 皆是佛之威力. 唯願世尊. 在於他方遙見守
수행정억념. 개시불지위력. 유원세존. 재어타방요견수
護. 即時諸菩薩俱同發聲. 而說偈言.
호. 즉시제보살구동발성. 이설게언.

모든 비구니들이 이 게송을 말하고 부처님께 사뢰었다.
"세존이시여, 저희들도 다른 국토에서 이 경전을 널리 선포하
겠나이다."
이때 세존께서 80만억 나유타 보살마하살들을 보시었다.
이 보살들은 모두 아비발치로서 물러가지 않는 법륜을 굴리고
모든 다라니를 얻은 이들이다.
그들은 자리에서 일어나 부처님 앞에 나아가 일심으로 합장하
고 이렇게 생각하였다.
'만일 세존께서 우리에게 명하여 이 경전을 지니고 연설하라고
하시면, 마땅히 부처님의 명령대로 이 경을 널리 선포하리라.'
또 생각하기를, '부처님이 지금 잠자코 명령이 없으시니, 우리
는 어떻게 해야 하는가.'

이때, 보살들이 부처님의 뜻에 순종하고, 자기들의 본래의 서원도 만족시키려고, 부처님 앞에서 사자후로 서원을 말하였다.
"세존이시여, 저희도 여래가 열반하신 후에 시방세계로 다니면서, 중생들로 하여금 이 경전을 쓰고 받아지니고, 읽고 외고, 그 이치를 해설하며, 법대로 수행하고 바른 생각을 가지게 하겠나이다.
이것이 모두 부처님의 위신력이옵니다.
바라옵건대, 세존께서는 다른 지방에 계시더라도 멀리서 보살펴 주옵소서."
그때 여러 보살들이 함께 소리를 높여 게송을 읊었다.

강설

"이때 세존께서 80만억 나유타 보살마하살들을 보시었다. 이 보살들은 모두 아비발치로서 물러가지 않는 법륜을 굴리고 모든 다라니를 얻은 이들이다."

보살마하살은 10지 보살들이다.
'아비발치'란 등각의 문턱에 도달했다는 뜻이다.
'물러나지 않는 법륜'이란 부동지를 말한다.
'모든 다라니를 얻었다'는 것은 어떤 대상과도 동법계를 이룰 수 있는 방법을 안다는 것이다.

"바라옵건대, 세존께서는 다른 지방에 계시더라도 멀리서 보살펴 주옵소서."

부처님께서 열반에 드시는 것은 그저 다른 지방으로 가시는 것이라는 말씀이다.
그렇다면 부처님이 열반에 들어서 가시는 다른 지방이란 어떤 곳일까? 이 질문을 전제로 두고 앞으로의 내용들을 살펴보아야 한다.

본문

唯願不爲慮	於佛滅度後	恐怖惡世中	我等當廣說
유원불위려	**어불멸도후**	**공포악세중**	**아등당광설**
有諸無智人	惡口罵詈等	及加刀杖者	我等皆當忍
유제무지인	**악구매리등**	**급가도장자**	**아등개당인**
惡世中比丘	邪智心諂曲	未得謂爲得	我慢心充滿
악세중비구	**사지심첨곡**	**미득위위득**	**아만심충만**
或有阿練若	納衣在空閑	自謂行眞道	輕賤人間者
혹유아련야	**납의재공한**	**자위행진도**	**경천인간자**
貪著利養故	與白衣說法	爲世所恭敬	如六通羅漢
탐착이양고	**여백의설법**	**위세소공경**	**여육통나한**
是人懷惡心	常念世俗事	假名阿練若	好出我等過
시인회악심	**상념세속사**	**가명아련야**	**호출아등과**

而作如是言
이작여시언
自作此經典
자작차경전
常在大衆中
상재대중중
及餘比丘衆
급여비구중
我等敬佛故
아등경불고
爲斯所輕言
위사소경언
濁劫惡世中
탁겁악세중
我等敬信佛
아등경신불
我不愛身命
아불애신명
世尊自當知
세존자당지
惡口而嚬蹙
악구이빈축
念佛告勅故

此諸比丘等
차제비구등
誑惑世間人
광혹세간인
欲毁我等故
욕훼아등고
誹謗說我惡
비방설아악
悉忍是諸惡
실인시제악
汝等皆是佛
여등개시불
多有諸恐怖
다유제공포
當著忍辱鎧
당착인욕개
但惜無上道
단석무상도
濁世惡比丘
탁세악비구
數數見擯出
삭삭견빈출
皆當忍是事

爲貪利養故
위탐리양고
爲求名聞故
위구명문고
向國王大臣
향국왕대신
謂是邪見人
위시사견인

如此經慢言
여차경만언
惡鬼入其身
악귀입기신
爲說是經故
위설시경고
我等於來世
아등어래세
不知佛方便
부지불방편
遠離於搭寺
원리어탑사

說外道論議
설외도론의
分別於是經
분별어시경
婆羅門居士
바라문거사
說外道論議
설외도론의

皆當忍受之
개당인수지
罵詈毁辱我
매리훼욕아
忍此諸難事
인차제난사
護持佛所囑
호지불소촉
隨宜所說法
수의소설법
如是等衆惡
여시등중악

염불고칙고 **개당인시사**
諸聚落城邑　其有求法者　我皆到其所　說佛所囑法
제취락성읍 **기유구법자** **아개도기소** **설불소촉법**
我是世尊使　處衆無所畏　我當善說法　願佛安隱住
아시세존사 **처중무소외** **아당선설법** **원불안은주**
我於世尊前　諸來十方佛　發如是誓言　佛自知我心
아어세존전 **제래시방불** **발여시서언** **불자지아심**

부처님이	열반한뒤	두렵고도	악한세상
저희들이	설하리니	염려하지	마옵소서
지혜없는	사람들이	악한말로	욕을하고
칼막대로	때리어도	우리모두	참으리다
악한세상	비구들은	삿된지혜	마음굽어
못얻고도	얻었다고	아만심이	충만하며
고요한데	있으면서	누더기옷	걸쳐입고
참된도를	행한다며	다른사람	멸시하고
공양이익	탐착하여	신도들에	법설하니
세상에서	받는공경	육신통의	나한같네
이런사람	마음악해	세속일만	생각하고
좋은도량	이름빌어	우리허물	끌어내고
법화경을	실하는이	비방하며	하는일은
외도학설	말하노니	공양이익	탐냄이라
제스스로	경전지어	세상인간	현혹하며

이름명예	구하려고	경해설을	하는구나
대중속에	항상있어	우리들을	훼방하려
왕과대신	바라문과	거사들과	비구들과
대중에게	말하기를	법화경을	설하는이
외도학설	전한다며	비방하고	욕설하나
부처님을	공경하는	우리들은	모두참고
그네들이	비웃으며	너희들이	부처이다
빈정대며	말하여도	우리들은	참으리라
흐린겁의	악한세상	무서운일	많을지니
악한귀신	몸에들어	욕설하며	훼방해도
부처님을	믿는우리	그인욕의	갑옷입고
법화경을	설법하려	모든일을	참으리라
몸과목숨	안아끼고	위없는도	애호하여
미래오는	세상에서	부처유촉	호지하리
세존께서	살피소서	탁한세상	악한비구
근기따라	설법하는	부처방편	알지못해
악한말로	빈축하고	욕설하며	배척하고
때로는	몰아내어	탑과절을	떠나래도
부처님을	믿는우리	분부하심	생각하고
이와같은	온갖고통	모두다	참으리다
시골이나	도시거나	법구하는	이있으면
저희들이	찾아가서	부처님법	설하리다
우리들은	세존사자	대중속에	있으면서

두려울바	없으므로	바른설법	하오리니
바라건대	부처님은	편안하게	머무소서
시방세계	부처님과	세존앞에	제가나와
이런서원	아뢰오니	저희마음	아옵소서

강설

게송에서 말하는 내용이 작금의 시대를 말하는 것 같다.
법의 진의는 모두 다 잃어버리고, 엉뚱한 것을 내세워서 법이라 하고, 오히려 바른 법을 배척하고, 본인들이 이해하지 못하는 것은 외도라고 한다.
가슴 아픈 일이다.

구선

출가 후 얻은 진리와 깨달음을 다양한 사상서에 담아 출간하였다. 이를 실생활에 접목하기 위해 지난 20년간 다양한 교육 프로그램을 운영해 왔다.

저서로는 『觀, 존재 그 완성으로 가는 길』,
『觀, 중심의 형성과 여덟진로의 수행체계』,
『觀, 십이연기와 천부경』,
『觀, 한글 자음 원리』,
『도넛츠 학습법』,
『뇌 척수로 운동법』,
『다도명상 점다』,
『생명과 시대사상』,
『본제의학 원리』,
『인지법행과 과지법행』,
『암의 진단과 치유』,
『법화삼부경 제1부 무량의경』,
『법화삼부경 제2부 묘법연화경 1,2권』,
『한글문자원리』,
『觀, 생명과 죽음』이 있다.

현재 경북 영양 연화사 주지이며,
서울에서 선나힐링센터를 운영하고 있다.

저자의 다른 책들

관 존재 그 완성으로
가는길

관 쉴 줄 아는 지혜

관 중심의 형성과
여덟 진로의 수행체계

관 십이연기와 천부경

관 한글 자음 원리

도넛츠 학습법

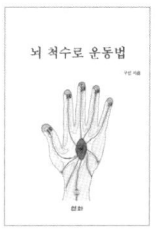
뇌 척수로 운동법

다도명상 점다

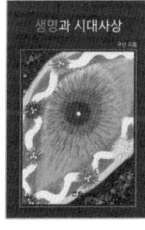
생명과 시대사상

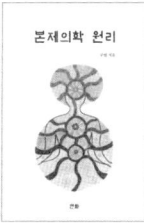
본제의학 원리

인지법행과 과지법행

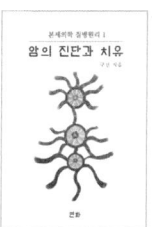
암의 진단과 치유

법화삼부경
제1부 무량의경

법화삼부경
제2부 묘법연화경 1,2권

한글문자원리

관 생명과 죽음

법화삼부경 제 2부 묘법연화경 3권

1판 1쇄 인쇄일	2023년 4월 3일
1판 1쇄 발행일	2023년 4월 5일

지은이	구선
기획·편집	이진화
교정·교열	권규호

펴낸 곳	도서출판 연화
주소	경상북도 영양군 수비면 낙동정맥로 2632-66
전화	02) 766-8145
출판등록일	2005년 11월 2일
등록번호	제 517-2005-00001 호

정가	30,000원
ISBN	979-11-981212-2-6

이 책은 저작권법에 따라 보호를 받는 저작물이므로 무단전재와 복제를 금하며, 이 책 내용의 전체 또는 일부를 사용하려면 반드시 저작권자의 서면 동의를 받아야 합니다.